中國金融業稅制發展報告

尹音頻 等著

崧燁文化

序言

經濟決定金融，金融影響經濟。而且，金融是現代經濟的核心（王國華，2009），而金融業則是核心中的重心。現代經濟本質上是以貨幣信用為基礎的市場經濟，它的運行表現為貨幣資金運動導向的物質資源運動。金融業作為媒介促成盈餘部門和赤字部門之間的資金轉移，實現時間和空間上的資源配置。隨著金融發展速度加快、金融深化程度提高，金融業帶動其他產業發展的產業關聯波及效應愈發明顯。金融業發展可以通過儲蓄高比例地轉換為投資、提高資源配置效率、影響儲蓄率等多方面促進經濟增長；反之，經濟增長也會能動促進金融業發展。金融業發展與經濟增長之間存在一種相互促進的關係。Goldsmith 分析了 35 個國家在 1860—1963 年的金融結構和金融發展趨勢，認為金融產品（包括金融服務）在有效率地使用資金的引導上具有重要作用，能夠促進經濟增長和國民收入的增加。與此同時，隨著金融全球化與經濟金融化趨勢的深入，金融風險也日趨劇烈。金融作為一把雙刃劍既需要發展，又需要監管。

2008 年席捲全球的金融危機導致許多國家經濟蕭條、失業聚升、金融機構倒閉、主權債務危機頻發。金融危機使金融機構監管改革成為全球關注的重大問題。在 20 國集團（G20）的推動下，金融機構風險稅（代稱「銀行稅」）成為國際金融監管改革熱議的話題。為了應對全球性金融危機的影響，中國在危機後相繼出抬了一系列救市措施，通過金融業中占比最大的銀行業作為貨幣政策執行主渠道，承擔起保增長主力軍的重任。因而，金融業既要保證自身在市場化經營中的盈利增長和資產質量穩定，又要以資金仲介作用於經濟並引導資金流動配置順暢。為此，稅收政策工具如何既能促進金融業發展，又能抑制金融風險就成為急需深入研究的理論與實踐的新課題。

《中國金融業稅制發展報告》是西南財經大學財政稅務學院「中國公共財政

監測報告」系列報告之二。該系列研究報告主要針對中國公共財政中的重要問題進行系統監測和評估，首部報告由我院教授、世界銀行學院首席經濟學家沙安文（Anwar Shah）主編。本報告從國際金融監管及金融稅制變革趨勢與中國金融業營業稅改革進程的立體視角，以金融業發展趨勢為基點，以各類金融機構——銀行、保險、信託、金融經紀業、金融租賃業為分析支點，審視金融業稅制的國際實踐，實證評估中國金融業稅制效應，提出金融業稅制改革目標與路徑，以達到提供決策參考的目的。

全報告由七章組成。第一章，中國金融業稅制發展分析，中國金融業及稅制發展戰略，由尹音頻、魏彧完成；第二章，中國銀行業稅制發展分析，由尹音頻、魏彧完成；第三章，保險業稅制發展分析，由尹音頻、魏彧完成；第四章，中國信託業稅制發展分析，由李建軍、曹芳、郭子瑛、宋秀梅完成；第五章，中國金融經紀業稅制發展分析，由張倫倫、劉澤坤、胥祺瑤、趙慧娟完成；第六章，中國金融租賃業稅制發展分析，由劉蓉、劉楠楠、羅帥、許廣博、魏姍姍完成；第七章，中國基金業稅制發展分析，由呂敏、宋偉完成；全報告由尹音頻統纂。

雖然我們力圖對金融業稅制進行深入的定性與定量分析，但受理論功力與數據收集所限，報告難免存在缺陷，真誠期望財政學界的同仁們批評指正。「理論是灰色的，生命之樹長青」，魅力與魔力兼備的「金融業稅制」等待我們的共同探索。

尹音頻

目錄

1 **中國金融業稅制發展分析** / 001
   1.1 後金融危機時代：國際與國內經濟運行 / 001
   1.2 後金融危機時代：中國金融業的發展 / 008
   1.3 後金融危機時代：中國金融業稅制的發展 / 021

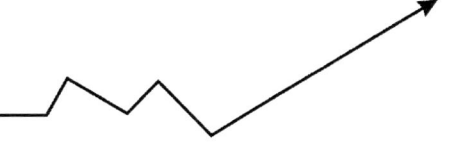

2 **中國銀行業稅制發展分析** / 050
   2.1 中國銀行業的發展 / 050
   2.2 銀行業稅制的國際比較與借鑑 / 060
   2.3 中國銀行業稅制評析 / 069
   2.4 中國銀行業稅制的優化 / 086

3 **中國保險業稅制發展分析** / 090
   3.1 中國保險業的發展 / 090
   3.2 保險業稅制的國際比較與借鑑 / 097
   3.3 中國保險業稅制評析 / 100
   3.4 中國保險業稅制的優化 / 112

4 **中國信託業稅制發展分析** / 116
   4.1 中國信託業的發展 / 116
   4.2 信託業稅制的國際比較與借鑑 / 122
   4.3 中國信託業稅制評析 / 130
   4.4 中國信託業稅制的優化 / 144

5 中國金融經紀業稅制發展分析　　/ 149

 5.1　中國金融經紀業的發展　　/ 149

 5.2　金融經紀業稅制的國際比較與借鑑　　/ 151

 5.3　中國金融經紀業稅制評析　　/ 159

 5.4　中國金融經紀業稅制的優化　　/ 176

6 中國金融租賃業稅制發展分析　　/ 180

 6.1　中國金融租賃業的發展　　/ 180

 6.2　金融租賃業稅制的國際比較與借鑑　　/ 185

 6.3　中國金融租賃業稅制評析　　/ 193

 6.4　中國金融租賃業稅制的優化　　/ 211

7 中國基金業稅制發展分析　　/ 216

 7.1　中國基金業的發展　　/ 216

 7.2　基金業稅制的國際比較與借鑑　　/ 225

 7.3　中國基金業稅制評析　　/ 228

 7.4　中國基金業稅制的優化　　/ 237

1 中國金融業稅制發展分析

1.1 後金融危機時代:國際與國內經濟運行

2008年的全球性金融危機重創了全球金融市場與實體經濟。世界各國政府只得奉行「國家干預主義」,紛紛出手救市,制訂了龐大的財政支出計劃和寬鬆的貨幣信貸政策來增強市場中的流動性,但是世界經濟仍未走出金融危機的陰影,國際經濟態勢面臨著諸多不確定因素的影響。

1.1.1 后金融危機時代的世界經濟運行

在后金融危機時代,金融危機的創傷難以痊愈,世界經濟復甦前景暗淡。雖然「全球聯合救市行動」中的政府信貸取代了金融機構的信貸,但政府信貸本身也遇到了問題,造成了新的一輪主權債務危機[①]。2011年歐洲主權債務危機持續發酵,美國、歐洲等全球主要經濟體均出現了債務問題。

國際貨幣基金組織2010年10月發布的《世界經濟展望報告》認為,2008年按照購買力平價計算的全球產出增長率達到2.8%,而2009年則為-0.6%,2010年全球產出增長率為4.8%。在經歷了2009年金融危機後的產出負增長後,2010年轉為正增長,這顯示出世界經濟正從二戰以來最嚴重的衰退中艱難走出。然而世界經濟復甦步伐將緩緩而行,國際貨幣基金組織已將2011年、2012年兩年世界經濟增速預測分別下調至4.0%,而且歐洲主權債務危機仍有可能繼續惡化,將拖累歐洲乃至全球經濟的復甦。在此艱難復甦的背景之下,歐美等各主要

---

① 2010年120個主權國家債務風險評級從上年的BBB級降至BB級;其餘102個國家的債務風險評級在BBB級以下,其中新西蘭等52個國家評級在CCC級以下。義大利、西班牙的債務風險評級為CC級,葡萄牙的債務風險評級為C級,這三個國家在2010年均爆發了嚴重的債務危機。

經濟體經濟運行情況參差不齊，主要呈現出以下特點。

1.1.1.1 全球經濟低速增長，不平衡仍將持續

雖然世界各主要經濟體的經濟增長總體上呈現緩慢復甦態勢，但全球經濟增長低速且不平衡仍將在今后的一段時間內持續。美國、歐洲及日本等發達經濟體自主增長的動力不足，產能利用率低下，而且受主權債務危機的衝擊，部分國家可能陷入經濟衰退的境地。新興市場和發展中國家雖然前期實現了全面的復甦，而后期經濟增幅回落壓力明顯，表明這些國家將面臨在全球進入低速增長期間內轉變經濟增長方式實現可持續發展的問題。

（1）美國：經濟緩慢復甦，保持低位經濟增長

在金融危機爆發之後，美國經歷了連續四個季度的負增長，2009年第三季度轉為正增長，2010年美國經濟繼續呈現出低增長的趨勢。受國際經濟形勢不明朗的影響，美國經濟在2012年步入快速增長軌道的可能性較小，然而美國私人經濟仍具有緩慢增長的動力。美國白宮在年度《總統經濟報告》中稱，鑒於美國經濟目前並未實現滿負荷運轉，許多資源仍未得到充分利用，預計宏觀經濟將保持緩慢復甦的態勢。

（2）歐洲：各國經濟增長不平衡，經濟再次衰退的可能性較大

在金融危機之後，歐元區經濟首先維持了溫和的增長，其後受歐債危機蔓延的影響，經濟復甦的不確定性和不平衡性增加，其經濟再次衰退的可能性較大。

2010年，歐元區實現了正的增長並進入復甦期，在企業庫存和政府支出的強勁帶動之下，第一季度歐元區經濟環比增長0.2%，增幅比上季度提高0.1個百分點，同比增長0.6%，為2008年第三季度首次出現的正增長。但受市場前景不明朗和產能過剩及信貸緊縮的影響，歐元區經濟內需動力仍相當不足，復甦的不確定性也在增加。在歐元區內部，各成員國經濟復甦的程度不平衡，PIIGS五國（葡萄牙、義大利、愛爾蘭、希臘與西班牙）經濟復甦乏力，與法、德兩國的經濟增速差距明顯。歐元區經濟在2011年非常低迷，歐盟統計局的數據表明歐元區GDP的增長為1.5%，低於2010年的1.9%。歐元區在2012年第二季度的經濟增長由第一季度的0.8%大幅下滑至0.2%（環比），曾表現強勢的德、法兩國經濟幾乎停滯，第三季度歐元區的經濟僅同比增長0.2%。目前，反應歐元區經濟信心的經濟敏感指數、商業景氣指數和製造業PMI指數已經連續7個月下滑，且已經低於其長期平均水平。同時，歐債危機已經從希臘等外圍國家蔓延到

義大利、西班牙和法國等國,並呈現出向金融部門蔓延的趨勢,因而2012年歐元區的經濟繼續艱難前行,經濟下行的風險累加,存在二次衰退的可能性。

(3) 日本:經濟長期處於低迷狀態,無法擺脫「無增長陷阱」的風險

受金融危機影響,日本經歷了2009年-5.2%的增長後,開始由負轉正。統計數據顯示,日本經濟復甦快於預期,但復甦前景仍不容樂觀。2010年第一季度,日本經濟環比增長1.2%,增速比上季度加快0.3個百分點,為連續第4個季度增長,也為2009年第二季度以來最快增長,增幅明顯高於美國和歐元區。製造業採購經理人指數(PMI)由4月的53.8升至54.7,創下近四年來的最高水平;小型企業商業信心指數升至46.7,為2007年以來最高值。日本大地震後,在政府和民間的努力之下,日本經濟曾一度出現回升跡象,市場也是一片樂觀,認為災後重建會刺激國內需求,但事實證明這僅是回光返照[1]。儘管災後重建有助於帶動經濟緩慢復甦,但在全球經濟下行風險加大,外部需求增速放緩以及日元升值的影響之下,日本經濟復甦前景並不明朗。正如前所述,由於存在經濟長期低迷,內需不振,人口老齡化和日元繼續升值的影響,2012年上半年日本經濟可能無法擺脫「無增長陷阱」的風險。

(4) 新興市場國家:經濟復甦勢頭強勁,但未來經濟增長可能會出現下滑

在金融危機之後,新興市場國家同發達國家形成了鮮明對比。新興市場國家和發展中國家經濟復甦勢頭強勁,但由於通貨膨脹和資產泡沫的影響,經濟增長可能會出現下滑態勢。

新興經濟體的經濟增長速度2010年達到7.1%,2011年為6.4%。就金磚四國而言,巴西2009年的增長率為-0.2%,2010年的增長率則高達7.5%;俄羅斯2009年的增長率為-7.5%,2010年的增長率為4.0%;印度2009年的增長率為5.7%,僅比2008年的增長率低0.7個百分點,2010年的增長率為9.7%。但是,受發達經濟體經濟增長疲軟以及自身通貨膨脹的壓力,新興市場國家和發展中國家經濟面臨下行的風險。

1.1.1.2 主要發達國家就業形勢嚴峻,失業率長期居高不下

受金融危機的重創,各主要發達國家就業形勢嚴峻,失業率長期居高不下,

---

[1] 日本內閣府於2011年8月15日公布了第二季度國內生產總值初步數據,受日本大地震的嚴重影響,剔除物價變動後的實際GDP較上季度下降0.3%,換算成年利率為下滑1.3%,這是繼美國雷曼兄弟公司破產前後的2008年第二季度到2009年第一季度以來,日本經濟首次出現三個季度萎縮。

經濟總體上處於一種無就業的復甦之中。

金融危機之后，美國一直處於較高水平，近兩年才有所回落。2009 年平均失業率達到 8.9%，表明美國經濟處於無就業的復甦狀態。2011 年 2 月美國的就業形式有所好轉，申請失業補貼的人數為 2008 年 7 月以來的最低水平。美國勞工部 2012 年 2 月 16 日在每週報告中稱，截至 2 月 11 日當周首次申請失業救濟人數減少 1.3 萬人，至 34.8 萬人，為四年來的最低水平，這是美國就業市場好轉的一個信號。

金融危機之后，受主權債務危機的影響，歐元區的失業率處於高水平（10%以上），且向愈來愈嚴峻的趨勢發展。2010 年歐元區的失業率為 10%。2011 年 11 月份的失業率上升至 10.3%，創 1998 年 6 月以來的新高，其中西班牙、希臘及葡萄牙的失業率均創下歷史新高，分別高達 22.8%、18.3% 和 12.9%；法國、義大利和英國失業率分別為 9.8%、8.5% 和 8.3%，創下了 2011 年以來的新高。受債務危機和消費者信心下降的影響，歐元區就業形勢繼續惡化。歐洲統計局 2012 年 7 月 2 日公布，2012 年歐元區 17 個成員國 5 月份失業率由 4 月份的 11% 上升至 11.1%，為 1995 年 1 月份有記錄以來的最高水平，而西班牙和希臘的失業率位列前兩名，分別為 24.6% 和 21.9%。

1.1.1.3 全球經濟通貨膨脹顯現，但呈非平衡狀態

國際金融危機之后，各國通貨膨脹現象顯現，但呈非平衡狀態。美歐等發達國家的通貨膨脹繼續維持著較低水平，而新興市場國家則普遍面臨著潛在的通貨膨脹風險。

美歐等國的通貨膨脹形勢溫和，通貨膨脹率一直保持在可控的低水平上。美國 2010 年第二季通貨膨脹保持著相對穩定，作為美聯儲衡量通貨膨脹的重要指標，個人消費開支價格指數增長 0.7%，增幅是 2010 年第二季度以來最低的。2012 年 1 月份美國批發物價經季節調整后環比小幅上升 0.1%，通貨膨脹率仍在歷史最低水平附近徘徊。歐盟統計局公布的數據顯示，2012 年 5 月歐元區的通貨膨脹率為 2.4%，比 4 月份的 2.6% 有小幅回落。若按照環比計算，5 月份的通貨膨脹率為 -0.1%，其通貨膨脹壓力降低至 26 個月的最低點，顯示出通貨緊縮的跡象。低通貨膨脹為各發達國家央行繼續維持著低利率水平，為刺激經濟增長創造了條件。

新興經濟體雖然率先從金融危機的陰影中走出來，實現了全面的復甦，但應

對金融危機出抬的大規模刺激措施造成的負面效果也開始顯現，同時發達經濟體持續寬松的貨幣政策導致全球流動性泛濫，在內外雙重壓力之下，新興經濟體國內的通貨膨脹水平不斷加大。2011 年在金磚五國中印度和俄羅斯的通貨膨脹率均高達 9% 以上，巴西和中國的通貨膨脹率也分別達到了 7% 和 6% 以上的水平。

1.1.1.4　美歐發達國家主權債務危機此起彼伏，財政風險凸顯

金融危機之後，美歐發達國家財政赤字普遍大幅增加，尤其是歐洲國家主權債務危機此起彼伏，財政風險凸顯。

雖然美國以穩定金融市場為主要目標的救市政策取得了一定效果，但大量流動性外溢削弱了寬松貨幣政策刺激國內需求的效果，創紀錄的國債加劇了平衡內外經濟的難度[①]。2010 年財政聯邦預算赤字規模達 1.56 萬億美元，占 GDP 的 10.6% 左右，國債規模逼近法定上限。2011 年年底美國財政赤字高達 1.3 萬億美元，占 GDP 的 8.7%。美國主權信用風險引起人們對美國經濟運行風險上升的擔憂，影響經濟復甦進程。

受歐債危機的影響，歐元區面臨著最大和最危險的系統性風險。一些歐洲國家和銀行評級正在惡化，存在破產的可能性。冰島早早宣布破產，葡萄牙、希臘、西班牙、義大利都陷入主權債務泥潭而無法自拔。2012 年第一季度，歐元區部分國家陸續到期的國債的總額為 1 萬億歐元，資金缺口在 7,000 億歐元左右，到時很可能出現部分國家違約的風險。

1.1.1.5　各國適時採取財政貨幣政策，促進經濟盡快走出衰退漩渦

金融危機之後，世界各國適時採取財政貨幣政策，提升本國消費、投資及出口動力，以促進本國經濟盡快走出衰退漩渦，但是各國的政策重點與政策效果不盡相同。

（1）各國財政貨幣政策的重點不盡相同

發達國家一直實行寬松的財政貨幣政策主線。歐美等發達國家強化財政紀律，進一步協調之間的財政政策，實施量化寬松政策，並繼續維持超低利率。美國白宮在 2012 年度《總統經濟報告》中稱，鑒於美國經濟目前並未實現滿負荷運轉，許多資源仍未得到充分利用，預計經濟復甦動能進一步加強。美國經濟復甦的主要引擎之一是製造業，白宮還提議在 2013 年預算案中加大對製造業的財

[①] 2009 年美國財政赤字高達 1.416 萬億美元，財政赤字占 GDP 的比重高達 10%，達到歷史最高水平，接近了美國國會規定的債務上限 14.2 萬億美元。

政支持力度。受就業市場疲軟和通貨緊縮等影響，日本政府對其政策退出的考慮更加審慎，繼續維持零利率的政策不變，以刺激經濟持續復甦。

新興經濟體及發展中國家的財政貨幣政策更多傾向於防止經濟硬著陸。新興經濟體及發展中國家為了應對本國通貨膨脹壓力進行加息，其后為了避免經濟出現硬著陸，又不得不降低利率水平以應對經濟增長的嚴峻挑戰。新興經濟體的部分國家已經適時調整財政貨幣政策，以刺激經濟。巴西於2011年12月初公布減免稅金79億雷亞爾（約合42億美元）的一攬子經濟刺激計劃，菲律賓也公布了金額為721億比索（17億美元）的經濟刺激計劃。

（2）各國財政貨幣政策的實施效果不盡理想

在外需疲軟的情況之下，日本等發達國家主要依靠消費及投資拉動內需，對外貿易方面則出現了巨大逆差。在擴大內需方面，日本2010年居民消費支出環比增長0.3%，為連續第4個季度正增長；企業設備投資環比增長1%，為連續第2個季度正增長。內需對當季經濟增長的貢獻率高達0.6個百分點。2010年5月份，家庭消費信心指數升至42.8，為2007年10月以來最高點；製造業採購經理人指數（PMI）由4月的53.8升至54.7，創下近四年來的最高水平；小型企業商業信心指數升至46.7，為2007年以來最高值。對外貿易方面，受日元持續升值導致出口疲軟及燃料進口飆升的影響，日本2012年1月份商品貿易逆差達到創紀錄的1.475萬億日元（185億美元）。受半導體和鋼鐵需求下降的影響，2012年1月份出口同比下降9.3%連續第四個月下滑，進口額同比增加9.8%，連續第25個月上升，這是日本連續四個月出現貿易逆差，日本出口創下的9,679億日元貿易逆差記錄。這表明日本出口型經濟的疲軟勢頭進一步加劇。

新興經濟體及發展中國家主要依靠投資拉動內需，部分國家出現了貿易逆差。在擴大投資方面，2009年下半年至2010年上半年，新興經濟體與轉型經濟體吸收了全球直接對外投資資金流入的一半左右，同時釋放了1/4以上的全球直接對外投資資金的流出，成為全球直接對外投資復甦的主導力量之一。雖然新興經濟體率先從金融危機的陰影中走出來，但是大規模刺激措施造成的高通貨膨脹壓力等負面效果也開始顯現。在國際收支方面，部分新興經濟體及發展中國家匯率明顯貶值。2011年4月底以來，巴西、印度、墨西哥、南非、土耳其貨幣兌美元匯率均貶值10%以上，有的貶值幅度達到20%。貨幣的貶值反過來加速了資本流出的步伐，國際收支惡化有的已經影響到了實體經濟部門，工業生產減速甚至

出現下降，新興經濟大國巴西、土耳其等均不同程度出現了上述現象。2012年歐債危機的影響已經全面波及新興經濟體；2012年1月份韓國國際貿易收支出現了19.57億美元的逆差，這是韓國兩年以來首次出現貿易逆差；中國2012年1月份新出口訂單指數為46.9%，比上月下降了1.7個百分點；印度面向歐洲的出口也相當不景氣。

綜上所述，無論是發達國家還是新興市場國家及發展中國家都呈現出了復甦態勢和回升態勢，但是仍面臨著較多的不穩定和不確定性因素，特別是歐洲主權債務危機的加劇，使得經濟復甦依靠政策工具驅動的問題變得更為突出。歐美等發達國家維持著低速增長和較低的通貨膨脹率；而新興市場國家及發展中國家面臨著高增長和高通貨膨脹，在世界範圍內，經濟增長在區域上和速率上表現出不平衡與不確定性。

1.1.2 後金融危機時代的中國經濟運行

國際金融危機和主權債務危機在全世界範圍內蔓延，作為一個參與全球化進程，積極融入世界經濟和金融體系的中國，自然也無法置之度外，外需放緩、內需不足、投資過剩，一直困擾著中國經濟的發展。本部分擬從反應中國經濟運行的主要宏觀經濟變量入手，梳理、分析中國后金融危機時代的經濟運行狀況。

1.1.2.1 2009年的宏觀經濟運行

面對全球金融危機的衝擊，中國堅持積極財政政策和適度寬鬆的貨幣政策，全面實施應對國際金融危機的一攬子計劃。在宏觀經濟政策的刺激下，2009年率先實現經濟形勢總體回升向好。2009年，實現國內生產總值（GDP）33.5萬億元，比2008年增長8.7%，增速比2008年低0.9個百分點，經濟增速逐季加快。最終消費、資本形成和淨出口對GDP的貢獻率分別為52.5%、92.3%和−44.8%。居民消費價格（CPI）比2008年下降0.7%，較2008年低6.6個百分點。貿易順差1,961億美元，比2008年減少1,020億美元。

1.1.2.2 2010年的宏觀經濟運行

2010年中國實現GDP 39.8萬億元，按可比價格計算，同比增長10.3%，增速比2009年高1.1百分點；居民消費價格指數（CPI）同比上漲3.3%，比2009年高4個百分點；貿易順差為1,831億美元，比2009年減少126億美元。2010年中國消費平穩較快增長、固定資產投資結構改善、對外貿易復甦較快，農業生

產形勢較好，工業生產平穩增長，居民收入穩定增加，物價漲幅擴大。

1.1.2.3 2011年的宏觀經濟運行

2011年中國實現GDP 47.2萬億元，按可比價格計算，比2010年增長9.2%，增速比2010年低1.2個百分點。貿易順差為1,551億美元，比2010年減少264億美元。2011年中國經濟增長轉向自主增長，消費和投資平穩增長，對外貿易更趨平衡，物價過快上漲勢頭得到初步遏制。

1.1.2.4 2012年的宏觀經濟運行

2012年中國實現GDP近52萬億元，比2011年增長7.8%。全年居民消費價格比上年上漲2.6%，年末國家外匯儲備為33,116億美元，比2011年年末增加1,304億美元。這意味著2012年經濟增速「破八」，並創出2000年以來的年度GDP增速最低值。同時，拉動經濟增長的「三駕馬車」（投資、消費、出口）也低位運行。

1.1.2.5 2013年的宏觀經濟運行

據國家統計局發布的2013年上半年宏觀經濟數據，2013年上半年國內生產總值為248,009億元，按可比價格計算，同比增長7.6%。拉動經濟增長的投資、消費、出口這「三駕馬車」的增速均有所放緩。

綜上所述，在全球經濟復甦緩慢的背景下，中國經濟已步入新的發展階段，由「高速增長模式」轉向「穩增長與調結構的模式」，並將進一步推進經濟改革。

1.2 後金融危機時代：中國金融業的發展

中國金融事業經歷了60年的曲折發展歷程，1978年伴隨著中國經濟體制改革的步伐，金融體制改革也揭開了序幕。在改革開放的進程中，中國金融體系發生了日新月異的變化。從新中國成立之初僅有的集中央銀行和商業銀行功能於一體的中國人民銀行，到今天的商業銀行與非銀行金融機構林立、政策性銀行獲得巨大發展。從最初的人民銀行統一監管，到今天初步形成以間接調控為主的金融宏觀調控體系，銀行業、證券業和保險業分業經營、分業管理的監管體系。

1.2.1　中國金融業的改革歷程與成效

1.2.1.1　中國金融業的改革歷程
中國金融改革的進程大致可以分為三個階段。

(1) 1978—1992 年：建立雙層銀行體系

黨的十一屆三中全會做出了把工作重點轉移到經濟建設上來的重大戰略決策，經濟體制改革迅速展開。1978 年中國人民銀行從財政部獨立出來，恢復了國家銀行的地位，隨后 1983 年開始建立中國人民銀行（專門行使中央銀行職能）與中國工商銀行、中國農業銀行、中國銀行、中國建設銀行等（國家專業銀行）並存的雙層銀行體系。1983 年 9 月 17 日，國務院決定從 1984 年 1 月 1 日起由中國人民銀行專職行使中央銀行職能，即由中國人民銀行實施金融宏觀決策，加強信貸總量的控制和金融機構間的資金調節，以保持貨幣的穩定；同時，新設立的中國工商銀行承接人民銀行過去承擔的工商信貸和儲蓄等業務職能。這在新中國歷史上是一個跨時代的轉變，將仿效蘇聯計劃經濟的「大一統」的國家銀行體制裂變為市場經濟國家通行的中央銀行和商業銀行雙層銀行體系。這是中國金融體制改革中的關鍵步驟和標志性事件，並由此催生、延展和引致了其后一系列重大的改革措施，如金融宏觀調控體系的健全，銀監會、證監會、保監會分業監管體制的建立和國有商業銀行向現代商業銀行的轉變等。

當時的改革目標一方面是突破原國家銀行體系僵化的行政管理桎梏，按照經濟規律辦事，貫徹「政企分開」原則，構建適合商品經濟需要的、為商品生產企業提供獨立營運服務並實行商業化管理的專業化金融機構，為向市場經濟轉軌打下微觀基礎；另一方面是使職能混沌的中國人民銀行轉化為明確的宏觀金融調控機構；也使整個金融體系的運行管理由「計劃管理、指標之上」的行政指令的僵化狀態轉變為政策制定與貫徹執行的雙層調控體系，由信貸指標的平衡協調向資金需求的預測導向和政策制約轉化，這就為后來走向以市場化營運和基於市場化營運進行調控為特點的現代商業銀行體系奠定了制度框架和管理體系基礎。

(2) 1993—2002 年：初步建立適應社會主義市場經濟體制的金融體系

金融體系包括金融組織體系、金融市場體系、金融宏觀調控和監管體系。1992 年黨的十四屆三中全會做出了建立社會主義市場經濟體制的決定，終於結束了「有計劃的商品經濟」「計劃調節為主，市場調節為輔」等觀點的爭論，明

確了國家經濟制度進入向市場經濟體制轉變的歷史新階段。這一方面極大地推動了經濟金融的蓬勃發展，促使中國金融業開始向適應社會主義市場經濟發展要求轉變的歷程；另一方面也提高了對金融宏觀調控的要求。當時的國民經濟金融運行中出現了股票發行熱、開發區熱、亂拆借、亂集資、亂提利率以及亂設金融機構等不正之風，干擾了正常的經濟金融秩序，宏觀經濟出現了不正常的波動。當時中央採取了兩項重大決策：一是加大國務院對宏觀金融調控決策與貫徹力度，強力推動經濟金融秩序的整頓工作，保障國民經濟平穩運行和必要增長；二是適應建立社會主義市場經濟體制的要求，加大經濟金融體系改革的力度，在1993年7月推出金融、財稅、投資、外貿和外匯五項管理體制改革方案。其中，金融體制改革方案要求把中國人民銀行辦成真正的中央銀行，建立有效的中央銀行調控體系，並建立政策性銀行，發展和完善商業銀行等。同時，金融法制建設也得到有力的加強。1995年全國人大通過並頒布了《中華人民共和國中國人民銀行法》《中華人民共和國商業銀行法》《中華人民共和國保險法》《中華人民共和國票據法》《中華人民共和國擔保法》和《全國人大常委會關於懲治破壞金融秩序犯罪的決定》（以下簡稱「五法一決定」）。「五法一決定」的相繼頒布實施，為實現這些改革目標奠定了法律基礎。《中華人民共和國中國人民銀行法》切斷了財政透支的可能性；證監會、保監會設立后將證券業和保險業的監管職能從中央銀行分離出來，分業經營和分業監管體制初步形成。特別需要指出的是，在2001年11月，中國完成了長達15年的加入WTO談判，簽署了包括金融服務業在內的入世協議。這表明中國金融業進入了按照國際規則有序開放的新時期，這對中國金融體系既是挑戰也是機遇。之後的發展已經證明，這段入世期是推進中國金融改革的戰略機遇期。

加入世界貿易組織的動力與壓力已將中國不良資產包袱過重、資本充足率不足、經營管理水平低下、靠國家信用生存而實際上面臨著巨大風險的金融機構體系改造成為了「產權明晰、資本充足、內控嚴密、經營良好」的金融體系。

(3) 2003年至今：構建現代金融體系

2003年後隨著改革開放的推進，「一行三會」（中國人民銀行和銀監會、保監會、證監會）的金融分業監管體制蔚然成形。這一時期進行了以銀行體系改革開放為重點（尤其是以國有銀行改革為核心）、以資本市場規範為支撐、以市場

產品開發為基礎和以市場調控為取向的全面改革創新。由此，中國擴大了包括銀行、保險、證券、基金業在內的市場准入，逐步實施金融在地域上的全面開放和推進以人民幣業務為主的金融業務品種的開放進程。中資金融機構開始引入多元化戰略投資者，進行新一輪現代金融制度的整合，並形成初具規模的市場金融體系。通過國家註資、資產重組、引進戰略投資者等措施，國家完成了對中國銀行、建設銀行、工商銀行和交通銀行的股份制改造和發行上市，這為國有銀行轉變經營機制，提高經營和風險管理水平奠定了基礎。此外，其他各種股份制銀行、存款類和貸款類金融機構紛紛設立（如郵政儲蓄銀行和農村商業銀行、農村信用合作社和小額貸款公司等），銀行業金融服務種類逐漸豐富，服務質量逐漸提高。隨著中國加入 WTO 五年過渡期的結束（2006 年年底），境外金融機構紛紛進入中國。國內金融機構在外資金融機構的競爭壓力下，探索綜合經營模式，開拓新業務，尋找新的利潤增長點。股權分置改革極大地促進了證券市場的發展，也帶動了基金業的興起。多層次的資本市場正在逐步建立，投資品種日趨多元化。這一階段，是中國金融機構在經營理念、營運模式和金融服務逐步與國際接軌，努力躋身國際金融市場的發展階段；也是應對國際競爭壓力和國內金融風險，轉變經營機制，提高經營管理能力，走向現代化金融業的探索階段。

經過這一時期的改革，中國的金融體系發展成以大型國家控股商業銀行為主導，股份制商業銀行、外資（法人）商業銀行、城市商業銀行、農村商業銀行及其他存款類和貸款類金融機構並存的多元化金融體系。中國金融市場中的貨幣市場、證券市場、保險市場有了長足的發展，黃金、外匯市場也迅速興起，呈現出多個子市場同時發展、投資者同時參與的多種市場格局。

1.2.2.2 中國金融業的改革成效

中國金融業經過 30 多年的改革發展，取得了巨大成就。金融業改革持續推進，金融機構實力不斷增強，金融市場快速發展，金融基礎設施建設成效顯著，金融體系整體穩健。

（1）銀行業資產規模持續增長，存、貸款保持平穩增長，組織體系更加健全

第一，銀行業資產規模持續增長。截至 2012 年年末，銀行業金融機構資產總額為 133.62 萬億元，比年初增加 20.33 萬億元，同比增長 17.9%；負債總額為 124.95 萬億元，比年初增加 18.87 萬億元，同比增長 17.79%（見圖 1-1）。

五家大型商業銀行資產占比為44.93%，比2012年下降2.41個百分點，股份制商業銀行、城市商業銀行、農村金融機構（包括農村商業銀行、農村合作銀行和農村信用社）資產占比分別比2012年提高1.4個、0.46個和0.3個百分點。

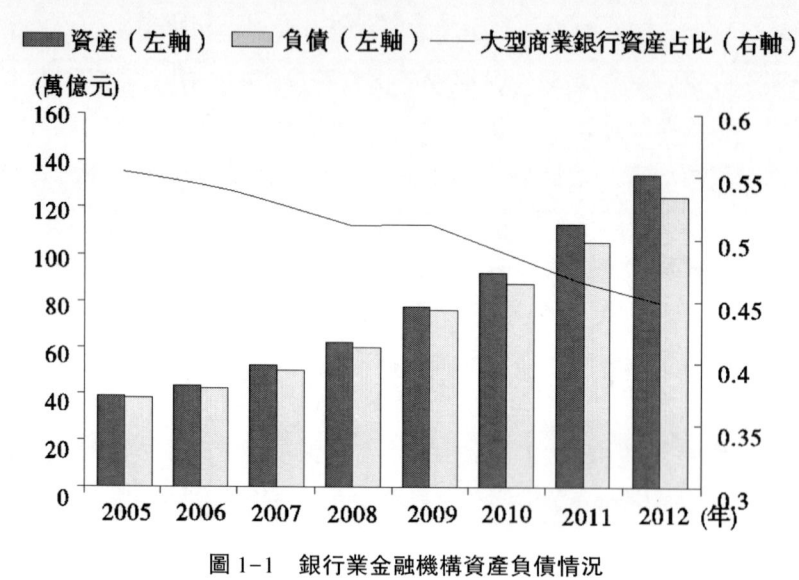

圖1-1　銀行業金融機構資產負債情況

數據來源：中國銀監會。

第二，銀行機構存貸款保持平穩增長。截至2012年年末，銀行業金融機構本、外幣各項存款餘額為94.29萬億元，比年初增加9.11萬億元，同比增長14.06%；各項貸款餘額為67.28萬億元，比年初增加9.11萬億元，同比增長15.66%。從期限上看，企業短期貸款及票據融資同比多增加1.69萬億元，中長期貸款同比少增加0.68萬億元。定期存款同比多增加0.94萬億元，活期存款同比多增加0.27萬億元。從信貸投向上看，與項目投資密切相關的企業固定資產貸款比年初減少522億元，經營性貸款比年初增加2.89萬億元。

第三，銀行業組織體系更加健全。中小銀行業金融機構快速發展，機構種類、數量和市場份額繼續上升，市場集中度趨於下降，競爭程度深化。截至2012年年末，共有城市商業銀行144家、農村商業銀行337家、農村合作銀行147家、農村信用社1,927家、村鎮銀行876家（開業800家，籌建76家）。

（2）保險業資產規模較快增長，服務經濟社會能力不斷提升

第一，資產規模較快增長，機構數量穩步增加。截至2012年年末，保險業總資產達到7.35萬億元，同比增長22.9%（見圖1-2）。保險機構164家，其中，保險集團和控股公司10家，財產險公司61家，人身險公司68家，再保險公司8家，資產管理公司15家，出口信用保險公司1家，農村保險互助社1家。與2011年相比，保險機構新增12家，其中人身險公司、保險資產管理公司、財產險公司分別增加了6家、4家和2家。

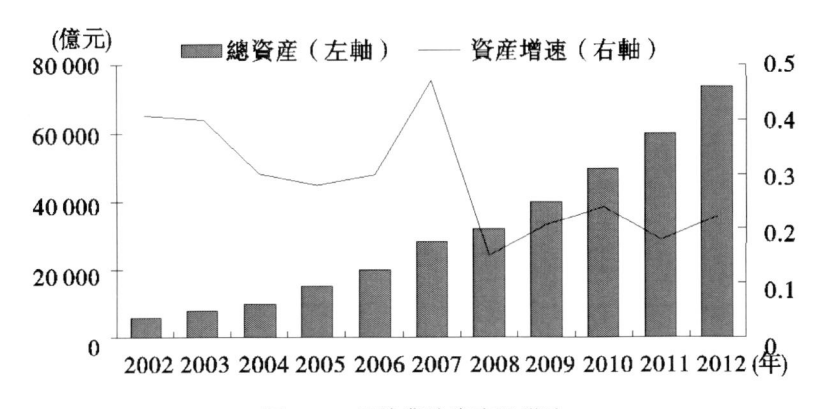

圖1-2 保險業總資產及增速

數據來源：中國保監會。

第二，保費收入持續增長，服務經濟社會能力不斷提升。2012年全年全國保險業實現保費收入1.55萬億元，同比增長8%，增速比2011年下降2.4個百分點。其中：財產險保費收入5,331億元，同比增長15.4%；壽險保費收入8,908億元，同比增長2.4%；健康險保費收入862.8億元，同比增長24.7%；意外險保費收入386.2億元，同比增長15.6%。保險賠款給付4,716.3億元，同比增長20%（見圖1-3）。保險業服務經濟社會能力增強，農業保險發展迅速，實現保費收入240.6億元，同比增長38.3%，為1.83億戶次提供9,006億元的風險保障，向2,818萬農戶致富賠款148.2億元；小額保險試點推向全國後，參保人數達到3,200萬人，同比增長33.3%；保險業積極參與新農村合作醫療保險工作，受託管理資金為50.5億元；出口信用保險實現保費收入142.6億元，為3.5萬家企業提供了2,936.5億元的風險保障。

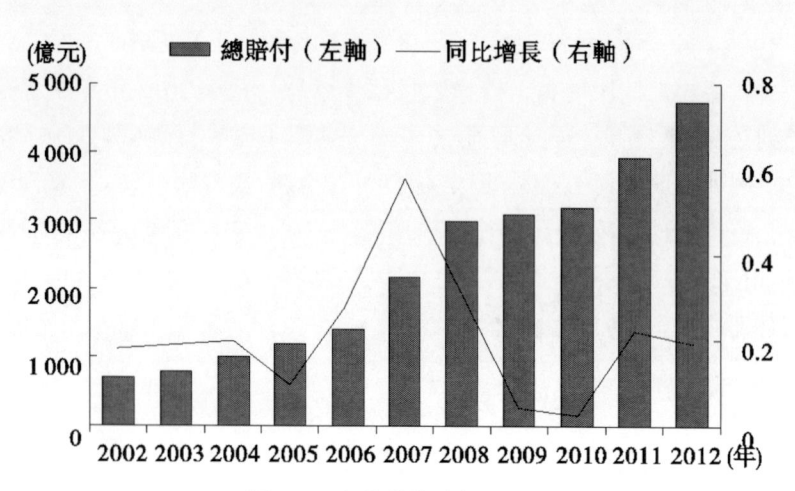

图 1-3 保险业总赔付及增速

数据来源：中国银监会。

(3) 证券期货业机构经营总体稳健，行业创新取得积极进展

第一，市场主体规模稳步扩大。截至 2012 年年末，沪、深两市共有上市公司 2,494 家，同比增长 152 家，全年新上市 154 家，退市 2 家。总市值为 23.04 万亿元，流通市值为 18.17 万亿元，同比分别增长 7.26% 和 10.15%，与 2011 年分别下降 19.09% 和 14.60% 相比，重新恢复了增长态势（见图 1-4）。

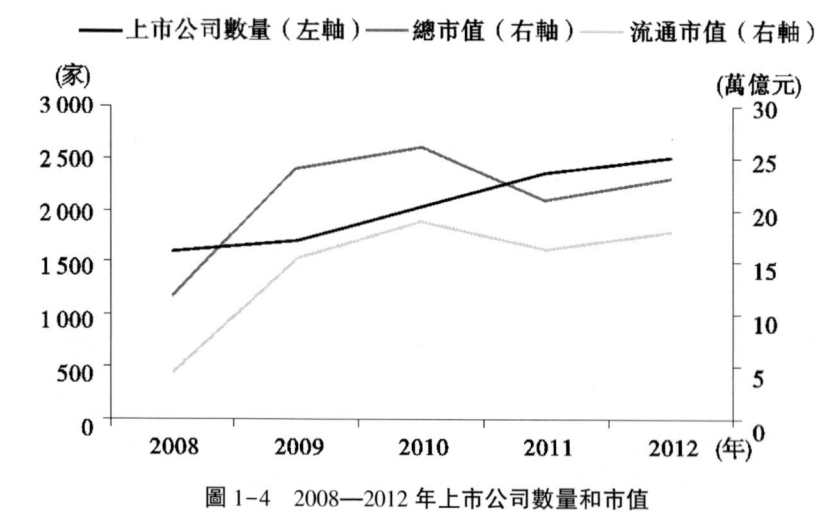

图 1-4　2008—2012 年上市公司数量和市值

数据来源：中国银监会。

第二，證券期貨經營機構數量穩中有增。2012 年年末，全國證券公司有 114 家，較上年新增 5 家；其中上市證券公司有 19 家，較上年新增 1 家。期貨公司有 161 家，與上年保持一致。基金管理公司有 77 家，較 2011 年新增 8 家（見圖 1-5）。

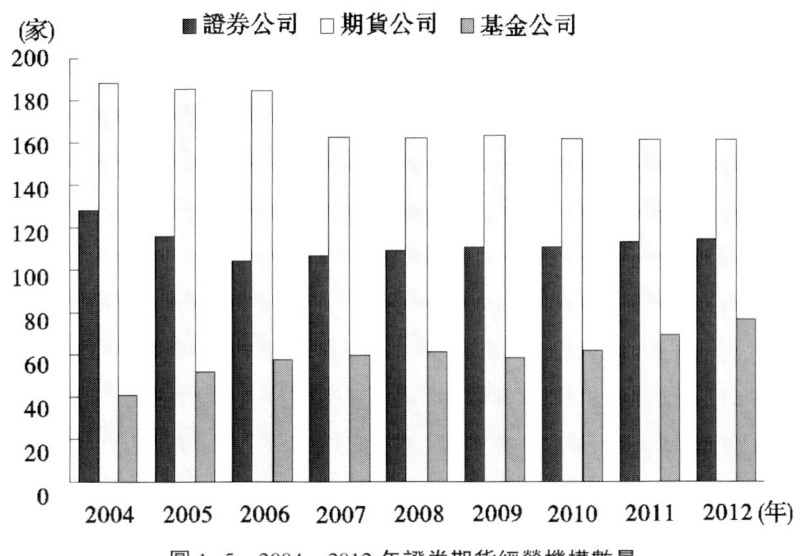

圖 1-5　2004—2012 年證券期貨經營機構數量

數據來源：中國銀監會。

第三，證券期貨業資產規模大幅增長。2012 年年末，證券公司總資產（不含客戶資產）為 1.11 萬億元，同比增加約 2,092 億元，增長 23.22%。期貨公司總資產（不含客戶資產）為 505.53 億元，同比增加 103.53 億元，增長 25.75%。基金管理公司共管理 1,173 支基金，基金總份額達到 3.17 萬億元，同比增長 19.62%，基金淨值約為 2.87 萬億元，同比增長 31.05%。

第四，證券期貨創新力度不斷加大。證券公司獲準在銀行間債券市場發行短期融資券，並開展非金融機構債務融資工具承銷業務，融資渠道和業務範圍得到擴展；證券質押式報價回購、約定購回式證券交易及現金管理產品等業務由試點逐步推開；證券公司資產管理業務新政策出抬，放寬業務限制，拓展投資範圍，推動業務規模大幅增長，年末管理資產規模達到 1.9 萬億元，同比增長 5.7 倍。期貨公司資產管理業務試點推出，年末共有 20 家期貨公司獲得資產管理業務資格。基金管理公司准入政策得到優化，各類基金產品不斷創新，跨境 ETF、理財

型基金等產品陸續推出。

綜合上述分析，金融業改革成就主要體現在以下幾個方面：

（1）完善了金融法制建設。《中華人民共和國中國人民銀行法》《中華人民共和國商業銀行法》《中華人民共和國保險法》《中華人民共和國票據法》《中華人民共和國擔保法》和《全國人大常委會關於懲治破壞金融秩序犯罪的決定》等法規的頒布實施，完善了金融法制建設，為實現金融體系改革目標奠定了法律基礎。

（2）構建了多層次的金融業調控與運行體系。經過多年的改革開放，中國已構建起了以調控監管機構（「一行三會」）、國家政策銀行、商業銀行為主體的多層次金融業調控與運行體系，適應了市場經濟發展的需要，促進了中國經濟的發展。

（3）形成了適合現代市場體制的金融業體系。經過多年的改革開放，銀行業、證券業、保險業、基金業以及其他金融行業都獲得了大幅度發展，形成了以大型國家控股金融機構為主體，股份制金融機構、外資金融機構等並存的競爭格局，使各類金融機構在競爭市場中提高效率，獲得發展。

1.2.2 中國金融業面臨的挑戰

在世界經濟一體化進程中，國際金融呈現出全球化發展態勢，跨國金融機構大舉進軍中國金融市場，中國的金融業面臨著巨大的壓力。在中國金融經濟發展中如何利用外資，如何提高預防金融風險能力，如何進一步推進金融業的健康發展，將成為未來幾年中國金融業發展的重要課題。

1.2.2.1 世界金融業的發展態勢

這次金融危機爆發之後，為了實現全球經濟的平穩持續發展，各國根據國際經濟金融形勢發展，不斷吸取教訓、總結經驗，並通過 G20 等國際組織推動國際經濟金融改革，制定國際規則和相關政策，以尋求後金融危機時代的發展。

在 G20 框架下，國際經濟金融改革涵蓋宏微觀各個方面，包括：加強宏觀審慎管理，引進逆週期調節手段，防範系統性經濟金融風險；推動財政改革，提高財政健康性和可持續性；推動金融監管機構改革，賦予中央銀行更多的監管權限，加強對對沖基金等機構的監管，保護金融消費者權益；規範發展金融衍生品市場，限制存款類機構自營投資，加強對信用評級機構監管；推動國際貨幣基金

組織（IMF）等國際金融組織改革等措施。

這些改革舉措代表著世界主要經濟體的發展方向，對各國金融改革發展具有重要的啟示作用。

（1）在充分發揮市場調節基礎作用的同時，加強和改進宏觀調控。在這次應對國際金融危機中，為了防止系統性風險蔓延，政府不得不救助系統重要性金融機構。但在救助的過程中，政府需要在防範道德風險和阻止危機蔓延兩者之間尋求平衡，在發揮市場機制調節基礎作用的前提下，健全科學的宏觀調控體系，提高宏觀調控的預見性、科學性和有效性，堅持財政政策、貨幣政策的有機結合，形成政策合力。

（2）在加快經濟發展的同時，建立均衡協調可持續的經濟發展模式。這場金融危機的發生與蔓延，從根本上說是經濟失衡矛盾長期累積的必然結果，它表明依靠低儲蓄、過度舉債消費的經濟發展模式的不可持續性。同時，新興市場經濟體過於依賴外需的經濟發展模式也是不可持續的，必須加快經濟結構調整，進一步擴大消費，實現內需和外需有效互補。

（3）在金融支持經濟可持續發展的同時，始終應注意防範系統性金融風險。實踐證明，不能只關注單個金融機構或單個行業的風險防範，還必須從系統性角度防範金融風險，加強宏觀審慎管理，保持財政的健康性，完善金融安全網，提高危機處置能力。

當然，由於各國國情不同，從這次國際金融危機中獲得的啟示也可能不完全一致。對於中國而言，我們既要面向全球經濟金融的最新改革進展，吸取教訓、積極借鑑，也要立足於中國新興市場加轉軌的國情，本著實事求是的原則，繼續在實踐中穩步推進改革。

1.2.2.2 中國金融業面臨的挑戰

「十二五」時期是中國全面建設小康社會和加快轉變發展方式的關鍵時期，也是國際金融危機背景下全球經濟金融格局深刻調整的變革時期。后金融危機時代中國金融業改革發展面臨著諸多挑戰。

（1）宏觀經濟與金融調控面臨的新挑戰

當前中國宏觀經濟與金融調控面臨的新挑戰主要是：①外匯淨流入導致貨幣被動投放的壓力較大。近些年，由於受儲蓄持續大於投資的結構性矛盾和外貿導向政策等因素的影響，以及全球流動性過剩，中國國際收支持續順差較多，外匯

儲備規模不斷增大。為維護人民幣匯率穩定，中央銀行被迫購匯投放基礎貨幣。為了防止基礎貨幣大量投入所潛在的通貨膨脹壓力，中央銀行不得不採取大量吸收流動性的操作手段，進行衝銷干預，貨幣政策的獨立性和靈活性受到削弱。②由於多種因素使通貨膨脹壓力較大。人民幣升值預期增強，而且由於相對利率上升，因此投機性資本流入的可能性上升。由於能源、原材料價格上升，以及作為增長較快的新興經濟體，中國面臨著較大的通貨膨脹壓力。從今后看，中國經濟發展還將面臨人口老齡化和資源、水源短缺等問題，增加了控通貨膨脹、保增長、調結構的難度。

(2) 金融機構防範金融風險的任務艱鉅

中國金融機構創新不足、開放度不高、競爭力不強，自我約束機制尚不健全，存在潛在風險。金融體系普遍存在的順週期行為以及監管、會計等制度因素可能加劇系統性風險累積。金融業綜合經營較快發展，存在著跨市場和交叉性金融風險。金融監管協調機制缺乏有效的制度保障，監管空白與監管交叉並存。金融監管法規有待完善、執行力有待加強，監管方式和手段有待不斷提高，風險糾正和處置機制有待完善。

(3) 金融價格形成機制的市場化改革有待深化

中國經濟主體的市場化運行機制和約束機制不夠健全，中央銀行調控市場利率的傳導機制不夠暢通，長期利率定價缺乏有效的外部基準，金融機構風險定價能力較低，利率市場化的基礎條件有待進一步完善。人民幣匯率形成機制存在靈活性不足、市場供求的決定作用有待提高、外匯供求關係不盡合理等問題，出現外匯儲備的快速累積，增加了外匯儲備管理的難度，導致貨幣政策自主性受到一定影響。從長期看，隨著經濟實際增長一同出現的貨幣升值有助於新興經濟體的居民縮小與發達國家收入差距，有助於全球經濟的結構調整。但是如果短時間內匯率大幅升值，必將對出口產業造成沉重打擊。因此，協調匯率政策與其他宏觀經濟政策的關係有較大難度。

(4) 金融業結構有待完善

中國金融業結構欠合理，銀行業比重較高，保險業、信託業、基金業等發展滯后。中國 GDP 在世界排名第 2 位，但保費收入在世界排名第 6 位。中國保險業總資產僅占 GDP 的 11%，而經合發展組織成員國僅人壽保險總資產占 GDP 的比重就超過 20%。同時，城鄉、區域金融發展不協調，對「三農」和中小企業

金融服務相對薄弱。

（5）金融業對外開放水平有待提高

國際經濟金融形勢的變化為中國金融機構開拓國際市場、加快國際化進程提供了難得的機遇。但與此同時，一方面，發達國家金融機構核心競爭力領先的格局沒有改變，隨著一些金融機構全面整合的完成，將進一步加劇國際金融市場的競爭；另一方面，國際金融市場更加複雜多變，國內金融機構海外營運面臨的風險加大，對其管理水平提出了更高要求。然而，國內金融機構整體競爭力不強，走向國際化的進程還很漫長。

1.2.3 中國金融業的發展戰略

在后金融危機時代，應對中國金融業面臨的挑戰，「十二五」規劃根據中國金融業發展，為進一步防範金融風險，不斷提高中國金融業發展水平和國際競爭力，提出了「深化金融體制改革」的發展戰略。

1.2.3.1 加快和完善金融業市場經濟體制建設，不斷提高企業市場競爭力

（1）加強制度建設，增強金融業獨立經營能力。從中國國情看，國企改革和政府行為與國有銀行產權制度改造密切相關。要解決好這兩個方面的問題：①國有企業必須加快建立和完善現代企業制度。國有企業產權制度所存在的問題，是造成企業（包括國有銀行）競爭力低下的重要外因之一。為此，必須從整體上把握國企改革和金融體制改革的內在聯繫，遵循產權清晰、權責明確的要求，不斷完善公司法人治理結構。②必須切實轉變政府職能。在傳統體制下，政府為了挽救效率低下的國有企業，經常干預銀行的貸款決策。其結果是，不但企業的依賴性變本加厲，而且銀行的競爭力也在不斷減小。因此，必須加快政府職能的轉變，將工作重心從對企業「扶持」逐步轉向培育市場競爭機制和競爭能力、維持金融秩序、鼓勵金融創新、加大監管力度的軌道上來，讓市場機制在金融資源配置中發揮基礎性作用，加大政府從宏觀上運用貨幣政策對金融運行進行調節的能力。

（2）深入對部分國有銀行進行改造。通過對國有資產進行併購、重組和改造，剝離不良資產，提高企業優良資產利用率，推動中國金融業不斷發展。

1.2.3.2 進一步加強金融創新工作

推進金融創新工作首先要轉變政府金融管理職能。政府的金融管理職能要轉

向創造公平競爭的體制環境和加強調控的有效性上來。政府要創造公平競爭的體制環境，消除歧視性政策，放寬市場進入標準，按照統一的市場監管原則鼓勵各類金融機構展開充分競爭鼓勵合法金融創新。對行政壟斷、地方保護主義和惡性競爭要依法規範和治理。其次要打造金融創新的微觀基礎，選準創新的突破口。當前，充分利用股票市場、期貨市場、期權等衍生金融工具促進金融市場的發展；針對負債類業務多於資產類業務，積極發展票據和國債回購市場，推進金融資產的證券化進程；針對提高金融效率，加強金融電子信息化建設，不斷發展和提高金融運作能力。

1.2.3.3 加強對金融業綜合監管能力

（1）加強對金融業的內部約束。①完善金融機構的內部監控機制。金融機構需建立有效的內部監督系統，確立內部監控的檢查評估機制、風險業務評價機制以及對內部違規行為的披露懲處機制，做到對問題早發現、早解決；要建立嚴格的授權制度，各級金融機構必須經過授權才能對相關業務進行處置，未經授權不能擅自越位；要實行分工控制制度確保授權、授信的科學有效性，建立對風險的局部分割控制。②加強金融業行業自律建設。要加強對成員進行業務檢查、財務檢查和服務質量檢查；加強對成員業務運作的監督指導，對可能出現的風險和違規行為的預防與處理。要加強銀行同業協會的職能，充分發揮其管理和服務的作用；在證券業，要加強證券業協會的建設，發揮其在公平競爭、信息共享、風險防範和仲裁等方面的協調職能。

（2）加強對金融業的外部約束。①加強法律法規制度建設。一是完善金融立法。雖然改革開放以來金融領域的立法工作取得了長足的進展，但隨著實踐的發展，仍然有一些重要金融領域尚未納入法律規範。目前迫切需要完善各項專門法律，以便規範金融業務的運作，並與《中華人民共和國中國人民銀行法》一起構築金融監管的法規體系主幹。二是強化金融執法。從維護金融安全的重要性出發，要賦予央行及證監會與其職責真正相稱的權力。金融監管當局要強化金融執法的力度，嚴格執行市場准入、市場交易和市場退出的相關法規，建設良好的金融運行軟環境。②建立和完善風險預警和危機處理機制。有效的金融風險預警，是確保金融安全的第一道屏障。在中國，實行金融風險預警的關鍵在於建立一套規範有效的風險預警指標體系。危機處理機制是化解危機、減小損失的最后防線。一是要加強資產負債比例管理，重視資金的安全性、流動性和盈利性，確

保銀行的清償力。二是要提高呆帳準備金比率，充實風險準備金。三是進一步完善存款保險制度。保護存款人的利益，維護金融體系的穩定。四是加強國家專門的金融危機防範機構，統一權限，協調行動，以便在危機發生時高效率地解決問題。五是完善援救性措施。對遇到臨時清償困難的金融機構應提供緊急資金援助。③加強國際合作。一是要加強對金融機構實施全方位監管，按巴塞爾協議的規定對不符合監管條件的外資金融機構要堅決予以阻止；二是針對流進與流出中國金融市場的國際資本，建立相關的動態跟蹤數據系統，與相關國家實現數據互換，使資本流動特別是短期資本的流動置於國際監視之下，為政府間多邊監管合作及救助提供依據；三是在金融全球化發展中充分發揮中國的積極作用。中國應同有關國家一起在平等互利的基礎上積極參與新的遊戲規則的制定，促進國際貨幣基金組織和世界銀行職能的轉換，建立符合自身利益的國際金融新秩序，促進中國經濟和金融業又好又快地發展。

1.3　後金融危機時代:中國金融業稅制的發展

隨著中國經濟的發展，金融業在國民經濟中占據著越來越重要的地位，稅收是影響金融業穩定與發展的一個關鍵因素，因此，金融稅制的優化與發展對於金融業甚至整個國民經濟發展具有舉足輕重的意義。

1.3.1　金融業稅制發展沿革

中國金融業稅制的發展蘊含在整體稅收制度建立及發展的過程之中、深深帶有整體稅制改革的烙印。從總體上看，60多年來，中國稅制的發展大體經歷了三個歷史階段：第一個時期是從1949年新中國成立到1878年年底改革開放之前。這一期間歷經「國民經濟恢復和社會主義改造」「大躍進」「三年自然災害和文化大革命」，是中國稅制建立及曲折發展時期。第二個時期是從1979年改革開放到1994年稅制改革。這一期間內經歷了國營企業「利改稅」和全面改革稅收制度、中國稅制整體得到加強。第三個時期是1994年以來的稅制改革，構建適應社會主義市場經濟體制要求的稅制。

1.3.1.1　1949—1978：建立稅制及曲折發展時期

新中國成立后，為了盡快統一全國稅政、建立新的稅收制度，1949年11月

中央人民政府政務院財政經濟委員會和財政部在北京召開了首屆全國稅務會議，擬定了《全國稅政實施要則（草案）》和若干稅法草案，暫定下列稅收為中央與地方的稅收，即貨物稅、工商稅（包括坐商、行商、攤販的營業稅與所得稅）、關稅、薪給報酬所得稅、存款利息所得稅、印花稅、遺產稅、交易稅、屠宰稅、房產稅、地產稅、特種消費行為稅（筵席、娛樂、冷食、旅店）和使用牌照稅，此外船舶噸稅的徵收辦法由財政部和海關總署擬定。

與金融業有關的課稅規定主要涉及工商業稅、利息所得稅和印花稅。①工商業稅。工商業稅是對工商企業的營業收入和所得的課稅。它的納稅人為在中國境內以盈利為目的的工商事業單位，徵稅對象為納稅人的營業收入和所得。除了臨時商業和攤販業另行制定徵收辦法外，固定工商業分別按照其營業額和所得額計算徵收營業稅與所得稅。公營企業的營業額就地繳納營業稅；所得額提取利潤，不繳納所得稅。②利息所得稅。利息所得稅是對利息的課稅。它的納稅人為利息所得者，徵稅對象為存款利息、證券利息等利息所得，計稅依據為利息所得額，實行5%的比例稅率。③印花稅。印花稅的納稅人為應稅憑證的書立人、領受人和使用人，徵稅對象為中國境內因商事、產權等行為所書立或者使用的憑證，設有發貨票、銀錢收據、帳單、記載資本的帳簿、債券等25個稅目。

1958年根據生產資料所有制的社會主義改造基本完成以后的政治、經濟形勢的需要，進行了新中國成立后的第二次稅制改革。這次稅制改革的主要內容是簡化稅制，將貨物稅、商品流通稅、印花稅、工商業稅中的營業稅等四種稅合併為工商統一稅，不再單獨徵收營業稅。由於工商業稅中的營業稅部分納入工商統一稅，因此所得稅部分逐步成為一個獨立的稅種，成為工商所得稅。工商統一稅的納稅人為從事工業品生產、農產品採購、外貨進口、商業零售、交通運輸、服務性業務的單位和個人，一共有108個稅目，稅率從1.5%到69%不等。國家銀行、保險事業、農業機械站、醫療保險事業的業務收入和科學研究機關的實驗收入，免徵工商統一稅。

1972年按照「合併稅種，簡化徵收方法，改革不合理的工商稅收制度」的指導思想，中國進行了新中國成立后的第三次稅制改革。這次稅改的主要內容包括：①合併稅種。將工商統一稅及其附加、城市房地產稅、車船使用牌照稅、鹽稅和屠宰稅合併為工商稅，合併以后對國營企業只徵收工商稅、對集體企業只徵收工商稅和所得稅，城市房地產稅、車船使用牌照稅和屠宰稅只對個人和外國僑

民等徵收。②簡化稅目與稅率。與工商統一稅相比，稅目從過去的 108 個減少到 44 個，稅率從過去的 141 個減少到 82 個，多數企業可以減少到一個稅率徵稅。工商稅的納稅人為從事工業生產、交通運輸、農產品採購、進口貿易、商業經營、服務業務的單位和個人，一共設有 44 個稅目，稅率從 3% 到 66% 不等，其中科學研究單位的實驗收入、文化藝術、新聞出版、醫療保健、農業事業等單位和國家銀行、信用社、保險公司的業務收入可以免徵工商統一稅。

1.3.1.2　1978—1993：經濟改革開放推進的稅制構建

改革開放後，伴隨著社會主義市場經濟的發展，中國稅制在理論、政策和實踐等各方面都發生了巨大變化，取得了很大的成績。從時間和內容上看，這一歷史時期可以劃分為兩個階段：第一個階段是中國改革開放以後稅制改革的醞釀和起步階段，建立了涉外稅收制度；第二個階段是改革開放以後稅制改革全面展開的階段，實現了國營企業「利改稅」和工商稅收制度的全面改革。

第一個階段，建立涉外稅收制度。1980—1981 年所確立的《中華人民共和國中外合資經營企業所得稅法》《中華人民共和國外國企業所得稅法》以及《中華人民共和國個人所得稅法》初步建立起了涉外稅收制度，適應了引進外國資金、技術和人才，開展對外經濟技術合作的需要，並發揮了重要作用。有關涉外金融業的課稅法規主要體現在所得稅及沿海經濟開放區有關稅收優惠政策之中。1983 年財政部所頒布的《關於外商從中國所得的利息有關減免稅的暫行規定》中規定：經過批准在中國境內設有常駐代表機構的外國銀行，有常駐代表機構直接同中國公司、企業簽訂合同提供貸款取得的利息，可以扣除有關的成本、費用。為便於計算，可以暫按利息收入的 15% 作為應納稅所得，並按照《中華人民共和國外國企業所得稅法》規定的五級超額累進稅率繳納企業所得稅，另按照應納稅所得繳納 10% 的地方所得稅。1990 年按照國務院頒布的《關於上海浦東新區鼓勵外商投資減徵、免徵企業所得稅和工商統一稅的規定》：外資銀行、外資銀行分行、中外合資銀行和財務公司等金融機構，外國投資者投入資本或者分行由總行撥入營運資金超過 1,000 萬元、經營期限在 10 年以上的，經稅務機關批准，其經營業務所得可以減按 15% 的稅率繳納企業所得稅，並可以從開始獲利的年度起，第一年免徵企業所得稅，第二年和第三年減半徵收企業所得稅。外資銀行、外資銀行分行、中外合資銀行和財務公司等金融機構從事貸款業務取得的收入，按照 3% 的稅率徵收工商統一稅，從事其他金融業務取得的收入，按照 5% 的

稅率徵收工商統一稅。

第二個階段，全面開展稅制改革。稅制改革的突破口是國營企業「利改稅」，即將國營企業向國家上繳的利潤改為繳納所得的稅。這一階段的改革分為兩步：第一步改革的內容是凡有盈利的國有大中型企業（包括金融保險組織），均按照實現利潤和55%的稅率繳納所得稅。稅后利潤，一部分以遞增包干上繳、固定比例上繳、繳納調節稅和定額包干上繳等辦法上繳國家，另一部分按照國家核定的留利水平留給企業。改革的內容是將國營企業應當上繳國家的財政收入分別按照11個稅種向國家繳稅，也就是由「稅利並存」逐步過渡到完全的「以稅代利」，稅后利潤留給企業使用。第二步「利改稅」中與金融業有關的稅制改革主要是將工商統一稅中的商業和服務業等行業劃分出來單獨徵收營業稅，並適當擴大徵稅範圍。營業稅的稅目有11個，即商品零售、商業批發、交通運輸、建築安裝、金融保險、郵電通信、出版事業、公用事業、娛樂業、服務業和臨時經營，稅率從3%到15%不等。

從1978年到1993年的16年中，隨著社會主義市場經濟的發展，進行了全面的稅制改革，初步建立起了一套適應市場經濟要求的新稅制體系。

1.3.1.3 1994年至今：經濟改革開放推進的稅制改革

中國於1994年成功地實行了從1949年以來最大的一次稅制改革，初步建立了適應社會主義市場經濟的體制所需要的稅制框架，有力地促進了改革開放和經濟發展。隨著稅制改革如火如荼地進行，金融業稅制也正在發生著重大改變。其稅制的變化主要體現在以下兩個方面：

（1）營業稅的調整

1994年稅制改革時，將商業零售、商業批發、公用事業中的煤氣和水等有形動產的銷售，以及出版業等改為徵收增值稅，營業稅改為對銷售不動產、轉讓無形資產和從事各種服務業（除加工、修理修配兩種徵收增值稅的勞務以外）而取得的營業收入徵收的一種稅，不再對商品流轉額徵收營業稅，而且共同適用於內、外資企業，建立了統一、規範的營業稅制。對於金融業而言，完善營業稅的主要措施：①調整了金融保險業的等行業的營業稅率；②調整了營業稅的徵收範圍和計稅依據；③實施了大量的稅收優惠政策。

第一，調整金融業的營業稅稅率。

1997年國務院發出《關於調整金融保險業稅收政策有關問題的通知》，自同

年1月1日起執行。其中規定：修訂營業稅暫行條例中有關金融保險營業稅稅率的規定，將金融保險營業稅稅率從5%提高到8%。提高營業稅稅率以後，除了各銀行總行、保險公司繳納的營業稅仍然全部歸中央財政收入以外，其餘金融、保險企業繳納的營業稅，按照原5%的稅率徵收的部分歸地方財政收入，按照提高3%的稅率徵收的部分歸中央財政收入。

對經濟特區（包括上海浦東新區和蘇州工業園區）設立的外商投資和外國金融企業，凡來源於經濟特區內的營業收入，繼續執行自註冊登記之日起5年以內免徵營業稅的稅收政策。對1996年年底以前在經濟特區外設立的外商投資和外國金融、保險企業，在1998年年底以前，營業稅減按5%的稅率徵收，仍然作為地方財政收入。

提高金融保險業營業稅稅率以後，對國家政策性銀行減按5%的稅率徵收，政策性銀行繳納的營業稅仍然作為國家資本金投資返還給政策性銀行。政策性銀行資本金到達國務院規定的金額之日起，返還政策停止執行；而農村信用合作社營業稅在1997年12月31日以前減按5%的稅率徵收，仍作為地方財政收入，從1998年1月1日起按照6%的稅率徵收，1999年減按7%的稅率徵收，2000年按照8%的稅率徵收營業稅。調高營業稅稅率后，隨同營業稅附徵的城市維護建設稅和教育費附加仍按照營業稅原稅率5%的部分計徵。其後農村信用合作社在2001年9月底以前可以按照6%的稅率徵稅，從同年10月起可以減按5%的稅率徵稅，從2003年起，在農村信用合作社試點地區，農村信用社可以按照3%的稅率徵稅。

從2001年起，金融保險業的營業稅稅率每年下調一個百分點，分三年從8%調整到5%，因此減少的營業稅收入為中央財政收入。為了適應經濟形勢的發展和增值稅轉型改革的需要，2009年對《中華人民共和國營業稅暫行條例》進行了修訂。

第二，調整徵收範圍和計稅依據。

中國人民銀行對金融機構的貸款業務，金融機構之間相互占用、拆借資金取得的利息收入，單位、個人將資金存入金融機構取得的利息收入，經批准的金融、保險企業辦理的出口信用保險，非金融機構和個人買賣外匯、有價證券和非貨物期貨，經中央和省級財政部門批准納入預算管理或者財政專戶管理的行政事業性收費、基金，不徵收營業稅。轉貸業務按照利差徵稅的規定僅限於金融企業

經營的部分轉貸外匯業務。分保險業務一般由出保人按照全部保費收入納稅，分保人不在納稅。

2009年新《中華人民共和國營業稅暫行條例》規定，金融企業從事受託收款業務，以其受託收取的全部款項減除支付給委託方的款項以後的余額為計稅營業額；規定的證券交易所、期貨交易所代收的有關監管費用和證券公司、期貨經紀公司代收的有關費用可以從其計稅金額中扣除；經國家有關部門批准經營融資租賃業務的單位從事融資租賃業務的，以其向承租者收取的全部價款和價外費用減除出租方承擔的出租貨物的實際成本以後的余額作為計稅營業額。

第三，實施稅收優惠。

保險公司開展的一年期以上、到期返還本利的普通人壽保險、養老金保險和健康保險、個人投資分紅保險等業務的保費收入免徵營業稅；金融企業聯行之間、金融企業與人民銀行之間及同業之間的資金往來，暫不徵收營業稅。

新《中華人民共和國營業稅暫行條例》中關於金融業保留到期和新增的免稅項目主要有：各類證券投資基金管理人運用基金買賣股票、債券的差價收入，全國社保基金理事會、社會保障基金投資管理人運用社會保障基金投資基金、股票和債券的價差收入免徵營業稅。

（2）企業所得稅的調整

金融保險業的企業所得稅稅率大幅度下降，從1997年起，金融、保險企業的所得稅稅率從55%、33%兩檔統一為33%（按照減低稅率徵收的微利農村信用社除外）；而農村信用社可以按照微利企業適用18%、27%的稅率繳納企業所得稅。2008年1月1日起實行新《中華人民共和國企業所得稅法》把法定稅率由33%降低到25%，減輕了企業的稅收負擔，統一了內外資企業所得稅制，終結了幾十年來外資的超國民待遇，使得內、外資企業同處於一個平等的競爭環境中。

在中國現行金融稅制下，對金融業主要課徵營業稅和企業所得稅兩大主體稅種，輔之以證券交易印花稅、房產稅、城鎮土地使用稅等其他財產行為稅。

1.3.2　金融業稅收發展趨勢的實證分析

本報告將從金融業稅收收入總量變化、結構變化及上市金融企業稅收負擔變化三個方面進行實證分析。

1.3.2.1 金融業稅收收入變化趨勢

中國2001—2005年金融業稅收總量變化趨勢見表1-1。

表1-1　　　　　　　中國歷年金融業稅收總量變化趨勢　　　　　　單位：萬元

年份	2001	2002	2003	2004	2005
稅收收入總額	7,700,694	7,244,042	7,450,373	8,266,489	13,013,282
增長率	—	-5.93%	2.85%	11.0%	57.4%
年份	2006	2007	2008	2009	2010
稅收收入總額	20,236,641	39,000,944	57,672,226	61,331,265	62,212,969
增長率	55.5%	92.7%	47.9%	6.34%	1.43%

資料來源：根據《中國稅務年鑒》歷年數據整理而得。

由圖1-6可見，自從2001年年末中國加入WTO以後，金融業稅收總量總體上增長很快，2001年金融業稅收收入約為770億元，而到了2010年金融業稅收收入總量為6,221億元，增長了8倍多。歷年金融業稅收收入總量呈現為S型走勢，從金融業稅收收入增長率的角度看，大體可以分為三個時間區間：第一個時間區間從2001年至2004年。在這一區間內，金融業稅收總量維持在1,000億元以內，增長平緩且增長水平低，甚至2002年出現了負增長（為-5.93%），直到2004年增長率才達到11%左右。第二個時間區間從2005年到2008年。在這一區間內，金融業稅收收入增長很快，幾乎呈現為指數增長，年增長率大部分都在

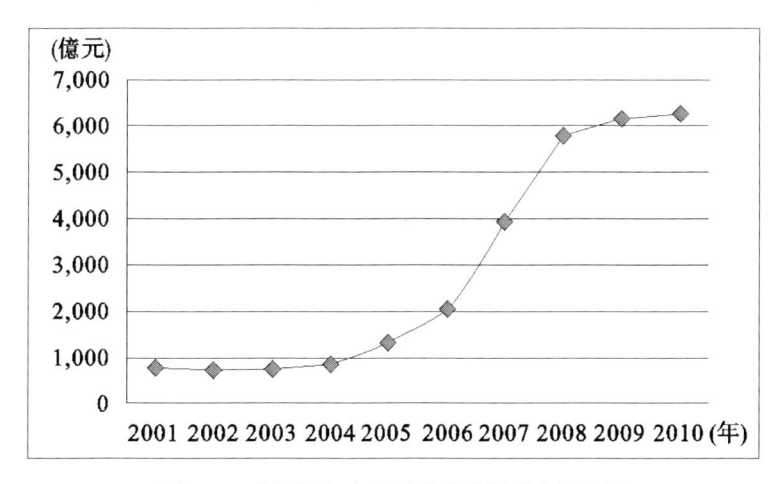

圖1-6　中國歷年金融業稅收總量變化趨勢圖

50%以上，2007年增長率最高，為92.7%。第三個時間區間為2008年以后。在這一區間內，由於受到國際金融危機的影響，中國宏觀經濟形勢大受影響，金融業稅收增長率較低，呈現出個位數的增長。

金融業稅收收入總量出現S型走勢的原因可能是：①稅制變化的影響。營業稅和企業所得稅是金融業的主體稅種，占整個金融業稅收收入的比重很大，因此金融業營業稅及企業所得稅收入的變化也能夠反應金融業稅收總量的變化趨勢。從2001年起金融保險業營業稅稅率每年下調一個百分點，這導致營業稅收入在2001—2003年這三年內持續下降，而企業所得稅有著正常的增長，在這兩種作用方式下，造成了金融業稅收總體增長平緩，甚至局部還有負增長。②經濟運行的影響。2004—2008年，得益於中國快速增長的宏觀經濟環境，金融業營業稅和企業所得稅有著快速的增長，其中企業所得稅的增長更為顯著，兩者作用之下導致中國金融業稅收成指數增長。2008年后受到國際金融危機的影響，中國宏觀經濟形勢不佳，金融業首當其衝收到了衝擊，金融業稅收增長整體放緩。

1.3.2.2 金融業稅收結構的變化趨勢

金融業稅收收入水平的分析，只是從總量上把握整個金融行業稅收的發展狀況，尚且不能反應金融業稅收結構的變化情況。因此，我們選取2007—2010年的數據，通過金融業分行業稅收收入比重與稅收貢獻率指標，進一步分析中國金融業稅收結構的變化趨勢。① 見表1-2、表1-3、圖1-7、圖1-8。

表1-2　　　　中國2007—2010年金融業各行業稅收收入結構　　　　單位：萬元

年份	2007	2008	2009	2010
銀行業	22,781,295	34,402,577	41,629,702	41,045,140
證券業	11,139,313	16,233,922	10,213,238	10,631,646
保險業	2,837,809	4,296,369	4,841,521	6,911,321
其他金融業	2,242,527	2,739,358	4,646,804	3,624,862
合計	39,000,944	57,672,226	61,331,265	62,212,969

資料來源：根據《中國稅務年鑒》歷年數據整理而得。

---

① 由於相關統計年鑒上統計口徑的差異，2007年之前金融業只分為銀行業和保險業兩類，甚至2001—2005年數據只有金融保險大類的稅收總量。這些數據比較粗略，不足以做出結構分析。

1 中國金融業稅制發展分析

	2007	2008	2009	2010
其他金融業	2,242,527	2,739,358	4,646,804	3,624,862
保險業	2,837,809	4,296,369	4,841,521	6,911,321
證券業	11,139,313	16,233,922	10,213,238	10,631,646
銀行業	22,781,295	34,402,577	41,629,702,	41,045,140

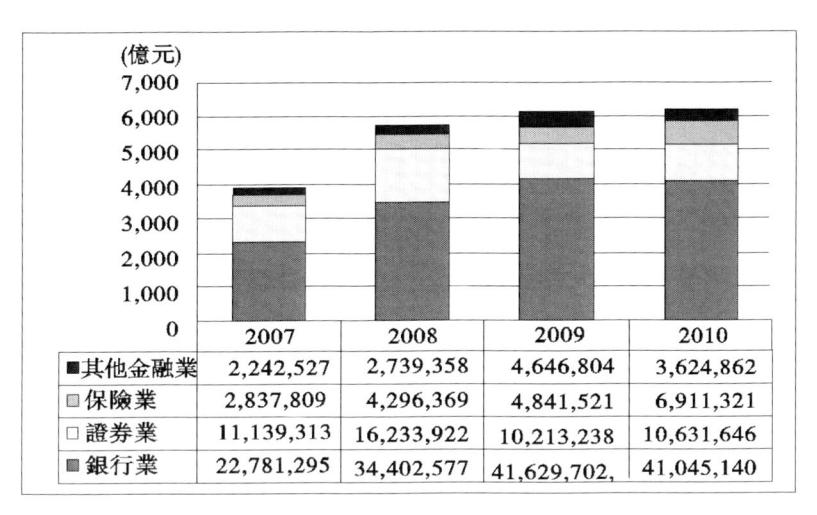

圖 1-7　中國 2007—2010 年金融業稅收結構變化趨勢

表 1-3　　　　2007—2010 年金融業各行業對總體稅收的貢獻率　　　　單位:%

年份	2007	2008	2009	2010
銀行業	58.41	59.65	67.88	65.98
證券業	28.56	28.15	16.65	17.09
保險業	7.28	7.45	7.89	11.11
其他金融業	5.75	4.75	7.58	5.83

資料來源：根據《中國稅務年鑒》歷年數據整理而得。

	2007	2008	2009	2010
銀行業(%)	58.41	59.65	67.88	65.98
證券業(%)	28.56	28.15	16.65	17.09
保險業(%)	7.28	7.45	7.89	11.11
其他金融業(%)	5.75	4.75	7.58	5.83

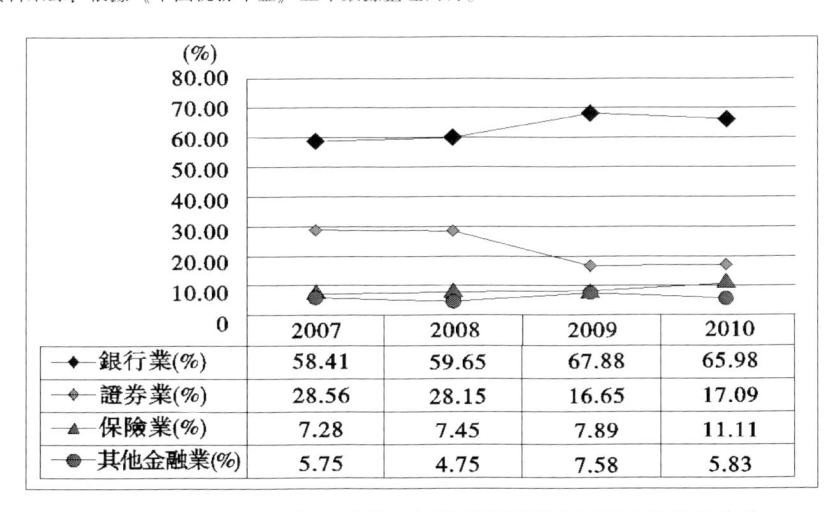

圖 1-8　2007—2010 年金融業各行業對總體稅收貢獻率的變化趨勢

由上述圖、表可見，銀行業對金融業稅收總量的貢獻最大，稅收貢獻率在50%以上，最高年份的貢獻率甚至高達68%；排在第二位的是證券業，其貢獻率最高為28.56%、最低為17.09%，波動較大；排在第三位的是保險業，稅收貢獻率在7%和11%之間波動；其他金融業包括融資租賃和郵政儲蓄，貢獻率在5%和7%之間波動。而各行業稅收貢獻率變化趨勢顯示：銀行業對金融稅收貢獻率處於一個穩中有升的態勢，而證券業的波動性最大，保險業和其他金融業的增長很平緩，波動很小。

形成這種變化趨勢的原因主要在於：①經濟運行的影響。2008年的金融危機對中國股市的影響很大，股市的繁榮與蕭條也能從歷年證券業稅收貢獻率中得到體現。②宏觀經濟政策的影響。為了應對金融危機的衝擊，中國實行了適度寬鬆的貨幣政策，其間於2009年啓動了「4萬億元投資計劃」用以刺激經濟增長，挽救股市。投資計劃大部分是通過銀行信貸系統完成的，因而銀行業對整個金融業的稅收貢獻率逆經濟週期而動，呈上升趨勢。這種反週期的調節獲得了很好的效果，中國經濟很快扭轉了下滑趨勢而呈回升態勢。[①]

1.3.2.3 金融業稅收負擔水平的趨勢與比較

（1）金融業稅收負擔水平的變化趨勢

我們將以上市金融企業平均實際稅負率[②]為指標，衡量金融業稅收負擔水平狀況。上市金融企業平均實際稅負率趨勢如圖1-9所示。

由圖1-9可見，1994—2000年，上市金融企業的平均實際稅率較低，並在1998年達到低點；從1998年開始，實際稅率整體處於上升趨勢，並在2000年、2001年達到最高點。自2001年以來，上市金融企業的實際稅率整體上呈下降趨勢，到2009年已降至30%左右，2010—2011年，上市金融企業平均實際稅率略高於30%。

金融業稅負水平變化的原因主要是由於稅制的調整。自2001年開始，金融保險業的營業稅由8%分三年下調到5%，2003年及之后，營業稅稅率都保持在5%的水平；2008年新《中華人民共和國企業所得稅法》和2009年新《中華人

---

① 2008年第四季度經濟增長率為6.8%，2009年第一季度經濟增長率達到最低（6.2%），第二季度經濟開始回升（經濟增長率達到7.9%），第三季度經濟增長率達到9.1%，第四季度經濟增長率高達10.7%，圖像是一個標準的V字形圖。

② 上市金融企業平均實際稅率時採用的計算公式為：平均實際稅率 = $\dfrac{企業所得稅+營業稅及附加}{稅前利潤+營業稅及附加}$。

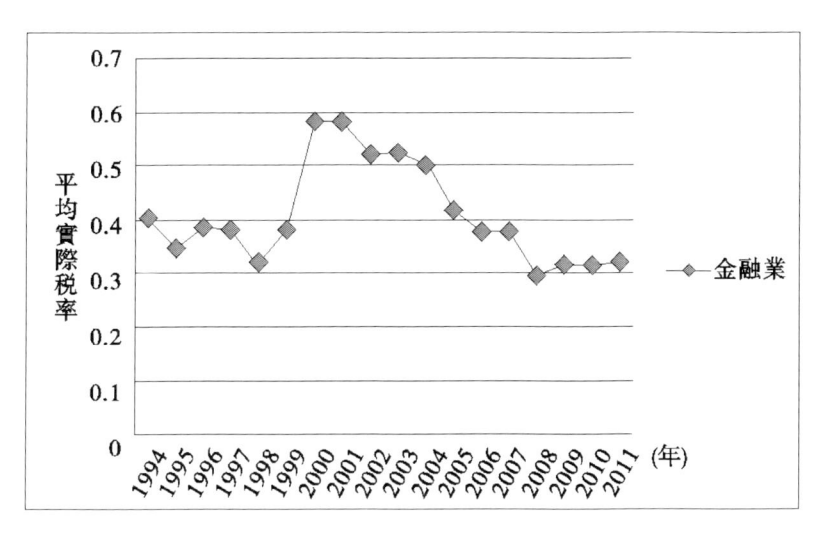

圖 1-9 上市金融企業平均實際稅率變化趨勢

民共和國營業稅暫行條例》的實施，也在一定程度上減輕了上市金融企業的稅收負擔。

（2）金融企業與上市服務企業稅收負擔比較

將金融企業稅負與服務企業稅負進行比較，主要基於以下兩個原因：①金融企業作為一種仲介機構，其本身提供的就是金融服務，本質上屬於服務業；②在中國現行稅制下，金融業和服務業的稅制結構基本相同，因此二者具有可比性。與服務企業的稅負進行比較，可以對中國金融企業稅負是否過高做出較合理的判斷，並可以為金融企業稅負合理區間提供實踐經驗借鑑。

兩個行業的平均實際稅負率如圖 1-10 所示。總體來講，上市金融企業的稅收負擔明顯高於上市服務企業。金融企業平均實際稅負大體呈現出駝峰狀的變化趨勢，最后基本上稅負穩定在 30%；而服務業稅收負擔在波動中緩慢上升，兩者之間的差異變小。

1.3.2.4 金融業稅收發展趨勢實證小結

（1）金融業稅收收入變化趨勢

自從 2001 年年末中國加入 WTO 以后，金融業稅收總量呈較快增長態勢，2001 年金融業稅收收入約為 770 億元，而到了 2010 年金融業稅收收入總量為 6,221 億元，增長了 8 倍多。

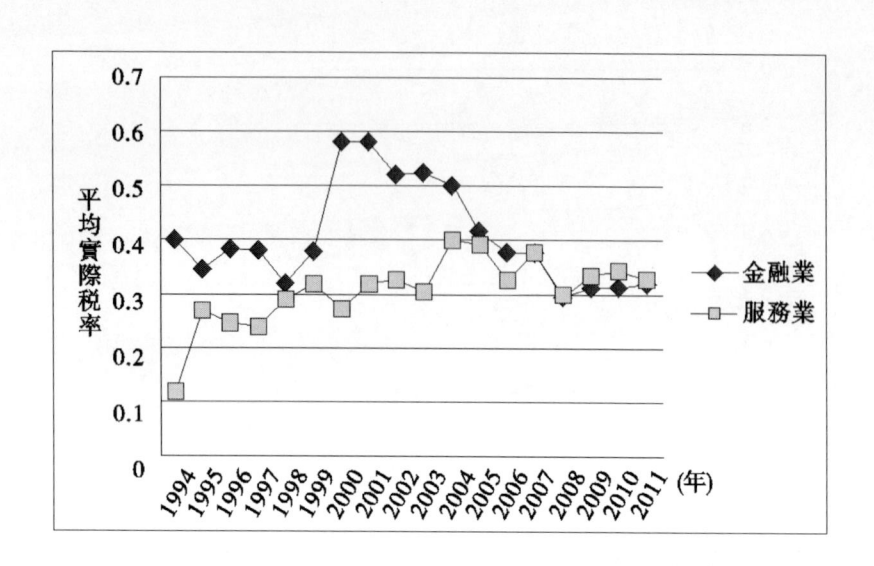

图 1-10　上市金融企业与上市服务企业税负变化趋势

资料来源：根据 CSMAR 系列研究数据库上市公司年报数据整理而得。

从税收收入结构来看，银行业对金融业税收总量的贡献最大（贡献率在50%以上）；排在第二位的是证券业，税收贡献率在17.09%和28.56%之间波动；排在第三位的是保险业，税收贡献率在7%和11%之间波动；其他金融业（包括融资租赁和邮政储蓄），税收贡献率在5%和7%之间波动。

（2）金融业税收负担水平变化趋势

上市金融企业税负实证分析显示，金融企业平均实际税负大体呈现出驼峰状的变化趋势，最后基本上税负稳定在30%。具体而言，1994—2000年，上市金融企业的平均实际税率较低；从1998年开始，实际税率整体处于上升趋势，并在2000年、2001年达到最高点；自2001年以后，实际税率整体呈下降趋势，到2009年已降至30%左右，2010—2011年，上市金融企业平均实际税率略高于30%。从上市金融企业与服务企业的税收负担比较来看，上市金融企业的税收负担明显高于上市服务企业，这主要是由于一些服务业（交通运输业、建筑业、邮电通信业、文化体育业）的税率低于金融业。

1.3.4 中國金融業稅制發展戰略

1.3.4.1 後危機時代金融稅制的國際發展態勢

本部分將審視銀行稅的國際實踐，以更好地把握未來金融監管與金融稅制改革的國際趨勢。

(1) 銀行稅推行的國際背景

自 2008 年 9 月始於美國房地產泡沫的危機爆發以後，迅速向各級按揭貸款支持的各類衍生證券持有人轉移，次貸危機全面爆發。這百年一遇的全球性金融海嘯不僅嚴重打擊了美國的金融機構[1]，而且重創了全球金融市場與實體經濟。世界各國政府只得奉行「國家干預主義」，紛紛出手救市，制訂了龐大的財政支出計劃和寬鬆的貨幣信貸政策來增強市場中的流動性，但是世界經濟仍未走出金融危機的陰影，國際經濟態勢面臨著諸多不確定因素的影響。

在後金融危機時代，金融危機的創傷難以痊癒，世界經濟復甦前景暗淡。國際貨幣基金組織 2010 年 10 月發布的《世界經濟展望報告》認為，2008 年按照購買力平價計算的全球產出增長率達到 2.8%，而 2009 年全球產出增長率則為 -0.6%，2010 年全球產出增長率為 4.8%。在經歷了 2009 年金融危機後的產出負增長後，2010 年轉為正增長，這顯示出世界經濟正從二戰以來最嚴重的衰退中艱難走出。然而，世界經濟復甦步伐將緩緩而行，國際貨幣基金組織已將 2011 年、2012 年兩年世界經濟增速預測分別下調至 4%，在如此艱難復甦的背景之下，歐美等各主要經濟體經濟運行情況參差不齊。而且歐洲主權債務危機仍有可能繼續惡化，將拖累歐洲乃至全球經濟的復甦，在後金融危機時代，人們發現危機背後反應出的是市場經濟體制，特別是金融市場運行與政府調控體制之間的制度性缺陷，於是金融稅制改革成為各國勢在必行的選擇。

(2) 銀行稅方案的國際比較

第一，各國銀行稅的比較。

世界各國的銀行稅制通常是指對銀行業所課徵的流轉稅（增值稅或營業稅）與企業所得稅等組成的稅收制度。而目前國際上所討論的「銀行稅」(Bank Tax)

---

[1] 2008 年 3 月，美國投資銀行貝爾斯登幾近破產而被摩根大通銀行收購；2008 年 9 月美國兩大房貸機構房利美、房地美被美國政府監管，隨後雷曼公司破產，美林、高盛及摩根士丹利等也被收購或轉為銀行控股公司；美國最大的儲蓄銀行——華盛頓互惠銀行倒閉。

則是特指為約束金融機構過度風險行為而徵收的稅金，根本目的是借助對銀行收稅的方式，提前積攢一筆來自銀行本身的資金，以便在下次危機來臨時，政府可以不再額外花費納稅人的錢，而是通過動用已徵收的銀行稅來救助處於危險當中的銀行。

金融危機以來，為支付政府救援破產銀行產生的成本，許多國家對徵收銀行稅達成共識，並紛紛出抬了各自政策。美國曾試圖將銀行稅作為金融監管措施的補充手段。歐盟迫於政治與財政壓力，積極推行銀行稅。

瑞典與匈牙利：率先課徵銀行稅。2009年，瑞典率先在國際上徵收銀行穩定稅（Bank Stabilit Fee），對銀行資產負債表中的負債按照0.036%的稅率課稅。匈牙利於2010年7月通過金融機構稅（Tax on Financial Institutions）徵收法案，決定自2010年9月向金融機構徵收為期2~3年的金融機構稅，稅率為銀行資產負債表負債規模的0.5%。

英國：積極倡導全球推行銀行稅。英國是積極倡導全球推行銀行稅並付諸實踐的國家。2009年英國政府頒布了對銀行業員工的超額薪金課徵薪酬臨時特別附加稅的法案。2010年12月9日頒布《2011金融法案》[明確了銀行稅（Bank Levy）徵收辦法]，並於2011年1月1日正式實施。該稅的納稅主體為資產規模200億英鎊以上的大型銀行、銀行集團、住房抵貸款協會以及外資銀行在英國的分支機構。該稅的徵稅對象是銀行資產（負債）總額扣除減免項后的余額，2011年適用稅率為0.05%，2012年以后適用稅率提高到0.075%。

德國：制定實施長期性的銀行稅議案。德國2010年8月通過銀行稅（Rank Levy）議案，2011年1月1日開始對所有總部位於德國境內並實現年度淨利潤的銀行徵收銀行稅，徵稅總額不超過銀行年利潤的1.5%。

法國：將銀行稅作為過渡性的措施。法國在2011年預算中規定了銀行稅的細節。該稅對法國監管當局要求金融機構持有的最低自有資金徵稅0.25%。

美國：曾試圖將銀行稅作為監管措施的補充手段。美國在2011財年預算中提議徵收金融危機責任稅（Financial Crisis Responsibility Fee），但最終未得到國會的批准。

表 1-4　　　　　　　　　　　　銀行稅的國際比較

	英國	德國	法國	瑞典	匈牙利	美國
稅收名稱	Bank Levy（銀行稅）	Bank Levy（銀行稅）	Tax on Banks（銀行稅）	Bank Levy or Bank Stability Fee（銀行稅或銀行穩定稅）	Tax on Financial Institutions（金融機構稅）	Financia Crisis Responsibility Fee（金融危機責任稅）
法律文件生效實施日期	2011金融法案（Financial Bill for 2011），2011年1月1日生效。	2010年6月22日首次宣布，7月5日公布草案，7月23日舉行聽證會，2010年12月31日生效。	2011金融法案（Financial Bill for 2011），2011年1月1日生效。	2009年12月30日生效	2010年9月27日生效，並於9月30日和12月10日分兩次徵收。	2010年1月14日，奧巴馬總統建議徵收金融危機責任稅，2011財年預算中也提出該建議，具體實施日期待定。
稅收用途	財政統籌	銀行基金	財政統籌	銀行基金	財政統籌	問題資產救助項目（Troubled Asset Relief Program, TARP）成本補償基金
徵稅持續時間	永久徵收	永久徵收	永久徵收	永久徵收	臨時徵收（2~3年）	至少10年，直至TARP完成。2010年1月TARP估計成本為1,090億~1,170億美元，未來10年金融危機責任稅估計徵收900億美元。2010年10月，TARP最新預估成本下降660億英鎊，因此金融危機責任稅的徵收時間比原計劃有所縮短。

表1-4(續)

	英國	德國	法國	瑞典	匈牙利	美國
課稅對象	銀行、銀行集團及住房互助協會,既包括本國機構,也包括外國在英國的分支機構。銀行業務佔比50%以下的非銀行機構不屬於課稅對象。	德國銀行法(German Banking Act)界定的所有信貸機構。證券經紀人、資產管理等金融服務機構、金融性公司、保險公司等不屬於課稅對象。對本國當地機構以及德國銀行法案規定的外國機構在本國的分支機構課稅,本國機構在國外的分支機構有可能被要求課稅。	信貸機構、投資公司(資產管理公司除外)、市場交易商(Market Operator)、清算成員機構、支付機構。受監管的金融公司和銀行控股公司,證券經紀人等。對本國來說對其母公司合併後的資產負債表(既包括本國當地機構,也包括國外分支機構)徵稅;對國外機構來說,僅對其在法國分支機構的資產負債表徵稅,但如果該外國機構的總部在歐盟、挪威、冰島和列支敦士登,則不對該分支機構徵稅。	受監管的信貸機構,包括瑞典信貸機構的國外分支機構以及租賃公司。對本國當地機構課稅,本國機構在國外的分支機構有可能被要求課稅。國外機構在本國的分支機構是否課稅問題尚未最終解決。	所有信貸機構(包括國外在匈牙利的分支機構),以及其他金融性機構(包括保險公司、金融公司、基金管理公司、證券交易所、證券經紀人等)。對本國當地機構以及國外分支機構課稅,本國機構在國外的分支機構有可能被要求課稅。	銀行控股公司,包括大型證券機構、保險存款機構、儲蓄機構控股公司(thrift holding company)、保險公司以及其他持有存款保險的機構、證券經紀人、交易商等。對本國機構來說,對母公司合併後的資產負債表(既包括本國當地機構,也包括國外分支機構)徵稅;對外國機構來說,以及對其在美國的分支機構的資產負債表徵稅。
稅基	資產負債表200億英鎊以上的負債(低於200億英鎊部分不課稅)	資產負債表中的負債	法國監管當局要求機構持有的最低自有資金。	資產負債表中的負債	資產負債表中的負債	資產負債表中的負債
起徵點	200億英鎊	無	5億歐元	無	無	500億美元
稅率	2011年稅率為0.05%,2012年之後稅率為0.075%。對期限在1年以上的長期負債和未納入存款保險計劃的存款適用稅率減半。	實行累進稅率:負債≤100億歐元,稅率為0.02%;100億歐元<負債≤1,000億歐元,稅率為0.03%;負債>1,000億歐元,稅率為0.04%,表外衍生品適用稅率為0.000,15%。	0.25%	0.036%(2009年和2010年稅率減半)	實行累進稅率:負債≤500億HUF(匈牙利貨幣福林),稅率0.15%;負債>500億HUF,稅率為0.5%。	待定,可能為0.15%

表1-4(續)

	英國	德國	法國	瑞典	匈牙利	美國
減免規定	一級資本，受保護存款（如納入保險或政府擔保的零售存款），銀行內部保險業務產生的負債等。	對非銀行的負債（如非銀行客戶存款）。	無	非應稅儲備金等。	國內銀行間貸款；其他信貸機構、金融公司、投資公司發行的債券和股權；對國內金融公司和投資工資發放的貸款。	一級資本受聯邦存款保險公司（FDIC）保護的存款，保險儲備（Insurance Policy reserves）。
最低與最高稅金限制	無	不超過年度淨收入的15%，在虧損年度，最低納稅額為當年收入的5%	無	無	無	無
是否存在重複徵稅	存在，銀行稅並非稅收體系中的標準稅種，英國當局正就重複課稅問題與法國、德國協商，尋求解決辦法。	可能存在，銀行稅並非標準稅種。	可能存在，銀行稅並非標準稅種。法國當局同意在遵守雙邊互惠原則的前提下，如在法國的外國機構其母國也在對其母公司徵收銀行稅，則法國政府將不再對該分支機構徵收銀行稅。	可能存在，銀行稅並非標準稅種。	可能存在，銀行稅並非標準稅種。	存在，但對外國機構在其母國徵收的銀行稅不予減免。
該稅是否可在公司稅稅基中扣除	不可以	不可以	可以	可以	部分可以	待定

資料來源：任安軍.銀行稅最新進展國際比較[J].金融會計，2011（2）.

第二，國際組織的銀行稅方案。

2010年6月26日，G20多倫多峰會在加拿大召開，深陷債務危機中的歐盟各國在G20峰會上一致提出將推動銀行稅的實施。國際貨幣基金組織應G20峰會的要求，提交了關於《金融機構公正充足的貢獻》的報告。該報告主要探討各國金融機構如何為政府在金融危機時對其提供援救計劃而付出的財務負擔做出公平有效的貢獻。

該報告認為，彌補未來金融機構倒閉的財政成本的措施的設計和實行以兩個目標為指導：①確保金融機構全額支付其所接受的財政救助。在危機時期，由納稅人對金融機構提供支持，而在正常時期，由金融機構的所有者、管理者等完全享有收益，這是不公平的。而且這也危及政府未來對金融機構提供必要支持的能力。為支付所接受的財政支持，可以根據未來可能產生的成本進行事前支付，也可以在危機發生后進行事后的收取。②減少危機發生的可能性以及危機所造成的損失。一方面，應該有助於減輕金融機構變成「太重要不能倒」的動機，同時阻止金融機構風險的過度承擔；另一方面，有助於問題金融機構的適時、有序的退出，以及解決因金融機構過度承擔風險所造成的負外部性問題。

該報告認為，為解決救助金融機構所支出的財政支出，建議徵收銀行稅。當然，IMF 同時認為，徵收銀行稅只是在一定程度上有助於實現以上目標，如果要完成以上所有目標，需要一攬子工具和政策的制定與有力實施，如金融監管的改進、銀行稅與金融監管措施的相互配合等。

該報告在總結上述各國銀行稅做法的基礎上，提出了多種對金融行業徵稅的方案。

第一，金融穩定貢獻金（FSC）。

金融穩定貢獻金是指為彌補未來政府對金融機構救助所支付的財政成本所徵收的一項稅收。所得資金可以用來成立專門解決問題金融機構的基金，或者是進入一般財政收入。初期向全部金融機構按照統一稅率徵收特別稅，其後逐漸細化，按照個別機構的風險程度對系統性風險的貢獻不同實施差異化稅率。

①徵收範圍。徵收範圍可以窄（如只對銀行徵收），也可以寬（對所有金融機構）。IMF 建議對所有金融機構都徵稅。因為一個寬泛的範圍在根據風險確定稅基和稅率的情況下，可以較好地涵蓋將來可能造成系統性風險的機構。另外，所有的機構都可以獲得退出機制提供的金融穩定這種公共產品。同時，如果是徵稅範圍較窄的話，可能造成更嚴重的道德風險。

②稅基。稅基就是對資產負債表的負債部分進行徵稅，排除對資本、被保險的負債部分徵稅，當然也包括一些表外項目。不同類型的金融機構的稅基會有所不同。

③稅率。稅率的確定應該考慮過去危機的經驗和支出的財政資金，同時還應該考慮金融系統的風險狀況。其實，稅基和稅率的確定應該是根據不同金融機構

對於系統性風險的影響以及倒閉可能造成潛在社會成本的大小來確定的，達到減少風險、促進公平，合理、有效地提高稅收收入的目的。當然，金融機構對於系統風險的影響程度需要一系列的指導進行評估。

④稅收資金去向。稅收收入可以用來成立退出基金，或者進入一般財政收入。無論是成立基金還是進入一般財政收入，都不影響該項稅收對金融機構行為的矯正作用。當然，無論採取哪種形式，都不可能消除金融機構的道德風險，需要強有力的退出機制的配合來盡量減少道德風險。

第二，金融行為稅（FAT）。

金融行為稅大致可以看成對金融部門增值徵收的稅種。它是對金融機構的盈利以及所支付的酬金進行徵稅，旨在打擊其為追求高回報的高風險行為及限制高額獎金。該稅可以部分抵消目前大多數國家對金融服務通常免增值稅的情況下，金融機構自身追求規模過大的衝動而帶來的「大而不倒」的風險。

徵收金融穩定捐費之外，還要徵收金融行為稅的原因是：除了政府直接救助的財政支出外，金融機構所引起的危機還產生了巨大的財政、經濟以及社會損失，這需要金融機構予以分擔。另外，徵收金融行為稅有助於控制因金融機構過度承擔風險及可能所造成的負外部性，當然該種稅收安排需要與金融監管改革（如對系統重要的金融機構增加資本要求）相一致才能有效控制系統性風險。

根據盈利和薪酬解釋不同，可以設計三種FAT，預期達到不同的目的。見表1-5。

表1-5　　　　　　　金融活動稅（FAT）的不同稅基

\[1\] 收益	\[2\] 薪酬	稅基 \[3\]=\[1+2\]	\[4\] 超額薪酬	稅基 \[5\]=\[1+4\]	\[6\] 超額盈利	稅基 \[7\]=\[4+6\]
FAT$_1$			FAT$_2$		FAT$_3$	

註：收益是指金融機構總收益減除正常轉化成資本的部分。

①FAT$_1$：適用於金融服務的改進型增值稅。它是對金融服務附加值進行徵稅，一定程度上有利於緩解金融機構變得過度龐大的風險。由於技術原因，一般不對金融服務徵收增值稅，這種增值稅的優惠有可能使金融機構變得「太大」。為了避免惡化稅收扭曲，FAT的稅率可以低於一般增值稅稅率的標準。

②FAT$_2$：對金融機構高水平薪酬的徵稅。它的稅基包括高水平的薪酬以及除

去正常轉化為資本的收益，以達到對超過最低需求的回報部分進行徵稅的目的。

③FAT_3：對過度承擔風險行為的徵稅，它是對金融機構的超額回報徵稅。目的是通過對超額回報徵稅改變金融機構為追求高回報而過度承擔風險的行為。該稅相關要素的確定：一是超額收益的確定。需要確定基準收益率，超過了基準收益率的部分就是超額收益。確定基準收益率是因為考慮到高風險活動越來越多，通過對超過基準利率的部分徵稅有利於減輕從事風險行為的動機。二是法定稅率。為了使該稅收對高風險行為產生顯著影響，稅率需要足夠的高，同時有一定程度的國際合作，避免利潤的轉移。

第三，金融交易稅（FTT）。

金融危機使得各國監管機構對金融交易徵稅產生了新的興趣。金融交易稅將對一切金融交易徵稅，而無論是否增值。「托賓稅」便是金融交易稅的一實例。一些G20國家已經對金融交易徵稅。徵稅最廣泛的應算阿根廷，其對資金來往頻繁的現金帳戶都要繳納金融交易稅。開徵金融交易稅應遵循在全球範圍內實施，將扭曲效應降到最低，促進金融穩定，具有公平性和可測性等原則。

（3）銀行稅的評價[①]

時至今日，全球範圍內並沒有對銀行稅的徵收與否達成普遍共識，人們認為銀行稅優劣參半。

第一，徵收銀行稅的優點。

①徵收銀行稅有助於降低財政風險。

在金融危機爆發后，為防止危機的進一步蔓延，支持徵收銀行稅的歐美等國都曾向本國的金融系統提供過巨額的救助資金，付出過巨大的財政成本。

根據IMF的最新估計，扣除部分已收回的財政支出，G20中的發達國家直接拯救金融體系的財政成本平均占GDP的2.7%，受金融危機衝擊最重的國家尚未收回的財政成本占GDP的4%～5%；預計危機會使發達國家的政府債務在2008—2015年上升約40個百分點。而且這些數據尚未包括危機中有關財政支出所承擔的巨大風險。但是，這些救助資金並不是金融機構的自有資金，而是由納稅人支付的。因此，為了緩解已出現的巨額財政赤字，減輕納稅人的負擔，歐美等國都致力於通過開徵銀行稅來使銀行業為其給全球金融體系帶來的風險做出補

[①] 巴曙松，劉清濤，等. 銀行稅的理論探討與適應性分析 [J]. 金融理論與實踐，2010 (11).

償，確保銀行業可以自己承擔政府的救市開支，從而降低政府財政風險。

事實上，銀行稅帶給財政的收益是可以估計的。根據 IMF 的報告（2010）估計，假設僅對銀行徵稅，稅基為本國銀行機構負債減存款和所有者權益的話，用 2008 年歐盟國家的相關數據測算，0.1% 的銀行稅累積徵收 10 年，各國平均稅收收入將達到 GDP 的 2%，但由於國與國之間銀行機構占 GDP 的比重以及存款資產比存在較大差別，各國的銀行稅收入也不相同。比如，在歐洲國家中，德國與英國銀行的稅收收入最高，因為他們的銀行機構相對經濟來說占較大比重以及擁有較低存款資產比；西班牙和義大利稅收收入相對較低，因為他們的銀行機構相對經濟來說占較小比重以及擁有高存款資產比。

②徵收銀行稅有助於降低金融風險。

徵收銀行稅這種銀行自己買單的行為，可以說是通過稅收這種合法的國家行為對金融市場形成的有效監管。通過徵收銀行稅而建立起來的共同基金將改變以往當金融危機發生時，由政府運用納稅資金救助金融機構的情況。這是因為，如果新的金融危機爆發，金融體系就可以拿出自有資金來使金融機構渡過難關，以避免金融市場參與者進入風險由大眾承受而收益由金融機構獲得的惡性循環。因此，一方面，徵收銀行稅將確保銀行承擔他們對金融系統和實體經濟所造成的風險，鼓勵銀行調整資產負債表，減少風險；另一方面，將減少金融機構從事高風險交易活動的資金，有利於遏制銀行的投機衝動行為，創建公平公正的市場秩序，從而最終降低金融風險。

第二，徵收銀行稅的缺點。

①徵收銀行稅不利於金融穩定和實體經濟的發展。

徵收銀行稅后，雖然通過銀行稅所累積的資金會用於補償金融風險，但同時會削弱銀行的盈利和信貸能力以及銀行承受損失、抗衡金融危機的能力，從而會對全球金融業的發展造成相當大的負面影響，不利於金融穩定和實體經濟的發展。

首先，徵收銀行稅會削弱銀行的盈利能力和信貸能力。盈利能力和信貸能力作為銀行的核心競爭力，對銀行的發展以及金融業的復甦乃至國民經濟的恢復至關重要，但銀行稅的徵收可能會削弱銀行的這些能力，不利於金融業的穩定和發展。一方面，徵收銀行稅將使銀行的盈利能力受到進一步打擊。當前全球金融監管趨嚴已經使銀行面臨增加資本和流動資金需求的壓力，銀行的資產負債規模在

縮小，盈利水平也在降低。以 IMF 建議的金融穩定貢獻稅為例，目前全球 GDP 約為 60 萬億美元，金融穩定貢獻稅的徵收可使全球稅收總額高達 1.2 萬億~2.4 萬億美元，歐洲大陸和美國每年將分別徵收 3,000 億美元和 6,000 億美元。此外，歐洲銀行，如瑞士銀行、巴克萊銀行和德意志銀行等，有可能被徵收金融活動稅，瑞士信貸估計兩項銀行稅的開徵會使歐洲銀行業每年盈利進一步減少 20%。根據 IMF 的報告（2010）測算，銀行稅對銀行盈利能力的影響取決於稅基，當稅基為總資產減存款（B1）時，0.2% 的稅率將會降低銀行稅前利潤 10%；當稅基為 B1 減一級核心資本（B2）和 B2 減二級核心資本（B3）時，對銀行稅前利潤的影響並沒有大的改變。另一方面，徵收銀行稅會降低銀行放貸能力，影響信貸流動，減少經濟中的流動性。根據 IMF 的報告（2010）測算，假設銀行稅稅基為負債減存款，假設兩種情況：銀行稅完全由利潤承擔和銀行稅由貸款人承擔。當銀行稅完全由貸款人承擔時，0.2% 的稅率將增加貸款利率 0.1%；當銀行稅完全由利潤承擔時，銀行的利潤率將會下滑 2%；在中間情況下，銀行將部分稅轉嫁給貸款人以減少利潤的下滑，0.2% 的稅率將增加貸款利率 0.05%。

其次，徵收銀行稅會影響金融機構有效防範金融風險。銀行稅相當於把銀行資本中的留存收益轉向政府稅收或政府穩定基金，但同時會削弱銀行承受損失及抗衡金融危機的能力，影響金融業的穩定發展。這是因為：一方面，由於銀行的盈利能力是銀行抵禦風險的根本保障，如果不斷給銀行尤其是大多數本來就健康的銀行開徵銀行稅，銀行利潤和資本的累積能力就會受損，從而降低銀行抵禦風險、承受損失及抗衡金融危機的能力，最終會阻礙健康金融體系的建設。摩根大通、美國銀行、巴克萊銀行以及巴黎銀行等就是憑藉其龐大的盈利能力幫助其能安然渡過金融危機的。另一方面，徵收銀行稅無助於降低金融機構的道德風險。如果開徵銀行稅，繳納銀行稅就等於銀行為其過度冒險的行為向政府買保險，使政府挽救瀕臨倒閉金融機構的承諾顯性化，金融機構一旦認為他們擁有顯性或隱性的金融危機保險，道德風險的問題就會一直存在。這樣所導致的結果就是，金融機構靠著政府的「隱形保險」更容易獲得存款人和債權人的資金，從而降低了這些機構的融資成本，獲得了相對於其他機構的不正當競爭優勢，降低了宏觀層面資源配置效率，而且會鼓勵大型金融機構更傾向於過度承擔風險，最終將不利於金融系統的穩定。

最后，徵收銀行稅會影響實體經濟的復甦和發展。從上面的分析可知，銀行稅的徵收會抑制銀行利潤，延長實體經濟信用緊縮局面，不利於經濟復甦。其實，銀行作為仲介機構在經濟活動中扮演重要角色，是國家貨幣政策調控產生效果的關鍵，徵收銀行稅將使銀行通過提高貸款利率的方式轉移部分稅負至借款人，進而會增加實體經濟擴張所需成本，影響真實投資意願，減緩實體經濟的復甦。目前許多國家和地區銀行業對本國的GDP、稅收和就業做出了重大貢獻。比如，2009年英國銀行業對其GDP的貢獻為16%，銀行業稅收占英國總稅收的25%，銀行支付的稅款份額已高於其在經濟活動中所占的份額。但是，一旦全球實施銀行稅，對於正處在復甦之中的金融機構，尤其是並沒有受到較大衝擊的發展中國家的銀行來說，開徵銀行稅會提高交易成本、削弱銀行的盈利能力和信貸能力，以及銀行承受損失及抗衡金融危機的能力，無疑會使各國實體經濟的發展受到限制。

②全球統一徵收銀行稅有失公平。

由於本次金融危機只是由少數國家的金融機構引發的，因此在全球統一徵收銀行稅會有失公平。

首先，對遠離危機的金融市場的發展不公。從各國是否參與救助金融機構的角度來說，澳大利亞、印度、加拿大和巴西等受美國次級債危機和歐洲主權債務危機衝擊較小的國家認為，本國金融機構系統並未爆發像歐美國家那樣的問題，政府也沒有使用納稅人的錢註資銀行機構，因而不需要對銀行徵收銀行稅，以補償給經濟社會帶來的損失。對於這些國家，如果開徵銀行稅，就模糊了誰來承擔危機成本的問題，會導致更多經營良好的銀行機構的投機行為。而且，如果開徵銀行稅，增加銀行為其貸款可能的損失所做的資本儲備，短期內會提高本國銀行的經營成本、損害銀行的利潤，容易導致本國銀行的競爭力下降。

其次，影響新興國家的金融競爭力。從各國金融市場發展和開放程度不同的角度來說，對於新興國家而言，無論銀行稅最終如何設計，都會增加金融業的營運成本，並會影響盈利和信貸，使國內企業和個人更難獲得足夠的銀行服務，進而可能令新興市場主體的經濟和金融業持續處於競爭劣勢，甚至會使本國金融市場被跨國銀行控制。這實際上也在一定程度上剝奪了一些處於基礎階段且發展穩健的金融中心的發展機遇，進而會迫使國際金融機構的退出，將給該國金融市場造成沉重的壓力，也將使該國的經濟增長雪上加霜。但是，歐美銀行業本來就處

於低稅負的環境,增加銀行稅對其銀行業的國際競爭力影響有限。即使美國將銀行稅的內容從其金融監管改革議案中刪除,它仍可利用美元的國際儲備貨幣地位,向國際社會分擔成本。

最后,總的來說,銀行稅缺乏道德上的合理性。身為金融危機源頭的國家,卻要求長期穩健經營的國家徵收銀行稅,是不公平的。因此,危機成本應該合理分攤,避免強制推行,具體的分攤應根據各國的實際情況確定,不應全世界統一。

③徵收銀行稅缺乏可操作性。

從操作層面看,雖然IMF對徵收銀行稅進行了初步研究,並提出全球徵收銀行稅的建議,但是由於各國具體情況不同以及國際貨幣基金組織自身治理機制尚未理順,其建議並未得到各國的普遍認可,銀行稅在全球範圍內還不具備可操作性。實際上,銀行稅的制定有相當複雜的程序,而且一旦全球開徵銀行稅,一方面,如果不是所有的國家同時採納銀行稅,那麼跨國銀行交易業務將會僅僅流向尚未徵收銀行稅的國家和金融中心,使得後者發展成為新的避稅型離岸金融中心,將可能造成制度扭曲及監管套利,倒逼已經徵收銀行稅的國家和金融中心取消銀行稅。另一方面,根據公平原則,銀行稅應盡可能地對所有商業銀行機構一視同仁,但是對穩健銀行機構和經營風險較高的銀行機構都同等地徵收銀行稅有悖於銀行稅宗旨,只能導致更多原本穩健銀行機構的機會主義行為。這就使得銀行稅存在著技術難題,當然還存在其他操作方面的難題,比如:徵收對象是按資產規模徵收,還是按融資規模或利潤、營業額徵收;銀行稅由誰來徵收,由誰來管理;如果是交由國際貨幣基金組織徵收和管理,那麼各國之間的比例如何確定以及危機出現后如何分配,而且,實際中國際貨幣基金組織是將這筆資金用於各國的金融監管還是用於自身的營運。

1.3.4.2 后危機時代中國金融稅制的改革構架

我們將立足於后金融危機時期的國際經濟與國內經濟環境,立足於金融監管及金融稅制創新的國際趨勢與國內金融業的稅制轉型,提出中國銀行稅制一體化的改革戰略。

(1) 中國金融稅制一體化改革目標

第一,國際經濟目標與國內經濟目標的一體化。在后金融危機時期,國際經濟目標與國內經濟目標的一體化要求我們在選擇銀行稅制改革方案時,一方面,

要爭取中國在國際金融規則制定中的話語權，承擔大國的責任，促進國際經濟的良性發展；另一方面，要維護中國經濟權益，防止承擔過度的「危機成本」以及「全球統一徵收銀行稅」對中國金融業的衝擊，促進中國經濟的健康發展。

第二，金融目標與財政目標的一體化。在后金融危機時期，金融目標與財政目標的一體化要求我們在選擇銀行稅制改革方案時，既要防範金融風險，又要防範財政風險。使兩大宏觀政策體系運行平穩，政策工具靈活有效。

第三，金融發展與實體經濟發展的一體化。在后金融危機時期，金融發展與實體經濟發展的一體化要求我們在選擇銀行稅制改革方案時，既要防範金融風險，促進金融行業的健康發展，又要防止實體經濟衰退的風險，能夠促進實體行業的健康發展。

具體而言，應該堅持以下課稅原則：①適度原則。堅持適度原則就是要兼顧財政的正常需要和銀行業的承受能力，政府要做到取之有度，並力求使銀行業稅收負擔達到或接近最佳水平。②公平原則。堅持公平原則主要包括三個方面：一是銀行業與其他行業之間要實現稅負公平；二是銀行業內部各行業之間要實現稅負公平。③效率原則。它不僅要求稅務部門要以較低的徵管成本從銀行業收集到稅收收入，更要求對銀行業的徵稅應該有利於促進金融及實體經濟效率的提高。

總之，在后金融危機時期，應該基於國際經濟目標與國內經濟目標的一體化、金融目標與財政目標的一體化、金融發展與實體經濟發展的一體化，相機抉擇地動態化配置功能性稅種，推進中國的銀行稅制改革。

（2）中國金融稅制一體化改革方案

我們認為，基於國際經濟目標與國內經濟目標的一體化、金融目標與財政目標的一體化、金融發展與實體經濟發展的一體化，依據國際戰略與國內戰略，相機抉擇地動態化配置功能性稅種，推進中國金融稅制改革。

第一，國際戰略：金融交易稅與金融穩定貢獻金的選擇。

A. 金融交易稅（FTT）的選擇。

在金融危機的嚴重衝擊之下，托賓稅作為金融監管法律制度的重要工具重新備受國際關注。我們認為，在后危機時代，實施全球金融交易雙層徵稅制度有其必然性。依據全球金融交易雙層徵稅權，構建國際與國內雙層稅收法律制度，能

夠消除傳統托賓稅的實施障礙[1]。見圖1-6。

```
         ┌ 全球金融國際徵稅權 ── 國際金融交易稅法律制度
         │
         │                    ┌ 國家金融交易稅法律制度
         └ 全球金融國家徵稅權 ┤
                              └ 所得稅法律制度
```

圖1-6　全球金融雙層徵稅的法律制度構架

——全球金融國際徵稅權的稅收法律制度安排。

全球金融國際徵稅權法律制度的主要功能是調節國際金融運行與為全球公共品籌資，它主要由國際金融交易稅構成。其具體要素構成如下：

①徵稅主體與徵管機構。從理論上講，全球金融交易稅的徵稅主體應為「超國家」的國際權力機構，但是鑒於現實的可行性，可以由某一國際組織具體實施徵稅權。從短期來看，可在國際貨幣基金組織下設立稅收管理委員會，代理實施徵管全球金融交易稅的組織協調職責；長期來看，應該建立國際稅收組織，負責組織協調與徵管具有「世界性稅基」（包括全球金融交易稅在內）的稅收事務。

②徵稅範圍與稅基。按徵稅範圍劃分，全球金融交易稅可分為廣義與狹義兩類。狹義的全球金融交易稅僅對全球即期外匯交易的交易額課稅；廣義的全球金融交易稅包括對全球所有金融資產交易的交易額課稅。初期可課徵狹義的全球金融交易稅，隨著該稅制的成熟，可逐步擴大徵收範圍。

③稅率。依據國際金融市場的運行狀況，實行浮動稅率制度（0.01%~0.1%）。在正常條件下，以低稅率課徵（如0.01%），而在異常條件下，可以提高課徵稅率。

④稅收分配。目前世界外匯市場的淨成交量（即期交易、遠期交易和衍生合同）估計每天約為2萬億美元。據聯合國開發計劃署估算，如果開徵0.05%的托賓稅，全球一年可徵稅1,500億美元。[2] 然而，這筆龐大稅款的分配與處置卻是推行國際托賓稅的重要障礙。為此，我們認為，第一，堅持全球共有的原則。任何國家對該稅收入不具有所有權，不能參與該稅的分配。以避免相關國家之間的

---

[1] 托賓稅實施的主要困境是稅收權益的國際分配。
[2] 黃吳，等. 過渡性工具──實施托賓稅遏制短期資本流動可行性評述 [J]. 國際貿易，2001（5）：53-55.

利益博弈與協調成本。第二，堅持提供全球公共品原則。由聯合國的專職機構管理全球金融交易稅收入，可以根據該稅規模與全球公共品需求狀況，按以下順序設立全球公共品供給專項基金：全球反金融危機平準基金→全球反貧困基金→全球和平基金等。

——全球金融國家徵稅權的稅收法律制度安排。

全球金融國家徵稅權法律制度的主要功能是調節本國金融運行與籌集國家稅收收入，它主要由國家金融交易稅和所得稅組成。各國政府有權根據國際資本流動對本國金融安全的影響程度，對跨國金融交易課徵國家金融交易稅。國家金融交易稅的稅制設計完全由本國政府決定。例如：可以選擇不同的課徵方式：或徵收無息存款準備金，或徵收第二級「托賓稅」；可以選擇不同的（狹義或廣義）課徵範圍；可以選擇不同的稅率；等等。而且，根據流轉稅課徵的屬地原則，國家金融交易稅的收入完全歸屬於課徵國所有，不存在國家之間的稅收分配問題。為此，中國應該根據國際資本對中國金融市場的衝擊程度，開徵臨時性的銀行稅——金融交易稅。該稅的稅基是金融商品交易額，根據金融市場的風險程度確定稅率。

B. 金融穩定貢獻金的選擇。

為了消除國際金融危機的負面影響，瑞典、匈牙利、英國、德國等國先後開徵了金融穩定貢獻金。我們建議中國應該根據西方主權債務危機的發展態勢與對中國的衝擊程度，開徵臨時性的銀行稅——金融穩定貢獻金。金融穩定貢獻金的稅制要素：①徵收範圍。該稅的徵收範圍包括所有金融機構。②稅基。該稅的稅基為金融機構的負債總額。③稅率。根據金融系統的風險程度確定稅率。④稅收資金去向。把金融穩定貢獻金的收入用來成立退出基金，專款專用，以更好地發揮該稅對金融機構行為的矯正作用。

第二，國內戰略：實施金融增值稅、優化所得稅。

A.「營改增」：實施金融增值稅（金融活動稅）。

金融增值稅[①]的稅制構成如下：

①徵稅方法。中國《營業稅改徵增值稅試點方案》規定，增值稅簡易計稅方法的應納稅額是指按照銷售額和增值稅徵收率計算的增值稅額，不得抵扣進項

---

① 金融活動稅是指適用於金融服務的改進型增值稅。

稅額。簡易計稅方法中銷售額為不含稅銷售額，徵收率為3%。並指出金融保險業和生活性服務業原則上適用增值稅簡易計稅方法。然而，縱觀國際金融服務業增值稅的徵稅方法，大體可以分為三種類型：第一，免稅法（歐盟模式）。免稅法即對金融服務業免徵增值稅。這種方法雖然避免了對金融仲介服務和間接收費服務價值確定這一最棘手的問題，從而降低了徵管成本與遵叢成本，但破壞了增值稅抵扣鏈條的完整性，使接受金融服務的企業承擔重複徵稅與接受金融服務的個人少徵稅。第二，零稅率法（新西蘭模式）。這種方法是對金融仲介和間接收費的金融服務適用零稅率，而對直接收費的金融服務仍按一般方法課稅。這種方法將所有的金融服務納入增值稅體系，允許金融機構抵扣全部進項稅額。這種方法完全消除了重複徵稅，有利於提高本國金融部門的競爭力，但是可能存在不同類別服務收入的轉移問題。第三，進項稅額固定比例抵扣法（澳大利亞—新加坡模式）。這種方法是前兩種模式的折中，它規定在保持免稅的同時允許一定比例的進項稅額抵免。根據金融機構免稅服務提供的對象不同，其進項稅額的處理不同。當免稅服務提供給增值稅的納稅人時，免稅服務視為應稅服務處理，相應抵扣進項稅額；當免稅服務提供給非增值稅的納稅人時，則不允許抵扣進項稅額。這種方法既消除了重複徵稅，也簡化了徵收管理。為此，我們認為，金融業增值稅不應實行簡易計稅法，而應選擇進項稅額固定比例抵扣方法，以消除重複徵稅及簡化徵管，提高金融部門的競爭力。

②金融業增值稅稅基的確定。金融業增值稅稅基為收益薪酬。依據各類金融企業（如銀行業、保險業、信託業等）的特殊性，按收益的一定比例作為應稅稅基課徵增值稅，以解決不同類型金融企業之間的稅負不均的問題，進而促進全金融業的可持續發展。

③金融保險業增值稅稅率的確定。未來對金融業應按5%的稅率課徵增值稅，以均衡金融服務業與其他服務企業之間的稅賦差距。

B. 完善金融業所得稅制。

新《中華人民共和國企業所得稅法》降低了金融企業的所得稅負擔，同時使內、外資企業所得稅長期失衡的狀態得到了改變。但是目前金融業所得稅制仍然存在呆、壞帳準備金的提取與扣除問題。呆、壞帳準備金的計提直接關係到金融企業所得稅稅負的高低，是影響金融業發展的重大問題。所以，應該進一步完善金融業呆、壞帳準備金的提取與扣除規定，優化金融業所得稅制。

參考文獻

[1] Alicia G. Herrero, Stephen Schwartz, Le Xia. 中國的新五年發展規劃對金融業的影響 [J]. 金融發展評論, 2011 (8).

[2] 李東榮. 國際金融形勢下中國金融業的持續發展——在第十一屆中國金融發展論壇上的講話 [J]. 金融電子化, 2010 (10).

[3] 李德. 中國金融業發展面臨的挑戰和應對策略 [J]. 金融縱橫, 2011 (7).

[4] 錢榮國. 中國金融業創新發展初探 [J]. 天津經濟, 2011 (7).

[5] 汪洋. 21世紀中國金融業可持續發展論壇綜述 [J]. 經濟研究, 2010(10).

[6] 張久琴. 金融弱國向金融強國邁進 [J]. 中國經貿導刊, 2011 (11).

[7] 周小川. 中國金融業的歷史性變革 [J]. 中國金融, 2010 (19/20).

[8] 周小川.「十一五」時期中國金融業改革發展成就 [J]. 中國金融家, 2011 (11).

2 中國銀行業稅制發展分析

2.1 中國銀行業的發展

新中國成立60多年來，銀行業經歷了不平凡的光輝歷程，對促進國民經濟穩健發展、改善社會民生發揮了重要作用。在這一個從計劃到市場的60多年過程中，中國銀行業從「大一統」銀行制發展到如今擁有現代化的公司治理結構和多元化的產權制度。歸納起來，中國銀行業共經歷了四個發展階段。

2.1.1 中國銀行業的改革歷程

2.1.1.1 1953—1978年：「大一統」的銀行制度

從1953年起，中國開始實行計劃經濟體制，金融體系也是高度集中的計劃金融體系，最基本的特徵就是「大一統」的銀行制度。中國人民銀行既擔負中央銀行的職能，也擔負商業銀行的職能，但沒有自主執行職能的權利而是配合政府的計劃經濟制度的實施。其中，最主要的表現是存款全部上繳人民銀行總行，由人民銀行總行根據政府的貸款指標逐級下放。因此，各級銀行只有在貸款指標範圍內擁有一定的自主權。

在計劃經濟的宏觀環境下，「大一統」的銀行制度是當時經濟社會發展的必然選擇。政府要實施計劃經濟，計劃分配物資，就必須控制金融市場，實行計劃信貸政策。在這種計劃經濟體制下，中國人民銀行只相當於政府的國庫和出納及信貸結算中心，是推行計劃經濟的工具。

2.1.1.2 1978—1984年：二元銀行體系的建立

隨著改革開放的推進，「大一統」的銀行制度已不再符合經濟發展的需要，而是需要建立一個既能將儲蓄轉化為投資又能幫助政府實行宏觀調控目標的銀行

體系。於是從 1978 年起,「大一統」的銀行逐步分離出四大國有商業銀行。1979 年 3 月 31 日中國農業銀行、中國銀行正式恢復,同年 8 月,中國建設銀行從中國人民銀行分離出來,1984 年中國工商銀行正式成立。在這四大國有商業銀行逐一成立和恢復過程中,中國人民銀行得以將部分業務慢慢剝離,並最終於 1983 年專門執行中央銀行職能。

在這一階段的改革過程中,撥改貸的實施對於整個銀行體系改革具有標志性意義。1979 年,國家以中國建設銀行為試點,將基礎建設領域的投資撥款改為通過中國建設銀行發放貸款,一段時間后便開始全面推行。撥改貸前,企業對於政府撥款無需還本付息,沒有盈利最大化的激勵,而且不考慮怎麼使項目投資收益率最大化,企業只是想著怎麼從國家獲得更多的撥款。因此,資金的使用效益無法達到最大化,造成了嚴重的財政浪費。而撥改貸後,企業有了還本付息的壓力,從項目投資「代理人」變成自主負責人,權責更為明確並開始注重投資收益率等各項指標,從而大大提高了資金的使用效益。與此同時,銀行成為企業的重要融資渠道,銀行信貸在各企業資金來源中的比重迅速上升。

2.1.1.3　1985—2002 年:國有專業銀行的商業化改革

四大國有商業銀行的成立使中國人民銀行可以專職擔任中央銀行的角色,負責國家經濟的宏觀調控和金融監督。但新分離出來的四大國有商業銀行卻有很多制度性的問題需要解決。當時的四大國有商業銀行既執行政策金融業務又執行商業性業務,處於政策性貸款與商業性貸款不分的狀態。這一結果導致銀行對企業信用審定不嚴,放貸隨意同時沒有督促企業還本付息的動力。

為了改變這一局面,明確銀行的責任、權利和職能,使銀行的政策目標和利潤目標得以分離,1994 年,國家開發銀行、中國進出口銀行和中國農業發展銀行三家政策性銀行分別從中國建設銀行、中國銀行以及中國農業銀行中分離出去,獨立承擔國家的政策性業務。從此多層次的銀行體系正式形成。

然而,由於歷史遺留問題,四大國有商業銀行普遍存在資本充足率低與不良貸款率高且抗風險能力差的問題。1997 年 11 月,中央召開了第一次全國金融工作會議,出抬了一系列應對金融風險改革商業銀行的措施。1998 年,國家發行了為期 30 年的國債以此給四大國有商業銀行補充了 2,700 億元的資本金,使四大國有商業銀行資本充足率達到了巴塞爾委員會的要求。隨後相繼成立了達信、華融、長城、東方四家資產管理公司,分別剝離與收購中國工商銀行、中國農業

銀行和中國銀行的不良資產（共收購不良資產 1.4 萬億元）。經過些措施后，四大國有商業銀行的資產水平都得到了大幅改善。

2.1.1.4　2003 年至今：銀行業股份制的改革

自改革開放以來，國有銀行一直沿用國有企業的管理體制。銀行高層管理人員由政府任免，而政府對他們採用的基本上是官本位的激勵制度。他們作為行政官員的個人目標更多的是官場上的晉升，因此在經營銀行時難免會被自己的政治目標所左右，以犧牲銀行利益為個人政治利益服務。這種政治目標與銀行盈利目標的矛盾注定會造成銀行效率的低下，為此完善銀行的治理結構成為改革的關鍵。同時，加入 WTO 的外部壓力需要國有銀行提高國際競爭力。銀行業內生制度的缺陷和入世的外在競爭壓力使得國有獨資銀行股份制的改革迫在眉睫。2005 年起，中國建設銀行、中國銀行、中國工商銀行、中國農業銀行相繼完成上市。

國有商業銀行的改制上市完善了銀行的治理結構和內部管理制度，提高了資本充足率，擴大了銀行的融資渠道，加強了外部約束和社會監督，更新了不符合市場化發展的內在制度。國有商業銀行控制權與經營權分離的新型治理結構既確保在經濟處於某種緊急情況時國家保留對商業銀行的控制權，又確保銀行業持續健康的發展。

60 多年的改革歷程使得中國銀行業面貌煥然一新。截至 2011 年年底，中國銀行業金融機構[①]共有法人機構 3,800 家，從業人員 319.8 萬人。銀行業金融機構資產總額為 113.3 萬億元，比年初增加 18 萬億元，增長 18.9%；負債總額 106.1 萬億元，比年初增加 16.6 萬億元，增長 18.6%；所有者權益 7.2 萬億元，比年初增加 1.4 萬億元，增長 23.6%（見圖 2-1）。

---

①　銀行業金融機構包括政策性銀行及國家開發銀行、大型商業銀行、股份制商業銀行、城市商業銀行、城市信用社、農村合作金融機構、郵政儲蓄銀行、金融資產管理公司、外資銀行、非銀行金融機構和新型農村金融機構。中國銀行業金融機構具體包括 3 家政策性銀行，5 家大型商業銀行，12 家股份制商業銀行，144 家城市商業銀行，212 家農村商業銀行，190 家農村合作銀行，2,265 家農村信用社，1 家郵政儲蓄銀行，4 家金融資產管理公司，40 家外資法人金融機構，66 家信託公司，127 家企業集團財務公司，18 家金融租賃公司，4 家貨幣經紀公司，14 家汽車金融公司，4 家消費金融公司，635 家村鎮銀行，10 家貸款公司以及 46 家農村資金互助社。

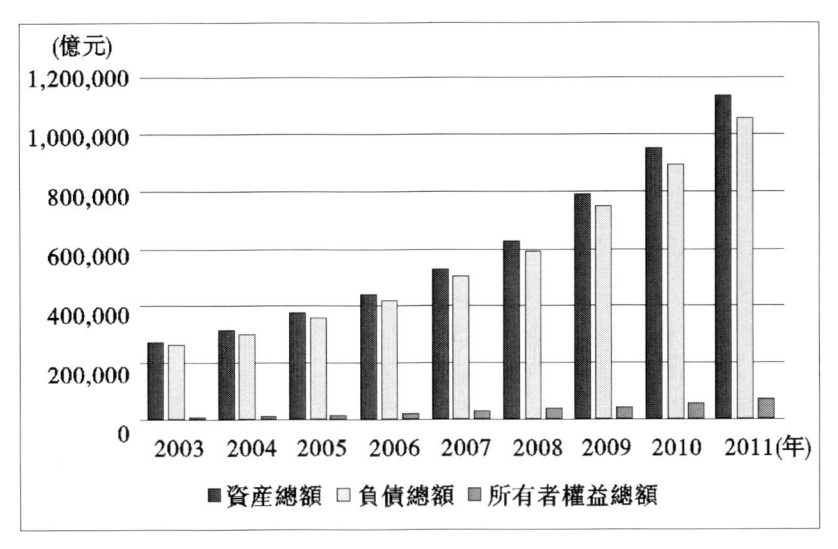

图 2-1 銀行業金融機構資產、負債及所有者權益總額趨勢

資料來源：根據《中國銀行業監督管理委員會 2011 年報》整理而得。

　　同時，銀行業整體實力不斷提升，資產質量大幅改善，盈利水平和抗風險能力不斷加強。從盈利水平的角度考察，2008 年，在全球陷入金融危機的境況之下，中國銀行業金融機構的資本利潤率仍達到 17.1%；資產利潤率為 1%，盈利水平居世界前列。2011 年，銀行業金融機構實現稅后利潤 1.25 萬億元，同比增長 39.3%；資本利潤率為 19.2%，同比提高 1.7 個百分點；資產利潤率為 1.2%，同比提高 0.17 個百分點。其中：商業銀行實現稅后利潤 1.04 萬億元，同比增長 36.3%；資本利潤率為 20.4%，同比提高 1.18 個百分點；資產利潤率為 1.28%，同比提高 0.16 個百分點。從利潤來源看，銀行業利潤增長主要來源於以信貸為主的生息資產規模的增長，以及銀行經營效率提高（成本收入比下降），信用風險控制較好（不良水平較低）。再從風險抵補能力的角度考察，截至 2011 年年底，商業銀行貸款損失準備金餘額為 1.19 萬億元，比年初增加 2,461 億元；撥備覆蓋率為 278.1%，同比提高 60.4 個百分點，風險抵補能力進一步提高。大型商業銀行撥備覆蓋率達到 261.4%，同比提高 54.6 個百分點；股份制商業銀行撥備覆蓋率達到 350.3%，同比提高 72.7 個百分點。

　　總之，60 多年的改革歷程使得中國銀行業經歷了脫胎換骨的再生，由「大一統」的計劃體制轉變成了符合市場經濟發展規律的多層次體系，促進了中國經

濟的發展。

2.1.2 中國銀行業面臨的挑戰

面對2008年百年一遇的世界金融危機,中國銀行業經受住了嚴峻的考驗,有力地支持了實體經濟平穩快速的發展。「十二五」期間,中國銀行業的發展可謂是「機遇與挑戰並存,機會與風險同在」。

2.1.2.1 后金融危機時代銀行業面臨全球金融經濟環境變化的挑戰

（1）複雜多變的世界經濟加劇了銀行經營的不確定性。在金融危機的持續衝擊下,世界經濟模式將逐步改變。世界任何一個國家或地區政治、經濟動盪都可能涉及中資企業。作為銀行的客戶,企業經營環境的變化時刻牽動著銀行的神經,給銀行經營管理帶來重大挑戰。

（2）全球銀行業競爭的加劇提高了中國銀行走出去的難度。目前,國外大型商業銀行大多採用多元化的混業經營模式,而中資銀行仍實行分業經營模式,走出國門參與國際競爭將面臨綜合服務能力不足的問題。雖然國內商業銀行通過股改上市,實現了「大」,但還不能稱為「強」,特別是在公司治理、內部管理、風險管控、產品創新等方面還需要進一步改善和提升。因此,如果不從根本上改變發展方式,實現內涵式增長,則在參與國際競爭中就將永遠處於被動地位。

（3）后金融危機時代,銀行業國際監管環境趨於加強。金融危機發生后,國際社會加強了對銀行監管體系的監管。巴塞爾委員會於2010年9月正式提出了資本監管制度改革和引入流動性監管標準的實施時間表與過渡期方案（即「Basel Ⅲ」）,並要求各成員國在2013年前建立本國的監管規制框架。作為三大經濟組織成員,中國也積極參與國際相關金融監管規則的制定,並結合國內銀行業實際適時推進相關監管指標在中國銀行業的實施。隨著「BaseⅡ」和「BaselⅢ」相關原則的逐步推廣實施,銀行經營的監管環境將發生根本改變,商業銀行傳統的經營模式將被徹底打破。

2.1.2.2 后金融危機時代銀行業面臨中國經濟轉型所帶來的挑戰

（1）經濟增長趨於平緩,信貸增長空間受到擠壓。按照世界銀行統計,中國的金融深化指標（M2/GDP）在2009年為1.59,2010年為1.82,國際排名僅次於日本。如此高的經濟貨幣化程度相對於金融市場發育程度而言,已經略顯「畸高」。「十二五」期間中國的實際GDP年均增速將迴歸至10%以下,則未來

留給銀行業的信貸增長空間已經不多，依賴信貸增長帶動盈利增加的傳統路徑將越來越難走。

（2）經濟結構調整，銀行開發的業務增長點和控制風險的難度將加大。「十二五」期間是中國經濟重大轉型期，主要表現為：①「三駕馬車」在經濟增長中的地位將由「出口第一，投資第二，消費第三」逐步逆轉，銀行的資產結構也必須進行調整；②工業化進程加快將使企業更趨於多樣化和大型化，銀行的風險識別能力面臨挑戰，企業倒閉、兼併帶來的風險將增大；③城鎮化將向二、三線地區和西部地區傾斜，這些區域的金融生態環境相對薄弱，對銀行的風險管理能力提出挑戰；④傳統領域因重複建設、產能過剩以及技術落後、環保不達標等因素將逐漸被淘汰，給銀行存量資產帶來風險；⑤戰略性新興產業發展將受到政策扶持，但其發展仍面臨技術、投入、體制等問題，行業前景不明朗。因此，如何抓住機遇，搜尋並培育具備成長空間的新客戶群體是銀行業面臨的重大課題。

（3）金融風險過度集中於銀行體系，投、融資體制改革亟待深化。雖然銀行信貸在社會融資總量中的比重連續下降，但到 2011 年 6 月末這一比重仍為 53.7%，貸款依舊是企業融資的主渠道，銀行承受了全社會的大部分金融風險，所以每逢金融危機或宏觀調控，商業銀行首當其衝，成為金融風險的主要承擔者。

在利率市場化、加大流動性控制以及金融脫媒不斷推進的情況下，銀行資本補充、流動性和盈利等都面臨較大壓力。2011 年 6 月 20 日起，央行再次上調存款準備金 0.5 個百分點，此次上調是年內第六次上調存款準備率，此次上調後，大型銀行存款準備金率高達 21.5%。在這種情況下，銀行存款壓力明顯高於 2010 年，商業銀行流動性管理面臨較大考驗。中國監管部門要求系統重要性銀行和非系統重要性銀行的資本充足率不得低於 11.5% 和 10.5%。2011 年第一季度，商業銀行資本充足率為 11.8%，核心資本充足率為 9.8%，分別比 2010 年年末下降 0.4 和 0.3 個百分點。一些專家估計，中國銀行業在今後幾年仍然面臨較大的資本補充的壓力。中國銀行業經營上過分依靠存貸款利差仍在延續，因此銀行有較高的放貸衝動。這種情況使得信貸有可能被投放到產出率較低的投資領域的風險上升。目前主要存在著融資平臺貸款、房地產信貸、「影子銀行」等方面的風險。銀行前期進行的表外信貸活動也可能會引起潛在衝擊，並降低貨幣政策的有效性。

（4）利率市場化和人民幣國際化進程加速，對銀行金融創新提出更高要求。當前國內銀行的盈利仍主要依賴息差，但隨著利率市場化改革的深化，銀行存貸利差將被擠壓。利率市場化可能首先從貸款利率開始。目前國家規定銀行貸款利率不得低於法定利率的0.9倍，如果進一步放大至0.8倍甚至更低，在激烈的競爭下，平均貸款定價水平必將向下浮動。若利率市場化進一步延伸至存款，將產生更深遠的影響。因此，利率市場化后，目前銀行的盈利模式將被徹底顛覆，商業銀行必須進行金融創新，降低對息差收入的依賴。

2.1.2.3 目前銀行業面臨自身經營管理的問題帶來的挑戰

（1）缺乏資本約束意識，資本補充壓力巨大。多年以來，商業銀行大多以高資本消耗為代價進行規模擴張，資本約束意識和資本管理水平亟待加強與提高。為滿足資本充足率要求，銀行不得不進行持續的再融資，不但稀釋了資本、降低了股價，也遭到資本市場的廣泛質疑。根據公開資料，截至2011年中報發布，上市銀行有近90%宣布了再融資計劃，再融資規模超過4,300億元。在資本市場不景氣的情況下，商業銀行連續再融資會越來越難，資本補充的壓力會不斷加大，簡單、粗放的增長模式已經越來越不可持續。

（2）商業銀行自身經營管理薄弱。當前，國內銀行在內部經營管理上存在著諸多薄弱環節，重點表現在以下五個方面：①公司治理還不完善，內控機制仍不健全；②風險量化管理水平有待進一步提高，工具應用不足，管理手段落后；③數據基礎較薄弱，信息系統建設滯后；④缺乏有效的人才引進和培養機制；⑤全面綜合金融服務水平需進一步提升。內部經營管理薄弱，是國內銀行在應對經濟金融環境變化、參與國際競爭的主要軟肋。

（4）銀行同質化競爭較為突出。由於創新能力不足，銀行經營的同質化現象尤為嚴重，也使得國內銀行競爭的激烈程度異常高。同質化競爭主要表現在三個方面：①產品同質化。以單一的信貸產品為主，中間業務產品提供以及銀行整合證券、基金、信託、保險、租賃等各類金融資源的能力較弱。②客戶同質化。大多數銀行仍以大型客戶、國有企業為主，對中小型企業服務的力度不夠。③模式同質化。不少專家用「成長靠擴張，盈利靠利差，行銷靠喝酒」來形容國內銀行經營的現狀。國內商業銀行創新能力與國外同業相比仍存在較大差距，突出表現在以下三個方面：①創新機制尚未完全建立，創新驅動機制、全流程管理機制、激勵機制有待進一步健全；②創新工具不夠先進，創新不夠深化，創新的產

品很快被同業模仿；③缺乏對創新的風險控制技術及經驗，銀行創新要與其風險控制能力相匹配，避免過度創新。

2.1.3 中國銀行業的發展戰略

在后金融危機時代，世界經濟金融格局發生了重大變革，全球銀行業也發生了根本性的結構調整。在此背景之下，加快經營模式和發展方式轉型，進一步擴大銀行業的對外開放，繼續強化和改進金融監管，從而不斷提高中國銀行業的國際競爭力，將是「十二五」時期中國銀行業改革與發展的主題。

2.1.3.1 銀行必須適應環境的變化，實現經營模式和發展方式的轉型

（1）重新審視並制定經營轉型戰略。本次全球金融危機表明，中國銀行業依靠資本消耗的傳統增長模式已經走到盡頭，商業銀行必須從這場危機中認真總結經驗教訓，把握世界經濟和中國經濟發展的主脈絡，增強經營轉型的前瞻性和系統性，盡快尋找一條高效、資本節約型的發展道路，切實提高中國銀行業的國際競爭力。

（2）強化風險管理。要提高全面風險管理水平，健全內部治理結構，制定和實施明確的風險戰略，強化政策制度和風險文化建設。在銀行各業務條線之間要建立「防火牆」，隔離不同業務間的風險，防止局部的風險蔓延成為系統性風險。積極開發內部評級系統，全面覆蓋信用風險、市場風險和操作風險等各類風險，依靠風險量化技術，對風險與收益進行量化管理；開發風險管理信息系統，實現對風險的全過程的動態、即時監控。完善內部審計管理體系，構建科學、有效的內部會計控制和內部管理控制模式，嚴格實行分級授權、分級管理制度，完善集體決策制度，完善崗位自控、部門互控、稽核檢查等防線，確保內部管理制度的貫徹執行。

（3）加強資本管理。要高度重視對經濟資本的科學管理，自主地用有限的資本制約銀行規模的無限擴張，加快運用 RAROC 或 EVA 等風險調整收益的方法，強化分支機構對風險資產的自我約束，強化資本有限性和有償使用的觀念。面對經濟不確定性條件下的信貸超高速增長，商業銀行應更加注重效益、質量、規模的協調發展，注重長期資本管理，提高銀行資本質量及壓力時期的緩衝資本準備，避免重蹈歐美銀行的覆轍。通過建立內部風險模型，測算出銀行經營活動面臨的潛在損失，並綜合考慮監管要求、股東回報和承擔的風險等因素後，估計

銀行需要的資本總量,恰當選擇次級債、混合債等資本工具,在資本配置過程中保證資本被分配到最能發揮其作用的領域,並將風險調整業績衡量與獎勵掛鉤。

(4)優化盈利結構。在當前複雜的形勢下,要通過優化資本配置引導業務健康發展,通過發展零售業務優化業務結構,通過發展中小企業客戶優化客戶結構,通過發展中間業務調整收入結構,通過降低風險資產比例、提高主動負債優化資產負債結構。具體而言,在客戶選擇上,對公業務從主要依賴大型公司客戶逐步向優質大、中、小客戶協調發展轉變。在資源配置上,從以規模主導的經營模式向以經濟資本管理為中心、真實利潤為主導的經營模式轉變。在業務結構調整上,從以對公業務為主的業務結構向以對公和對私業務協調發展的業務結構轉變,在公司業務和零售業務、大公司業務和中小企業業務之間形成相對平衡的業務結構,通過產品創新、渠道整合、聯動行銷等方式實現業務的協調發展。在收入結構上,從以傳統風險收入為主體的盈利結構向以風險收入和收費收入並重的業務結構轉變。

(5)在有效控制風險的前提下提高創新能力。要採取有效措施識別、計量、檢測、控制金融創新帶來的風險,將創新活動的風險管理與其他傳統業務的風險管理有機結合起來,制定和嚴格執行有效的風險管理程序與風險管理措施。要從提升核心競爭能力和盈利能力出發,完善創新的組織機制,強化創新支持保障體系。積極推進體制創新,強化綜合化、個性化產品和服務的創新,通過引進和開發等多種途徑積極推進信息技術創新。要培養一批對市場具有靈活反應能力的員工,及時瞭解、滿足客戶的需求,設計市場需要的產品。做好資金內部轉移定價工作,理順前臺銷售、中臺研發和定價、后臺部門之間的協作創新流程。穩步推進綜合化經營,開發跨市場、跨機構、跨產品的金融業務。

2.1.3.2 監管當局要不斷提升銀行監管的前瞻性和中國銀行體系運行的穩健性

(1)正確認識金融監管與金融創新的關係。在全球銀行業面臨結構性調整的過程中,銀行業監管的改革尤其是金融監管與金融創新之間的矛盾與協調至關重要。要通過有效的日常的監管和監控,把金融創新作為金融發展的原動力,同時把金融創新帶來風險的可能性控制到最小。目前,商業銀行自上而下的架構層次已經不能適應全球化市場的風險管理要求。銀行監管者應充分認識到危機的系統性,從全面的角度而不是從局部的或者單個機構的角度來觀察風險。

（2）正確認識金融管制與金融監管的關係。在非常態下，監管當局可以對商業銀行的經營、創新與發展進行更多的管理與限制，主要側重對商業銀行市場准入的限制和全面風險的管控。在常態下，監管當局對商業銀行的經營、創新與發展應給予鼓勵、支持和指導，主要側重商業銀行的風險管理能力的提升和業務的穩健發展。目前，中國的金融監管在一定程度上混淆了金融監管與金融管制的界區，導致了監管過度、監管真空和監管衝突等問題的發生。因此，在「十二五」期間，我們必須正確理解和處理金融管制與金融監管的關係。

（3）正確認識對外開放與對內開放的關係。進一步加快對外開放是「十二五」時期中國銀行業發展的主題，在繼續注重「引進來」的同時，更應加快「走出去」。中國銀行業的開放不但包括對外開放，也包括對內開放，兩者相輔相成，密不可分。經過多年努力，中國銀行業對外開放已經取得很大的成績，外資銀行在經營地域、客戶、業務等方面均實現了「國民待遇」。但對內開放力度需要進一步加強。加快中國銀行業對內開放有利於優化中國的銀行體系，有利於促進銀行業的市場競爭，有利於促進中小企業擺脫融資困境，有利於規範和疏導民間信用組織和地下金融活動。因此，「十二五」時期監管當局應逐步放鬆有關行業准入標準，推進銀行業對內開放進程。

（4）正確認識資本監管與風險監管的關係。《巴塞爾資本協議》實施以來，資本監管在中國銀行監管中日益處於核心地位，資本充足率成為監管當局調控銀行信貸規模和銀行業穩健運行的主導工具。當然，應充分認識到，資本監管雖然是銀行風險監管的核心，但並非風險監管的全部，更不能代替其他風險監管。從此次全球金融危機來看，促發並導致危機蔓延、銀行倒閉的關鍵在於流動性風險，是流動性不足而不是資本充足率較低導致了銀行失敗。所以，加強商業銀行流動性風險和操作風險的監管，應當成為「十二五」時期銀行監管的核心與關鍵。監管當局要在繼續推動資本監管水平更上一層樓的同時，高度重視流動性風險、戰略風險、聲譽風險等風險領域，努力搭建起一個全面風險監管體系。

2.1.3.3 政府部門要加快職能轉變，為商業銀行經營轉型創造良好的外部環境

（1）加快政府轉型。「十二五」時期中國經濟增長方式將實現根本性的轉變，實現增長方式轉變的主要挑戰不是經濟社會本身。其關鍵在於政府轉型，即實現經濟運行機制由政府主導向市場主導轉變，確立政府在公共服務中的主體地位和主導作用，通過政府轉型形成規範的公共權力行使的制度框架。政府部門尤

其要盡快轉變「以追求 GDP 為主要目標、以擴大投資規模為主要任務、以上重化工業項目和熱衷批租土地為主要途徑、以行政推動和行政干預為主要手段」為特徵的政府主導型經濟增長方式。

（2）調整金融市場體系結構，建立多層次且相互聯通的金融市場體系。多層次且相互聯通的金融市場體系能夠為商業銀行提供調整資產負債結構、業務結構和收入結構的廣闊平臺。建議建立各金融市場聯結機制，改變目前金融市場分割的局面，並逐步對商業銀行開放資本市場，在有效防範風險的基礎上，擴大商業銀行的經營平臺。建立多層次的銀行體系，通過制訂銀行業發展規劃，形成多層次銀行體系，讓不同層次的銀行服務於不同的客戶群體，避免商業銀行的同質化競爭。

（3）培育市場機制。培育市場機制主要包括：①矯正資金價格機制。進一步推動利率和匯率市場化進程，並給予銀行產品定價的自主權，監管機構則利用銀行同業自律機制形成銀行產品定價調節機制。②培育和發展職業經理人市場，形成市場化人才選用機制。引進市場化的評價和考核標準，培育和發展職業經理人市場，通過先市場選拔、后組織認可的方式，把優秀人才選拔到銀行經營管理崗位上來。

（4）優化金融生態。要進一步減少各級政府對銀行的行政干預；建立與完善社會信用體系；減輕商業銀行的稅負等。

2.2　銀行業稅制的國際比較與借鑑

2.2.1　銀行業稅制的國際比較

從國際範圍來看，銀行業稅制主要包括流轉稅、所得稅及其他稅[①]。

2.2.1.1　流轉稅的國際比較

（1）增值稅

從銀行業流轉稅的實踐看，由於營業稅存在的重複徵稅問題，很少有國家對

---

① 這裡的其他稅主要是指一些國家還對金融機構（銀行）徵收一些名稱不一的特別稅，如特別營業稅、金融機構稅、資本稅等。

金融業徵收營業稅。國外通行的做法是對金融業徵收增值稅或免稅。從國際視角考察，對金融業徵收增值稅的具體做法可以概括如下（見表 2-1）：

表 2-1　　　　　　　　　　金融業增值稅的國際經驗總結

國家或組織	徵稅方法	具體做法
經濟與發展合作組織（OECD）	基本的免稅法	將金融機構的業務分為核心金融服務或隱性金融服務、出口金融服務、直接收費金融服務，對貸款、銀行帳戶及貨幣、股票、債券交易等核心金融服務免稅，對出口金融服務實行零稅率，對金融諮詢、保險箱等直接收費金融服務按標準稅率徵收增值稅。免稅法的最大缺陷是與免稅金融服務相對應的進項稅額不能獲得抵免，中斷了增值稅抵扣鏈條，形成新的重複徵稅。
南非	縮小的免稅法	相較於 OECD 基本免稅法只對部分顯性項目徵稅，南非所實行的縮小的免稅法對幾乎所有向國內客戶提供的直接或顯性收費服務均課徵增值稅，免稅項目和範圍大大縮小。
新加坡	進項稅額允許抵扣的免稅法	新加坡允許購買免稅金融服務的納稅人使用「特殊法」或「固定比例進項稅回收法」抵扣進項稅額。特殊法允許金融機構從免稅服務中分離出增值稅納稅人購買部分，並視其為應稅服務適用零稅率。固定比例進項稅回收法允許金融機構就固定比例進項稅額主張抵扣（具體比例視不同類型金融機構行業標準而定）。
阿根廷	毛利息課稅法	對金融機構貸款的毛利息徵收增值稅，並且不允許扣除支付給儲蓄者的利息及存款利息。考慮到貸款的毛利息包含借入資金的成本，使用標準稅率必然使得金融機構承擔較重稅負，阿根廷規定對貸款利率適用 10.5% 的低稅率，其標準增值稅稅率為 21%。
新西蘭	反計還原法	新西蘭採用的反計還原法主要針對保險賠款而給予的稅收抵免。保險公司取得保費收入時需繳納增值稅，投保人除繳納保險費外還需向保險人支付增值稅。當保險標的出險且被保險人索賠時，保險公司除賠償約定的保險金外，還需向被保險人支付增值稅。這部分由保險公司額外支付的增值稅，將「被認定為」保險公司的進項稅額允許抵扣，而獲得保險賠償的投保人則需就獲得的賠償款繳納增值稅。

資料來源：劉天永. 金融業營業稅改徵增值稅計稅方法問題的研析 [J]. 稅務研究，2013（4）.

實行增值稅的國家將銀行業納入增值稅的徵稅範圍，但由於銀行服務產品價格（利息）的特殊性，它既含有資本的真實成本，又含有通貨膨脹的因素和中間媒介的成本。因而，在徵收增值稅的時候，大多數OECD國家的做法是按照行業劃分，將銀行業分為核心銀行金融業①和附屬銀行金融業②，對其中的核心銀行金融業實行不可抵扣的免稅政策，即不徵收增值稅，同時對於銀行購進的固定資產也不能抵扣其所含有的增值稅款，而法國等少數國家對銀行的利差收入課徵1.3%~4%的增值稅。實行這種免稅政策的理由是：銀行服務具有特殊性，其附帶的成本特別靈活，難以確定它們的增值稅計稅依據。實行不可抵扣的免稅政策，其不可抵扣的購進物品（房屋、辦公設備等）的進項稅額接近於對銀行徵收的增值稅額。同時，對核心銀行金融業徵稅可能引發本國資本外流。因此，對核心銀行金融業的增值稅優惠政策有利於穩定和發展本國的銀行金融業，提高國內銀行的實力，服務於本國經濟。對於附屬銀行金融業，則按照一般標準稅率徵收增值稅。除芬蘭、挪威、瑞典等國家外，大部分OECD國家都對輔助銀行金融業按照標準稅率徵稅，各國稅率在3%和25%之間，平均約為17%。對於涉外銀行業則實行零稅率，以提升其國際競爭力。由於應稅率在免稅的同時允許抵扣固定資產所含有的全部進項稅，這是一種比免稅更具有優惠的稅收政策，從而極大地促進了本國銀行業的海外擴張。表2-2是OECD國家對金融企業徵收增值稅的情況。

　　從銀行業務的分類來看，不少國家的稅制都將銀行業務納入徵收增值稅的範圍之內，但僅對非主營的銀行業務課徵，對主營業務不徵收增值稅。例如，多數國家對銀行信貸、共同基金管理等主營銀行業務免徵增值稅（不能扣除進項稅額），如歐盟各國、加拿大、澳大利亞、新西蘭、韓國等。不過，免稅只限於一般的主營業務，對於銀行機構的一些輔助性業務，如提供保險箱服務、證券及收藏品的安全保管服務等，則照常徵收增值稅。對於出口業務或者與商品、勞務出口有關的銀行服務，一般實行零稅率，以鼓勵出口。③

---

　　① 核心銀行金融業是指包括從事銀行信貸、股票、債券、保險、共同基金管理的那個業務的銀行金融機構。
　　② 附屬的銀行金融業是指金融理財諮詢、銀行保管箱業務、催務催收以及金額保安等輔助性金融業務。
　　③ 馬李喆. 促進銀行業發展的稅收政策研究 [D]. 青島：中國海洋大學, 2010.

2 中國銀行業稅制發展分析

表 2-2　　　　　　　　　OECD 國家金融業增值稅情況一覽表

國家	核心銀行金融業	輔助銀行金融業	出口金融業	其他
美國	無	無	無	無
日本	無	無	無	無
奧地利	免稅	標準稅率	零稅率	徵收
比利時	免稅	標準稅率	零稅率	徵收
丹麥	免稅	標準稅率	零稅率	徵收
法國	免稅	標準稅率	零稅率	徵收
德國	免稅	標準稅率	零稅率	徵收
希臘	免稅	標準稅率	零稅率	徵收
愛爾蘭	免稅	標準稅率	零稅率	徵收
義大利	免稅	標準稅率	零稅率	徵收
荷蘭	免稅	標準稅率	零稅率	徵收
新西蘭	免稅	標準稅率	零稅率	徵收
挪威	免稅	標準稅率	零稅率	徵收
西班牙	免稅	標準稅率	零稅率	徵收
瑞典	免稅	標準稅率	零稅率	徵收
土耳其	免稅	標準稅率	零稅率	徵收
英國	免稅	標準稅率	零稅率	徵收

數據來源：中國金融稅制改革研究小組. 中國金融稅制改革發展報告［M］. 北京：中國稅務出版社，2004.

（2）營業稅

國際上只有少數國家實行營業稅制，如中國、巴西、韓國等。但是，其他國家的營業稅稅率一般比較低，如韓國對銀行業徵收 0.5% 的營業稅，巴西僅就銀行總收入徵收 3% 的營業稅，德國和中國一樣，也開徵營業稅，但德國營業稅以所得利潤為基數，不同於中國以利息收入為稅基，因此，中國銀行業的營業稅負遠高於德國銀行業的營業稅負。表 2-3 是發達國家營業稅政策比較。

表 2-3　　　　　　　　　發達國家營業稅政策比較

國家	相關銀行業營業稅政策
美國	無，開徵消費稅
日本	無，開徵消費稅，稅率為 5%

表2-3(續)

國家	相關銀行業營業稅政策
德國	州政府以利潤為基數開徵營業稅,稅率為5%
英國	無
法國	無
義大利	無
加拿大	無

資料來源:根據國家稅務總局稅收科研所主編的《外國稅制概覽》整理。

2.2.1.2 所得稅的國際比較

所得稅是經濟發達國家用以調節公司利潤而普遍徵收的主要稅種之一,在整個稅法構成和稅負結構中占據主要地位。OECD國家大多數以所得稅為主體,其所得稅一般占他們全部稅收收入的39%以上。發展方向是逐步向著「低稅率、少減免、寬稅基、實徵收」的稅制模式推進,而且所得稅政策朝著「公平稅負,鼓勵競爭」的方向進行調整,以適應國際市場經濟發展的需要。因此,OECD大多數成員國在銀行所得稅制度上,基本採取與其他行業一致的稅收政策,通常在稅率上不將銀行同其他行業企業區別開來,而只是在具體的稅收徵管中所得稅前扣除標準方面區別對待。同時,在目前國際稅收制度改革發展趨勢中,降低所得稅稅率是一種必然趨勢。

(1)各國銀行業所得稅簡介

第一,美國。美國是以所得稅為主體稅種的國家,聯邦和50個州都有自己的所得稅法,採用多級累進稅率。在銀行業繳納的各種稅收中,所得稅是主要稅種。在聯邦一級,銀行業適用的公司所得稅稅率為35%。在州一級,公司所得稅率的差別比較大,有三個州的最高稅稅率在5%以下,大多數州的稅率在6%和10%之間。銀行與非銀行企業在州稅法中有很大差別,許多州對銀行有專門的稅收條款,對稅率、最小納稅額、稅基等做出了規定。例如:新澤西州規定,銀行(儲蓄協會除外)要繳納9%的經營特許稅,最小稅額為200美元,而不適用該特許稅的必須繳納7.25%的所得稅;弗吉尼亞州規定,州和國家銀行繳納州特許稅(稅率為6%)的,免繳所得稅。

第二,加拿大。加拿大公司所得稅按照公司所得類型、行業分類和所屬行政區域的不同,分別採用不同的單一稅率。2003年,加拿大聯邦政府對一般公司

徵收的所得稅的標準稅率為21%，另有1.1%的附加稅。小型公司、製造和加工業對一般公司徵收的所得稅的標準稅率更低。此外，加拿大所有省都徵收省所得稅，稅率從5%~17%不等，由於聯邦和各省都徵收公司所得稅，因此其綜合稅率是較高的，對一般企業來講，達43%~46.12%。在加拿大銀行業也是一個重要的經濟行業，對國民生產總值的貢獻率僅次於製造業，也是最高稅收來源行業。據統計，在加拿大銀行業繳納的稅總額中，所得稅占60%，加拿大銀行利潤增加值的60%用於納稅，而非銀行領域該比例小於46%。

第三，新加坡。新加坡公司所得稅採取單一稅率，現行稅率為22%。針對銀行等金融機構，新加坡有如下法律規定：銀行業來源於亞洲貨幣單位特定離岸金融業務的淨收入減按10%的稅率徵稅（經稅務部門查實，納稅人增加的利潤部分可以減按5%的稅率徵稅）；銀行業來源於亞洲貨幣單位的岸外財團貸款、抵押擔保、履約債券、離岸設備保險等收入免稅。經核准的證券公司在新加坡開展的離岸金融業務收入免稅；以亞洲貨幣單位活動和經核准的基金管理人提供基金管理服務收取的費用免稅，如果基金達到一定標準的，所收取的費用均可以免稅。

第四，其他國家。日本銀行業所得稅按照銀行規模徵稅，資本額在1億日元以下的小規模銀行，所得稅稅率為28%，資產規模在1億日元以上的，所得稅稅率則為37.5%；德國按照分配收益與為未分配利潤確定不同的稅率，前者稅率為32%，後者稅率為48%；英國對銀行業也實行超額累進稅率，短期收益所得稅率為36.5%，長期收益所得稅率為20.9%，其目的在於鼓勵長期投資；義大利的公司所得稅由中央與地方共同徵收，綜合稅率達到53.2%。從上述比較中可以看出，國外銀行業均繳納所得稅且所得稅負比較重。[①]

（2）國外銀行貸款損失稅務處理制度

呆帳、壞帳準備金的稅收處理是銀行稅收政策的核心問題，國際間的做法雖然存在一些差別，但基本原則都是遵循稅收中性原則。根據國際經驗，將貸款損失的稅務處理規則和計提呆帳準備金的謹慎原則密切聯繫起來，稅收減免在時間和數量上都應該與銀行貸款損失的市場價值相一致，也就是在銀行貸款損失發生時就應該予以回應的稅收減免。這不僅能反應銀行的真實收入，還有利於銀行客觀估計貸款風險，提足呆帳準備金，而且有利於防範和化解銀行風險。國際上對

---

① 馬李喆. 促進銀行業發展的稅收政策研究 [D]. 青島：中國海洋大學，2010.

於貸款損失的稅收減免主要採取三種方法：

第一，衝銷法。衝銷法也叫核銷法，是指稅收減免並非在銀行提取特殊準備金時就給予，而是當實際核銷全部或部分無法收回貸款的同時獲得稅收減免時才給予減稅。也就是說，被核銷和享有減稅待遇的貸款必須包含有不履行義務、附屬擔保品和借款者財務狀況等方面的證據，證明有關貸款在期初是有價值的，期中由於某種原因使得該貸款全部或部分已經確定無疑的失去經濟價值。可見，核銷方法保證了貸款在發生損失時就獲得了稅收優惠，但如果對可衝銷貸款的判斷標準限制過嚴或過松就有可能對銀行放貸徵稅過度或徵稅不足。美國、澳大利亞、韓國、馬來西亞、菲律賓等國都採取這樣的稅收處理方法。如果已核銷的貸款后來又收回，則重新計入收入並繳納稅收。

第二，普通準備金法。普通準備金法又稱一般準備金法，是指對預期中的損失實施稅收優惠，獲取減免的準備金餘額按期中未償還貸款的一定比率計算。儘管會計期間內新發放的貸款並沒有證據表明其價值會受到損失，也會按照該比率獲得相應的減稅額度。如果該比率是一個固定系數，那麼，損失較小的低風險貸款可以享受與損失較大的高風險貸款同等的稅收減免。如果該比率是一個過低的法定系數，意味著法定普通準備金餘額相對較低，獲取的減稅額度也很小。國際上採用普通準備金法的國家相對較少，捷克、德國、義大利和新加坡採用這種方法。這些國家規定了普通準備金的減免稅限額，專項準備金也有限額。德國沒有對專項準備金進行限制，但是要求一般準備金不能超過過去五年內平均貸款損失的60%；義大利在普通準備金和專項準備金的稅收減免方面有一個累積的限制，即每年不能超過貸款餘額的0.5%，並且貸款損失準備金小於貸款餘額的5%；法國對列入國家風險的外國借款人的貸款準備金可以進行稅收減免，但一般準備金則不能。各國對準備金的稅收待遇雖然有所不同，但是銀行運行穩健的國家，都傾向於鼓勵銀行有及時充足的地區準備金和壞帳核銷。

第三，特定準備金。特定準備金也稱專項準備金法，一般是銀行承認現值減少、發生了經濟損失時建立並獲得相應的稅收減免。如果對於特定貸款損失進行了充分的備抵，何時註銷壞帳不產生任何影響，如果備抵不足或準備金規則過於嚴苛，就會出現過度徵稅。這樣，銀行為了獲得稅收減免會採取類似於衝銷的方法，及時將壞帳註銷，但是如果貸款註銷標準嚴格，過度徵稅也難以避免。加拿大、丹麥、比利時、德國、愛爾蘭、英國等對特定準備金減稅。普通準備金因在

資產負債表中故意低估資產價值而形成秘密儲備不能享受稅收減免。丹麥和德國的特定準備金可以由銀行自行決定，但是在德國必須接受正常審計；在英國，國內稅收部門制定的國家風險準備金標準往往低於英格蘭銀行用於監管的標準。其他一些國家規定了特定準備金稅收減免的最高數量限制，如：比利時規定，每年減免金額不能超過當年應稅利潤的5%，不超過應收貸款的0.2%，準備金余額不可超過應收貸款的0.3%，全年的準備金余額不可超過前五年最高應稅利潤的7.5%；加拿大規定風險準備金不超過當年應徵稅利潤的45%。此外，法國、義大利、瑞士、日本、西班牙、盧森堡等國，除了對特定準備金實施免稅外，還根據各類普通準備金來確定各類稅收減免，但對普通準備金提出了一些限制，如：法國、盧森堡等將普通銀行風險基金（一種普通準備金）排除在稅收減免外；德國和法國規定秘密準備金不得享受稅收優惠；日本規定了普通準備金稅收減免的最高限額；義大利則規定每年享受稅收減免的普通和特定準備金的增加額不得超過未償還應收貸款總額的0.5%，總額不得超過未償還應計項目余額的5%。

綜上所述，儘管每種減稅方式都可能存在因貸款註銷標準過嚴或過鬆而產生的過度徵稅或徵稅不足的問題，但總的來說，與其他方法相比，衝銷法和特定準備金法保證了特定貸款價值下跌與獲得稅收減免時機的一致性，衝銷法在允許貸款部分註銷時與特定準備金法之間除了會計方法之間的差異外，其他方面的差異並不太大。由於特定準備金法在評估貸款價值方面具有更大的靈活性和透明度，而衝銷法在貸款註銷之前必須借助於法律手段設法收回有關貸款，如果法制不完善，司法體系缺乏效率，衝銷法就難以令人滿意，特定準備金法則優於衝銷法。目前國際上還沒有一個統一的確定銀行貸款損失及減免稅的完美方法，但已經存在這樣一種趨勢：不允許或限制對預防性的與未來貸款損失相關的普通準備金免稅，禁止對秘密準備金提供稅收減免。此外，一個適當的減稅模式還應該與一國國情相適應，並能準確反應貸款價值，而且能得到持續實施。[①]

(3) 其他稅的國際比較

除以上介紹的幾個主要稅種外，有些國家還對銀行業徵收一些名稱不一的特別稅。泰國針對銀行和其他金融機構取得的利息、保險金、處置不動產收益等，徵收3%的特別營業稅。法國對銀行、保險公司和類似金融機構按照支出和金融

---

① 馬李喆. 促進銀行業發展的稅收政策研究 [D]. 青島：中國海洋大學, 2010.

資產折舊的合計數，徵收1%的金融機構稅（該稅不能在公司所得稅前扣除）。土耳其針對銀行和保險公司收取的費用徵收1%~5%不等的銀行保險交易稅。銀行和保險公司購進的商品和服務徵收增值稅且不能抵扣，但可以作為支出在銀行交易保險稅前列支。日本規定，除徵收公司所得稅外，從2001年起，對位於東京金融機構徵收一種「外在標準稅」，如果納稅人擁有的資本超過50億日元時，按照其獲取的毛利徵收2%或者3%的「外在標準稅」[1]。另外，加拿大是發達國家中唯一徵收資本稅的國家，資本稅占銀行稅收總額的11%。資本稅是指企業不論盈虧，按照資本額的一定比例徵收的一種稅，稅基為資本、歷年結餘及負債之和。資本稅也分為聯邦和省兩個層次，除聯邦稅率為0.3%外，各省稅率均不相同。實際上，資本稅使得加拿大銀行業與信用合作社、非金融領域處於一個相對不公平的稅收環境，同時也制約了加拿大銀行在國際市場上的競爭力[2]。

2.2.2 銀行業稅制的借鑑與啟示

對銀行業稅制改革必須立足於中國國情，設計出適合本國的稅改方案。通過以上對國外銀行業稅制的比較分析，我們可以得到以下啟示：

2.2.2.1 流轉稅：營改增

目前中國對銀行業徵收的流轉稅主要以營業稅為主，存在稅負較重與重複徵稅的問題。而絕大多數國家對銀行業徵收增值稅（核心金融業務免稅）。因此，中國也應對金融業（含銀行業）改徵增值稅，以減輕銀行業的稅收負擔，有效地解決重複徵稅的問題。

2.2.2.2 所得稅：優化貸款損失處理制度

呆帳準備金的稅收處理要遵循稅收中性原則，銀行的貸款損失應及時給予稅收減免，同時將呆帳核銷自主權交給銀行，這樣可以促使銀行及時足額提取呆帳準備金、核銷呆帳，從而有利於提高銀行的風險管理水平。國外通行的做法是金融企業貸款的損失準備要與實際不良貸款相互匹配，反應真實的信貸風險，做到稅務部門和中央銀行對於貸款損失準備的統一[3]。

---

[1] 張淼. 國外金融業稅收政策與制度對中國金融稅收改革的借鑑 [D]. 長春：吉林財經大學, 2010.
[2] 張惠慶. 中國銀行業稅收制度改革研究 [D]. 濟南：山東大學, 2008.
[3] 而中國除涉農貸款和中小型企業貸款的壞帳準備做到按銀行五級風險分類的一定比例稅前扣除外，其餘項目貸款，以期末準予提取貸款損失準備的貸款資產餘額的1%為限進行所得稅稅前扣除。

因此，銀行應逐步與國際通行標準接軌，及時足額提取各類貸款損失準備，制定合理恰當的貸款損失準備金計提標準；相應地，稅務部門按照銀行的提取的各專項準備金和稅務部門制定的扣除比例計算可以稅前扣除的損失準備。

2.2.2.3 稅制結構：逐步轉型

從整個銀行業稅制中流轉稅與所得稅之間的關係來看，國外銀行業稅制改革的經驗表明，以所得稅為主體的稅制結構在比較成熟的市場經濟環境中更能有助於商品和勞務的流通與發展，從而對經濟產生拉動作用。OECD 國家銀行業稅制的特點是：以所得稅為主體稅種，流轉稅只是作為對所得稅的補充，並不佔有重要比例。因此，中國應考慮銀行業稅制結構的轉型，逐步由所得稅和流轉稅並重向以所得稅為主體的轉變。

2.3 中國銀行業稅制評析

2.3.1 銀行業稅制發展歷程

自新中國成立以來，中國銀行業稅收制度經歷了從初創到獨斷發展和完善的過程，大體可以分為幾個階段，見表 2-4。

表 2-4　　　　　　　　　　中國銀行業稅制發展沿革

階段	特點
第一階段，新中國成立初期至第一次稅改前（1950—1957 年）	與新中國成立初期實行的高度集中的計劃經濟體制相適應，中國人民銀行逐步建立起「大一統」的國家銀行體系，既是管理銀行的國家機關，又全面經營銀行業務。 涉及銀行業的主要是工商業稅（營業稅和所得稅兩個部分）和印花稅。對銀行業按照營業總收益額徵收營業稅（後改為按照存放款利息差額徵稅），稅率為 4%；對銀行業徵收所得稅實行 5%~30% 的全額累進稅率。
第二階段，第一次稅改至改革開放前（1958—1978 年）	「文化大革命」中，銀行也受到嚴重衝擊，中國人民銀行並入財政部，各分支機構也並入各級統計財政機構，銀行體系失去了完整性和獨立性。 由於受「非稅論」的影響，在此期間各次修訂的稅法中均規定國家銀行的業務收入免稅。

表2-4(續)

階段	特點
第三階段，改革開放後至利改稅前（1978—1984年）	1. 改革開放後，金融事業迅速發展，外國資金和外資銀行機構逐步進入中國。《中華人民共和國外國企業所得稅法》中規定外國公司、企業和其他經濟組織，沒有在中國境內設立機構，取得來源於中國的利息，應當繳納20%的所得稅。 2.《中華人民共和國營業稅暫行條例》中規定對銀行業務收入徵稅，稅基為銀行從事經營活動取得的各項營業收入，稅率為5%。
第四階段，利改稅至分稅制改革前（1984—1994年）	《中華人民共和國營業稅條例（草案）》規定，將金融保險業合併為一個項目徵稅，分設金融和保險兩個子目，這是中國現行銀行營業稅政策的前身，稅基為銀行經營金融業務取得的營業收入，稅率為5%；《國營企業所得稅條例（草案）》及其實施細則和《國營企業調節稅徵收辦法》規定，金融保險企業不分大型、中型還是小型，一律按照55%的稅率徵收。
第五階段，分稅制改革至兩稅合併前（1994—2007年）	1. 為了適應建立社會主義市場經濟體制的要求，中國實施了全面的稅制改革。1997年，國務院下發《關於調整金融保險業稅收政策有關問題的通知》，將金融保險企業的所得稅稅率統一降為33%（減按低稅率徵稅的農村信用合作社除外），同時將金融保險業的營業稅稅率從5%提高到8%。 2. 為了與世貿規則接軌，2001年金融稅收制度進行了進一步的局部調整。財政部、國家稅務總局下發了《關於降低金融保險業營業稅稅率的通知》，自2001年起，金融保險業的營業稅稅率每年降低一個百分點，分三年從8%降低到5%。
第六階段，兩稅合併後至今（2008年至今）	1. 自2008年起，中國實現兩稅合併，中外企業所得稅法定稅率統一為25%，營業稅稅率沒有變化仍為5%。 2. 為了適應經濟形勢的發展和增值稅轉型的需要，2009年對《中華人民共和國增值稅暫行條例》進行了修訂，新條例中有關銀行業營業稅的稅收優惠規定有：自2009年1月1日至2013年12月31日，對金融機構小額貸款的利息收入免徵營業稅。

根據現行稅法的相關規定，中國目前涉及銀行業的稅種主要有：營業稅及附加、增值稅、企業所得稅、房產稅、印花稅、城鎮土地使用稅、土地增值稅、車輛購置稅。無論是從稅收收入結構來看還是從日常稅收管理實踐來看，營業稅與企業所得稅都是銀行業的主體稅種。

2.3.1.1 現行銀行業營業稅規定

根據財政部、國家稅務總局有關《中華人民共和國營業稅暫行條例》的規

定，現將涉及銀行業的營業稅收法律法規總結如下（見表 2-5）：

表 2-5　　　　　　　　　現行銀行業營業稅相關規定

稅制要素	具體規定		涉及法律法規解釋
納稅義務人	在中華人民共和國境內提供金融保險業務並取得貨幣、貨物或其他經濟利益的單位和個人。		銀行機構具體是指中央銀行（中國人民銀行）、商業銀行、政策性銀行、信用合作社、其他經中國人民銀行批准成立經營金融業務的機構。
計稅依據	金融業計徵營業稅的營業額		營業額的確定：一是對一般貸款、典當、金融經紀業等仲介服務，以取得的利息收入全額或手續費收入全額確定為營業額；二是對外匯、證券、期貨等金融商品轉讓，按照賣出價減買入價後的差額為營業額。
稅率	金融保險業為 5%		
稅收優惠政策	農村金融稅收優惠政策	1. 自 2009 年 1 月 1 日至 2013 年 12 月 31 日，對金融機構小額貸款的利息收入免徵營業稅。 2. 自 2009 年 1 月 1 日至 2013 年 12 月 31 日對金融機構農戶小額貸款的利息收入在計算應納稅所得額時，按 90% 計入收入總額。 3. 對農村信用社、村鎮銀行、農村資金互助社、由銀行業機構全資發起設立的貸款公司，法人機構所在地在縣（含縣級市、區、鎮）以及縣以下地區的農村合作銀行和農村商業銀行的金融保險業收入減按 3% 的稅率徵收營業稅。 4. 上述減按 3% 的稅率徵收營業稅政策的執行期限延長至 2015 年 12 月 31 日。	1. 小額貸款，是指單筆且該戶貸款餘額總額在 5 萬元以下（含 5 萬元）的貸款。 2. 村鎮銀行，是指經中國銀行監督管理委員會依據有關法律法規批准，由境內外金融機構、境內非金融機構企業法人、境內自然人出資，在農村地區設立的主要為當地農民、農業和農村經濟發展提供金融服務的銀行業金融機構。

表2-5(續)

稅制要素		具體規定	涉及法律法規解釋
稅收優惠政策	商業銀行轉貸優惠政策	對人民銀行提供給地方商業銀行，由地方商業銀行轉貸給地方政府用於清償農村合作基金債務的專項貸款、利息收入免徵營業稅。	
	區域稅收優惠政策	海南省改革試點的農村信用社稅收政策。	從2006年1月1日起，對海南省改革試點的農村信用社取得的金融保險業應稅收入，按3%的稅率徵收營業稅。

2.3.1.2 現行銀行業企業所得稅規定

根據《中華人民共和國企業所得稅法》和《中華人民共和國企業所得稅法實施條例》，以及國務院財政、稅務部門發佈的相關規定，現將涉及銀行業企業所得稅的法規總結如下（見表2-6）：

表2-6　　　　　　　　　　企業所得稅優惠政策

稅制要素		具體規定	條例解釋
納稅義務人		中國境內的金融企業	
計稅依據		金融企業調整後的應納稅所得額	應納稅所得額為企業每一納稅年度的收入總額減去不徵稅收入、免稅收入、各項扣除以及允許彌補的以前年度虧損後的餘額。
稅率		25%	
稅收優惠政策	金融企業所得稅前扣除呆帳損失有關問題	1. 金融企業依據規定計提的呆帳準備，其按提取呆帳準備資產期末餘額1%計提的部分，可在企業所得稅前扣除； 2. 金融企業凡符合規定核銷條件的呆帳損失，首先應衝減已在稅前扣除的呆帳準備，不足衝減部分據實在企業所得稅前扣除； 3. 金融企業收回已核銷的呆帳損失時，應相應調增其應納稅所得額。	左欄所述的金融企業是指經中國人民銀行、中國證券監督管理委員會和中國保險監督管理委員會批准成立的境內各類金融企業（不含金融資產管理公司）。

2.3.2 銀行業稅收發展趨勢的實證分析

通過前面表 1-3 的列示及其后分析可以得出，2007—2010 年，銀行業對整個金融業稅收貢獻最大，均在 50% 以上，甚至在 2009 年達到峰值（為 67.88%），通過對銀行業稅制發展趨勢和稅負水平的分析可以更好地反應出整個金融業的稅制發展。

2.3.2.1 銀行業稅收收入變化趨勢

根據現行稅法的相關規定，中國目前涉及銀行業的稅種主要有增值稅、營業稅、企業所得稅（包括內資企業所得稅和外資企業所得稅）、城市維護建設稅、房產稅、印花稅、城鎮土地使用稅、土地增值稅、車輛購置稅等。由於金融行業在 2005 年前后統計口徑的差異①及本書簡化分析②的需要，實證分析的數據來源於 2006—2010 年稅務年鑒分稅種分行業的統計數據表。

從圖 2-2 中可以看出，自 2006 年以來中國銀行業稅收總量總體上增長較快，2006 年銀行業稅收收入總額約為 1,605 億元，到了 2010 年銀行業稅收收入總額為 3,764 億元，五年之內增長了 2.34 倍。其中銀行業稅收收入總額在 2009 年達到最高（約為 2,865 億元），出現拐點，自此以后銀行業稅收收入額在 2010 年略有下降。稅收收入的增長也能從側面反應一個行業的發展態勢甚至一個國家的宏觀經濟形勢，之所以會出現銀行業稅收收入如上分析的變化趨勢，我們認為原因可能有以下三點：

首先，自從 2003 年以來中國經濟開始進入了新一輪經濟增長週期，貨幣信貸增速明顯，固定資產投資增勢強勁帶動了金融業發展乃至中國整個宏觀經濟的發展，因此，反應在稅收上表現為銀行業稅收總額在這幾年中增長很快。其次，2008 年年初，中國固定資產投資反彈勢頭明顯，貨幣信貸投放偏多，通貨膨脹壓力加大，防止價格由結構性上漲轉為明顯的通貨膨脹成為年初的首要任務。然而到了 5 月份，國內國際形勢發生變化，美國次貸危機加劇並逐步轉化為席捲全

---

① 在 2005 年之前稅務年鑒只統計金融大類分稅種徵收的各項稅額，並沒有細化到金融業內部各行業分稅種徵收稅額的情況。

② 本書結合有關的統計年鑒數據將銀行業所涉及的十幾個稅種合併整理為流轉稅（包括增值稅、營業稅）、所得稅（包括內資企業所得稅和外資企業所得稅）、其他各稅種（包括城市維護建設稅、房產稅、印花稅、城鎮土地使用稅、土地增值稅、車輛購置稅等）。

	2006	2007	2008	2009	2010
除個人所得稅外的銀行稅收總額	16 057 387	20 639 082	31 618 046	38 647 235	37 645 883

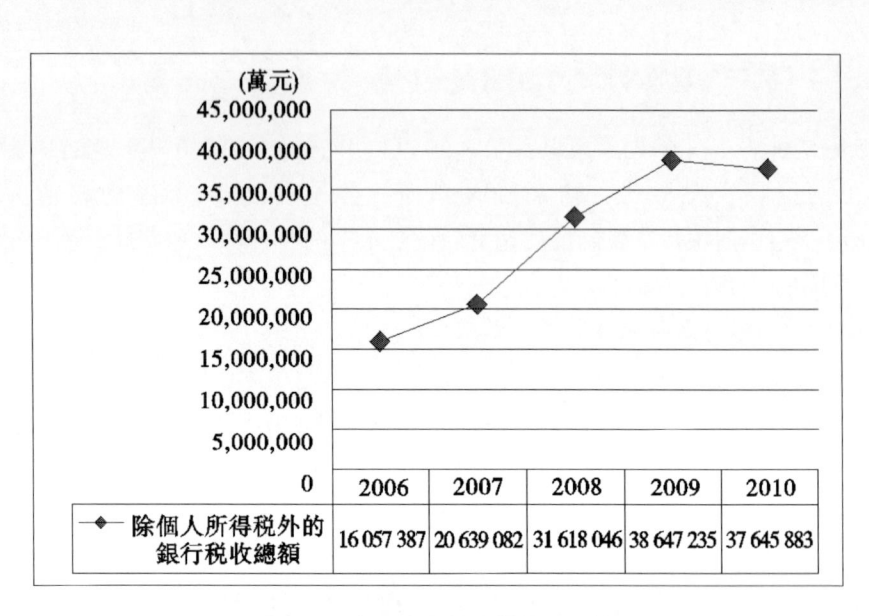

圖 2-2　銀行業稅收總額變化趨勢

資料來源：根據《中國稅務年鑒》歷年數據整理而得。

球的金融危機，中國宏觀經濟的下行壓力增大。針對形勢變化，中國宏觀政策相應從「雙防」轉向「一保一控」要求實施積極的財政政策和適度寬松的貨幣政策，同時出抬了進一步擴大內需、促進經濟增長的 10 項措施。而有關「4 萬億元」投資大部分通過銀行的信貸系統發放，這使得銀行機構在 2008—2009 年得以穩健營運，並沒有受到金融危機的過大衝擊影響。最後，2011 年國際金融市場持續動盪，由於主要發達經濟體主權債務危機的不斷深化，新興市場及發展中經濟體面臨經濟增速放緩和通貨膨脹雙重壓力，中國銀行業也深受其影響，反應在稅收總額上表現為銀行業稅收總額與 2010 年相比略有下降。

2.3.2.2　銀行業稅收結構變化趨勢

銀行業各稅種所徵收的稅額占整個銀行業稅收總額中的比例趨勢可以反應出各稅種對銀行業稅收總額的貢獻情況，歷年銀行業稅收結構變化趨勢如表 2-7、圖 2-3 所示。

表 2-7　　　　　　　　歷年銀行業各稅種結構變化趨勢　　　　　　單位：萬元

年份	除個人所得稅外的銀行業稅收總額	流轉稅	所得稅	其他各稅種
2006	16,057,387	5,611,133	9,687,578	758,676
2007	20,639,082	7,260,371	12,393,321	985,390
2008	31,618,046	10,678,303	19,596,407	1,343,336
2009	38,647,235	11,272,839	25,856,832	1,517,564
2010	37,645,883	12,488,883	23,528,785	1,628,215

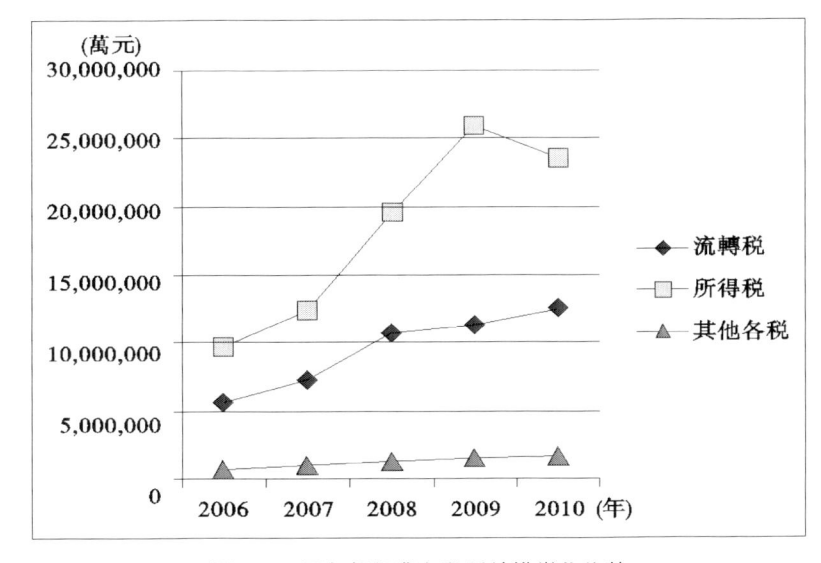

圖 2-3　歷年銀行業各稅種結構變化趨勢

資料來源：根據《中國稅務年鑒》歷年數據整理而得。

從圖 2-3 可以看出，得益於中國宏觀經濟形勢的不斷發展，銀行業中的流轉稅、所得稅及其他各稅種收入也「水漲船高」，總體上都處於增長的狀態，從而帶動銀行業稅收總額的不斷增長。其中：企業所得稅（內資企業所得稅和外資企業所得稅）的增長幅度最大；排在第二位的是流轉稅的增幅；而其他各稅種的增長是最為平緩的。圖 2-3 中三條曲線的變化趨勢也表明了銀行業中流轉稅、所得稅及其他各稅種增長路徑方面的差異還是明顯的。另外，從企業所得稅的增長趨勢中可以發現，2006—2009 年，企業所得稅增速最快，其總額在 2009 年達到頂峰，在 2010 年有所下降。由於企業所得稅的高低變化也衡量出銀行業中企業經

營狀況的好壞，受金融危機余威的影響，與2010年相比，2009年之前階段銀行業企業經營狀況總體尚好。

歷年稅收結構總量變化趨勢只能從總體上反應受外部經濟環境及銀行業自身經營狀況的雙重影響所導致的不同稅種收入的絕對變化趨勢，尚且不能剔除外部經濟環境對銀行業的影響因素，來分析銀行業不同稅種對稅收總額的相對變化趨勢。圖2-4進一步描述了各稅種對整個銀行業稅收收入貢獻率情況。

	2006	2007	2008	2009	2010
流轉稅占比(%)	34.94	35.18	33.77	29.17	33.17
所得稅占比(%)	60.33	60.05	61.98	66.90	62.50
其他各稅種占比(%)	4.72	4.77	4.25	3.93	4.33

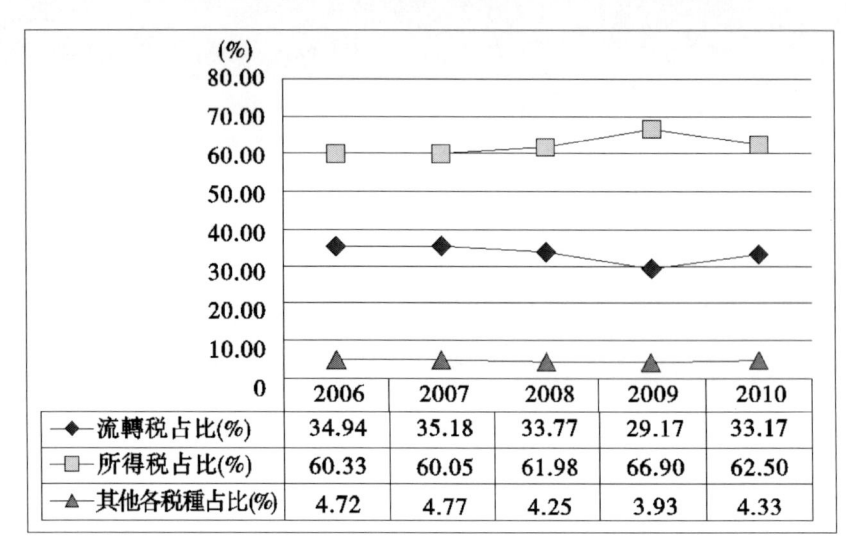

圖2-4　歷年銀行業各稅種對稅收總額的貢獻率

從圖2-4中可以看出，2006—2010年，流轉稅、所得稅及其他各稅種對銀行業稅收總額的貢獻率都處於一個相對穩定的變化區間之內。其中：所得稅的貢獻率最大，均在60%以上，甚至在2009年高達67%；其次為流轉稅貢獻率，約占1/3，最高時為2007年占比為35%，最低時為2009年（約占29%）；最后為其他各稅種的貢獻率，均在5%以下。三條曲線的波動幅度都不是很大，體現不出不同稅種對稅收收入貢獻的異質性。

2.3.3　稅收對銀行發展影響的實證分析

2.3.3.1　銀行業稅收負擔變化趨勢

選取在A股上市的銀行業金融企業，從更加微觀的角度來分析大型商業銀

行、股份制銀行及城市商業銀行①歷年的稅負變化情況及其之間的稅負差異。

從圖 2-3 稅收結構變化趨勢來看流轉稅和所得稅的增長幅度處於前兩位，從圖 2-4 歷年各稅種對稅收總額的貢獻率來看，流轉稅和所得稅共同對稅收總額的貢獻率在 90% 以上。不論是從結構變化角度還是從時間趨勢角度分析，流轉稅和所得稅都在其中扮演著重要角色，基於以上分析結果我們設計了兩個稅負指標——流轉稅負擔（product tax）、所得稅負擔（income tax），以及總稅收負擔（total tax）以此來分析銀行業上市公司稅收負擔的變化趨勢。稅負指標的具體含義及計算公式如下：

流轉稅負擔（PTR）反應企業實際承擔的流轉稅佔其收入總額的比重，計算公式為：

$$\text{流轉稅負擔} = \text{營業稅金及附加} / \text{營業收入} \quad (2-1)$$

所得稅負擔（ITR）通過影響企業所得稅稅前扣除的成本、費用、稅金、損失來影響企業的利潤水平，進而影響企業的經營績效，計算公式為：

$$\text{所得稅負擔} = (\text{所得稅} - \text{所得稅返還}) / \text{利潤總額}② \quad (2-2)$$

總稅收負擔（TTR）為企業的實際稅負，計算公式為：

$$\text{總稅收負擔} = (\text{營業稅金及附加} + \text{所得稅費用}) / (\text{利潤總額} + \text{營業稅金及附加}) \quad (2-3)$$

截至 2011 年年底，銀行業金融機構包括政策性銀行及國家開發銀行、大型商業銀行、股份制商業銀行、城市商業銀行、農村合作金融機構、郵政儲蓄銀行、外資銀行、非銀行金融機構和新型農村金融機構。其中包括：5 家大型商業銀行，即中國工商銀行、中國農業銀行、中國銀行、中國建設銀行、中國交通銀行；12 家股份制商業銀行，即中信銀行、光大銀行、華夏銀行、廣發銀行、深圳發展銀行、招商銀行、浦發銀行、興業銀行、民生銀行、恒豐銀行、浙商銀行、渤海銀行；144 家城市商業銀行。從數據的有效性及可獲取性的角度而言，本部分選取 16 家在滬、深 A 股上市的銀行業上市公司（包括 5 家大型商業銀行、

---

① 由於國家統計局、銀監會等部門的統計口徑不同，本書所述銀行業以銀監會發佈的《中國銀行業監督管理委員會 2011 年報》中所列分類為標準。

② 該式中的所得稅返還指標在上市公司年報中難以獲得，故用所得稅費用/利潤總額作為近似指標代替。

8家股份制商業銀行和3家城市商業銀行）2006—2012[①]年的數據。用相關的統計軟件對16家銀行業上市公司年報的原始數據[②]進行了初步整理，據此分析銀行業中大型商業銀行、股份制商業銀行及城市商業銀行的稅收負擔（流轉稅負、所得稅負和總稅負）變化趨勢及之間的差異。見表2-8。

表2-8　　　　　歷年銀行業上市公司稅收負擔變化趨勢　　　　　　單位：%

	年份	2006	2007	2008	2009	2010	2011	2012
流轉稅負擔	大型商業銀行	5.73	15.14	5.88	5.90	5.63	6.09	6.56
	股份制銀行	7.58	7.23	7.49	7.23	6.75	7.26	7.49
	城市商業銀行		6.24	6.40	7.60	6.79	7.17	7.34
所得稅負擔	大型商業銀行	30.44	30.53	23.22	22.72	22.47	22.92	22.89
	股份制銀行	33.38	33.97	21.87	22.01	23.61	24.20	24.37
	城市商業銀行		24.50	19.55	19.77	20.49	20.49	20.74
總稅收負擔	大型商業銀行	38.57	44.79	32.14	30.51	30.13	30.95	30.71
	股份制銀行	45.33	43.41	36.16	32.81	33.07	33.75	33.74
	城市商業銀行		31.78	27.70	29.38	29.32	29.67	28.72

數據來源：根據CSMAR系列數據庫中銀行業上市公司歷年年報數據整理而得。

註：大型商業銀行、股份制商業銀行及城市商業銀行的稅負基於各銀行上市公司資產總額加權平均而得。

從圖2-5可以看出，在2006—2012上半年，銀行業上市公司中大型商業銀行、股份制商業銀行及城市商業銀行的總稅收負擔率總體呈現出下降趨勢。尤其在2008年1月1日起《中華人民共和國企業所得稅法》實施後，稅收負擔率的下降幅度較大。然而無論是大型商業銀行、股份制商業銀行還是城市商業銀行，其稅收負擔率仍然偏高，稅收負擔率最高為45%左右，最低也位於30%附近。

---

① 由於上市銀行業公司2012年報尚未披露，因此選擇2012年第一季度季報作為替代，這樣處理並不影響之后分析得出的結論。

② 本部分研究的數據來源於GSMAR研究數據庫中上市公司研究系列數據庫。

图 2-5 总税收负担率变化趋势

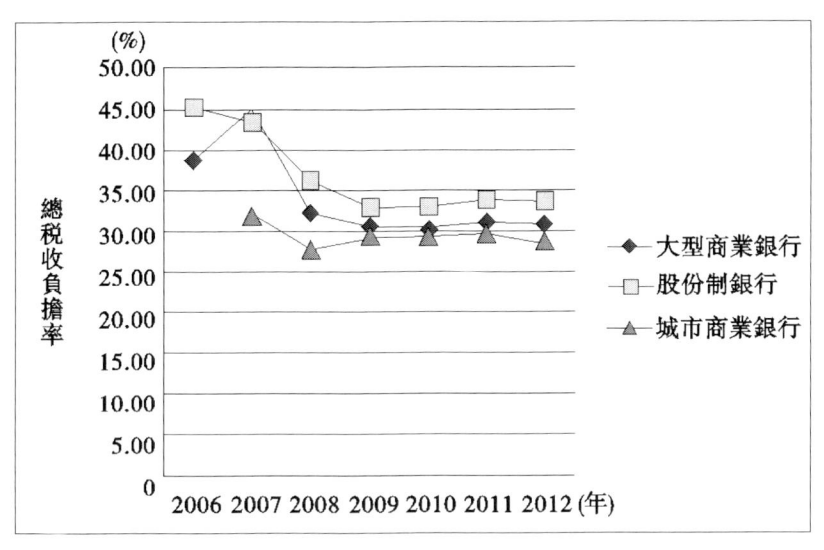

从分属不同类别的银行来看，股份制商业银行的税收负担最高，而城市商业银行的税收负担最低，介于两者之间的是大型商业银行。以上不同类别的银行税收负担出现显著差异的原因可能有以下几点：首先，从规模的角度看，大型商业银行的规模[1]远远大于股份制商业银行，其经营业务范围广泛，经营网点遍布全国各地，容易形成规模报酬。而股份制商业银行虽然经过十几年的发展，但是其资产规模，经营范围还是不能和大型商业银行相提並论，因而其税收负担率较之大型商业银行高。其次，虽然股份制商业银行和大型商业银行几乎同步上市，甚至某些股份制商业银行上市时间[2]要远远早于四大国有商业银行，但由于上市之前中国银行业的市场化程度较低，各银行还没有摆脱计划经济时代的历史包袱，四大国有商业银行凭藉其之前获得的行政垄断地位，在市场逐步放开之后得到迅速发展，导致其税收负担率比股份制商业银行低。最后，城市商业银行异军突起[3]，截至 2011 年年底城市商业银行资产规模是 2003 年的 6.8 倍。由于城市商业银行立足于本地，与大银行错位竞争，且地方政府对本地的城市商业银行多有税收方面的优惠。因此，尽管资产规模在整个银行业金融机构中仅占 8.8%，其

---

[1] 2007 年 7 月，中国工商银行在上市不足一年的情况下超过花旗银行成为全球市值最大的银行。
[2] 深发展 A 于 1991 年 4 月在深交所上市，浦发银行于 1999 年 11 月在上交所上市等。
[3] 2003 年约 800 家城市信用合作社完成了先后完成城市商业银行重组改造或实现市场退出。

税收負擔與大型商業銀行和股份制商業銀行相比是最低的。

從圖2-6可以看出，除大型商業銀行在2007年數據異常之外，銀行業上市公司流轉稅負擔的變化範圍很小，在6%和8%之間，變化幅度在2%之內，表明流轉稅負擔在大型商業銀行、股份制商業銀行及城市商業銀行之間的差異較小。

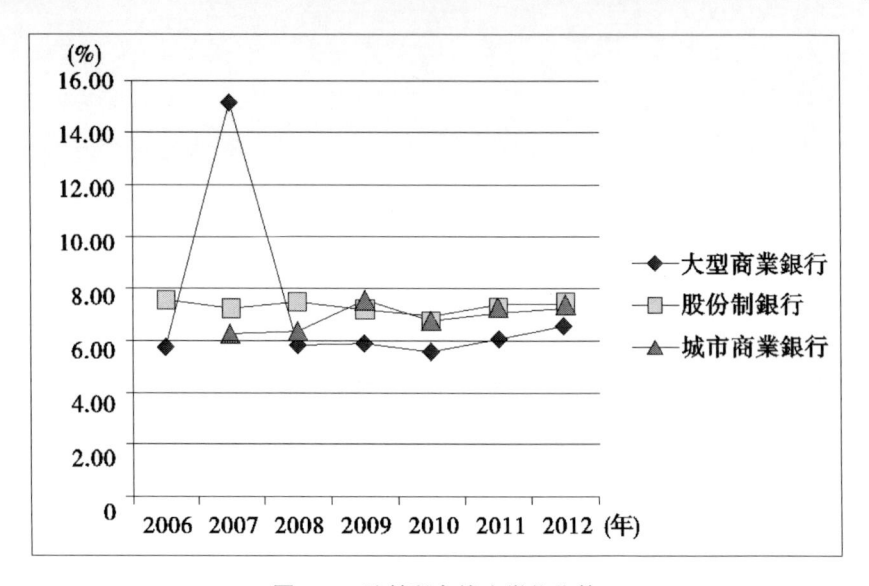

圖2-6 流轉稅負擔率變化趨勢

從分屬不同的銀行類別來看，除大型商業銀行在2007年數據異常之外，在樣本數據選取的年度之內（2006—2012年）其流轉稅負擔要低於股份制商業銀行及城市商業銀行，在2009年之前，股份制商業銀行與大型商業銀行的所得稅負擔存在著較小的差異，在2009年之後，這種差異進一步減小。

從圖2-7可以看出，在樣本數據選取的年度（2006—2012年）銀行業上市公司中無論是大型商業銀行、股份制商業銀行，還是城市商業銀行的所得稅負擔呈現出階梯狀的下降趨勢，其中2006—2007年銀行業上市公司的稅收負擔水平還是很高的，大型商業銀行及股份制商業銀行所得稅負擔均在30%以上，而城市商業銀行也高達25%。究其原因，在這一階段銀行業尚未實現工效掛勾的工資扣除方法，且企業所得稅的基本稅率為33%。到了2008年，新企業所得稅法實施之後，銀行業取消了計稅工資標準，大幅降低了企業所得稅的基本稅率，考慮到這種變化，銀行業上市公司的所得稅收負擔下降程度是相當可觀的，圖2-6中的

三條趨勢線也印證了上述變化情況。在 2008 年之后的時間段，大型商業銀行、股份制商業銀行及城市商業銀行的所得稅負擔變化範圍在 20% 和 25% 之間，下降的效果十分明顯。

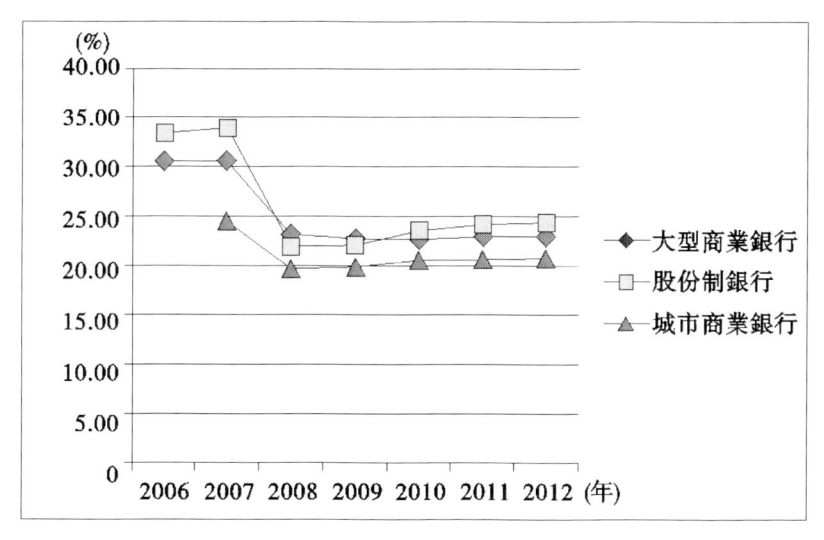

圖 2-7　所得稅負擔率變化趨勢

從銀行業上市公司分屬不同類別的銀行來看，在樣本數據選取的年度（2006—2012 年）城市商業銀行的所得稅負擔是最低的，而在新企業所得稅法實施之前（2006—2007 年）股份制商業銀行比大型商業銀行的所得稅負擔高，2008—2009 年，大型商業銀行的稅收負擔率要高於股份制商業銀行，在 2010 年之后，股份制商業銀行的所得稅負擔比大型商業銀行要高。

2.3.3.2　稅收對商業銀行經營績效影響的實證分析

銀行業處於金融體系的核心地位，在現代經濟中扮演著越來越重要的角色。經過多年的深化改革，中國銀行業整體實力不斷提升，資產質量大幅改善，盈利水平和抗風險能力不斷加強。根據中國銀監會的統計，銀行業金融機構資產總額為 113.3 萬億元，即使在 2008 年全球發生金融危機的境況下，中國銀行業的資本利潤率仍達到 17.1%，盈利水平居世界前列。雖然中國銀行業總體上保持著快速發展的態勢，但是伴隨著中國經濟增長的減速與銀行業對外開放的擴大，銀行業將面臨國內外雙重壓力。因此，深入探究其關鍵影響因素，對於推進銀行業穩定發展、維護金融安全具有重要的意義。

學者們著眼於分析因果關係，即建立影響因素模型，通過實證的方法揭示銀行業經營績效的影響因素，分析採用的視角也多種多樣，得出的結論有所差異。譚興民、宋增基（2010）從股權結構的角度，基於 2006—2009 年 11 家上市股份制商業銀行的數據，建立了一組單方程和聯立方程在內的模型，實證分析了股權結構與績效間的關係。研究結果顯示：較大的第一股東的持股比例、控制能力及較高的股權集中度阻礙了銀行績效的提高。而境外戰略投資者和實際控制人性質促進了績效的提高。研究還發現，董事會規模對績效有一定的負面影響，而獨立董事占董事會的比例以及銀行兩職分離情況也對績效有促進作用。更進一步，劉豔妮、張航（2011）利用 14 家上市商業銀行 2007—2009 年的面板數據，以衡量股權結構集中度和股東性質的多項指標為解釋變量，不僅對股權結構與績效之間的相關性進行了分析，而且探討了持股比例與績效之間的曲線關係。結果顯示：第一大股東持股比例、前五大股東持股比例之和與綜合績效呈現倒 U 型的二次曲線關係，國有股比例與綜合績效負相關，外資持股比例與綜合績效正相關。傅勇、邱兆祥等（2011）以 13 家中小銀行作為樣本，在採用因子分析法對樣本銀行經營績效進行評價的基礎之上，從宏觀和微觀兩個層面分別建立影響因素模型。實證的結果表明：宏觀因素對中小銀行經營績效的影響顯著；外資持股比例對銀行績效的影響不顯著；銀行資產規模與銀行績效存在正相關關係；而董事會規模與銀行經營績效負相關。而金成曉、紀明輝（2006）通過對 8 家股份制商業銀行的公司治理結構與經營績效的關係做了迴歸，結果顯示：經營績效與董事會規模正相關，與第一大股東持股比例負相關。劉遠亮、張華（2009）就外資銀行進入對中資銀行經營績效的影響進行了實證研究，結果表明：外資銀行入股對中資銀行經營績效的影響還不明顯，這表明中國銀行業市場化程度較低。雖然上述學者考察了股權結構對銀行績效的影響，但並沒有深入分析銀行所有制屬性的不同對銀行經營績效差異的影響。

　　綜合以上學者的研究分析，我們發現從稅收負擔的角度來分析上市商業銀行經營績效的文獻較少。本書以 2007—2012 年上市商業銀行為樣本[①]，探討稅收負擔對銀行經營績效的影響，以尋求有效改善中國銀行業經營績效的途徑。

　　（1）指標的設計及變量的描述

　　接下來，我們基於 2007—2012 年 16 家在滬、深兩市 A 股上市的商業銀行年

---

① 本書研究的數據來源於 GSMAR 系列研究數據庫和中經網統計數據庫。

報的數據，檢驗稅收負擔對上市商業銀行經營績效的實際效果，探尋影響中國銀行業發展的制約因素。模型的變量選取及基本設定如下所示：

對於因變量，我們已經選取總資產淨利潤率（ROA）作為上市商業銀行經營績效水平的替代變量。由於銀行業絕大多數都屬於負債經營，自有資金很少，資產利潤率不僅能夠綜合評價企業的資產盈利能力，還可以反應企業對負債資金的配置能力。

對於自變量，選取的具體指標有銀行規模（SIZE）[①] 和稅收負擔。其中稅收負擔是本書重點關注的影響因素。參考婁權（2007）和曾富全、呂敏（2009）文章中的稅負指標，設計了流轉稅負擔與所得稅負擔兩個指標。其具體含義及計算公式如公式（2-1）與公式（2-2）所示。

（2）實證檢驗與經濟學解釋

根據以上指標的設定與變量的描述，我們考慮到截面數據由於沒有時間維度，故無法觀測到時間因素與銀行各變量之間的交互關係，同時面板數據具有個體維度與時間維度，樣本容量較大，從而可以提高估計精度。因此，本部分採用面板數據計量分析，構造如下面板數據計量模型：

$$ROA_{it} = \alpha + PTR_{it} + ITR_{it} + SIZE_{it} + \mu_{it} \qquad (2-7)$$

在公式（2-7）中，ROA 表示總資產淨利潤率，PTR 表示流轉稅負擔，ITR 表示所得稅負擔，$SIZE$ 表示銀行規模，i 表示 16 家銀行業上市公司，t 表示時間。在軟件使用上，選擇面板數據分析功能較為強大的 Stata 統計分析軟件。其模型的設定與估計分為以下幾步：

第一步，根據所列示的計量模型（2-7），運用 Stata 12.0 軟件在同方差和無自相關的假定之下分別構造固定效應模型和隨機效應模型。通過檢測模型中代表個體異質性的隨機擾動項是否在統計學意義上為零，可以判定是否構建混合模型。在固定效應迴歸結果中我們發現，F（15，71）統計量為 5.73，相應的 P 值為 0，表明拒絕混合迴歸，即每個銀行的自身發展狀況不同，可能存在不隨著時間變化的遺漏變量。

第二步，利用 Hausman 檢驗對固定效應模型和隨機效應模型進行選擇。Hausman Test 的原假設為隨機效應，由於 $\chi^2(4) = 10.52$ 與之相對應的 P 值為

[①] 企業的經營績效與企業的企業規模（SIZE）有著密切的關係，因此本書選取銀行業資產總額的對數值來衡量企業的規模。

0.032,5，所以拒絕原假設，即該模型為固定效應模型。

第三步，考慮到上述固定效應模型中存在時間因素，即雙維固定效應（Two-Way FE），為此我們可以將年度虛擬變量引入，來考察是否存在時間固定效應。通過檢驗年度虛擬變量的聯合顯著性，發現 $F(5, 15) = 14.67$，P 值為 0，表明強烈拒絕「無時間效應」的原假設，認為在模型中應包含時間效應。

第四步，在此基礎上對雙向固定效應模型進行估計，採用聚類穩健標準差，修正后的模型輸出結果如表 2-9 所示。

表 2-9　　　　　　　　　　數據迴歸結果

ROA	估計參數	穩健標準差	T 統計量	P 值
PTR	−0.002,852,6	0.001,871,4	1.52	0.148
IRE	−0.012,980,6	0.005,370,4	−2.42	0.029**
SIZE	−0.003,401,3	0.001,664	−2.04	0.059*
year2	0.000,491,2	0.001,425,9	0.34	0.735
year3	0.000,542,4	0.001,32	0.41	0.687
year4	0.002,166,8	0.001,606,6	1.35	0.197
year5	0.004,109,8	0.001,806,7	2.27	0.038**
year6	0.004,931,1	0.002,171,8	2.27	0.038**
常數項	0.107,776,9	0.044,616,4	2.42	0.029**

R-sq 統計量為 0.387,4。

F-statistic=26.92，其 P 值為 0.000。

註：*、**、*** 分別表示在 10%、5%和 1%的水平上顯著。

以 16 家上市銀行 2007—2012 年披露的年報數據進行面板數據計量分析，其結果如表 2-9 所示。總體上看 F 檢驗顯示的迴歸方程在 1%的水平上顯著成立（P 值很小），R-sq = 0.387,4，綜合這兩個指標來看，迴歸方程的解釋能力較強。

計量模型的估計結果顯示：稅收因素及銀行規模均對銀行業上市公司經營績效均有顯著的影響。①從非稅收因素考慮，銀行業的資產規模對經營績效有著顯著的負相關關係。一般認為中小銀行在處理融資業務時更具有信息方面的優勢，中小銀行比大銀行表現出更強的競爭力、更高的經營績效水平。相對而言，大銀行的經營績效水平降低。由於中國大型商業銀行資產占整個銀行業金融機構資產

總額的比重約為 45%，因此，總體而言，資產規模與銀行業經營績效呈現反相關關係。②從稅收因素分析，稅收負擔與企業經營績效呈現顯著的反相關關係。稅收負擔過重會對企業經營績效產生不利影響。具體而言，流轉稅負擔（PTR）對銀行業經營績效雖然在統計學上不顯著，但仍與銀行經營績效水平呈現反相關關係。如果擴大增值稅徵稅範圍，減少銀行業的重複徵稅情況，則稅收負擔還有較大的下降空間，而實際稅負的下降將帶來企業經營績效的大幅提升。所得稅負擔（ETR）對銀行業經營績效的影響也十分顯著，即平均所得稅負擔每下降一個百分點會使得公司經營績效提高 0.013%。儘管新的企業所得稅法已經將標準稅率降為 25%，但中國銀行業的實際稅負水平仍然較重。

2.3.4 銀行業稅制評析小結

2.3.4.1 銀行業稅收變化態勢

企業所得稅和營業稅（含營業稅附加）為銀行負擔的主要稅收。實證分析表明，自 2006 年以來中國銀行業稅收收入總體上增長較快，2006—2010 年銀行業稅收收入總額在五年之內增長了 2.34 倍。此后稅收收入額在 2010 年略有下降。從稅收結構來看，流轉稅、所得稅及其他各稅對銀行業稅收總額的貢獻率都處於一個相對穩定的變化區間之內。所得稅的貢獻率最大，均在 60%以上；其次為流轉稅貢獻率，約占 1/3；最后為其他各稅貢獻率，均在 5%以下。

2.3.4.2 銀行業稅收負擔及影響

實證分析表明，在 2006—2012 年上半年，銀行業上市公司中大型商業銀行、股份制商業銀行及城市商業銀行的總稅收負擔率總體呈現出下降趨勢。尤其在 2008 年《中華人民共和國企業所得稅法》實施後，稅收負擔率的下降幅度較大。然而無論是大型商業銀行、股份制商業銀行還是城市商業銀行，其稅收負擔率仍然偏高，稅收負擔率最高為 45%左右，最低也位於 30%附近。從分屬不同類別的銀行來看，股份制商業銀行的稅收負擔最高，而城市商業銀行的稅收負擔最低，介於兩者之間的是大型商業銀行。

實證研究進一步顯示，稅收負擔（包括所得稅和流轉稅）對銀行經營績效的負向影響也十分顯著。因而，降低企業稅負，能大幅提高銀行經營績效水平。同時，資產規模對銀行經營績效有著反向而顯著的影響。從銀行規模來看，雖然國有四大國有商業銀行的資產龐大，但是績效水平並不占優，表明銀行「吃

利差」，走傳統的擴張之路難以持續發展。

2.4 中國銀行業稅制的優化

基於銀行業對整個國民經濟發展的重要性，針對中國銀行業目前稅負過重的事實。本書認為，中國銀行業稅制改革應該以適度、公平、效率為原則，以銀行業長遠發展和與經濟發展相匹配為目標，同時兼顧國民經濟和金融業的穩健成長，進而提高銀行業在國際上的競爭力。

2.4.1 銀行業流轉稅制度改革

2.4.1.1 關於金融業流轉稅制改革的探討

當前國內對金融業流轉稅制改革的意見主要分為三種：第一種意見認為應繼續對金融企業徵收營業稅，並通過調整稅率和稅基來減輕金融企業稅負。第二種意見認為應立即把金融業營業稅改徵為增值稅。其主要理由是國外大部分國家在金融企業流轉稅上採用增值稅制度，因此給我們提供了一些現成的經驗；同時由於營業稅重複徵稅等弊端難以從根本上解決，因此總的來看，增值稅比營業稅更加合理。第三種意見認為金融業流轉稅制改革可以分兩步走：第一步，繼續降低金融企業營業稅稅率，擴大營業稅稅基，同時規範稅收政策；在完善營業稅制度的同時，逐漸將增值稅擴展到金融業，為以后的流轉稅制改革創造條件；第二步，在條件成熟時，將營業稅改為增值稅。

我們認為：第一種改革方案在短期內可行且風險不大。但是，若將其作為未來流轉稅制的目標模式，則既不能從根源上消除重複徵稅，也不能從根本上降低金融企業的稅收負擔。第二種改革方案短期內不可行，而且風險較大，但是適合作為遠期目標稅制模式，而當前中國還不具備營業稅改增值稅的成熟條件。從本書第三章的分析可以看出，大多數發達國家僅僅是對附屬金融業務徵收增值稅，而對貸款、銀行帳戶以及貨幣、股票、債券交易等「核心」金融業務都規定免稅。因此，如果要借鑑國外經驗將營業稅改為增值稅，那麼就應當劃分核心金融業務和附屬金融業務，並在徵管過程中區別對待。但基於當前中國金融業的發展階段，短期內還很難做到這一點。所以，從中國當前的實際出發，對金融業的稅

制從根本上進行改變，存在很大的風險。綜合考慮中國金融業的特點，第三種方案較為合理，因為它既能在短期內降低金融企業的稅收負擔並同時規避稅制改革的風險，又能從長遠上規劃更為合理的流轉稅制，徹底消除重複徵稅。

2.4.1.2　銀行業流轉稅的改革措施

近期措施：調整營業稅政策。①下調營業稅稅率。目前中國對金融企業課徵5%的營業稅，在短期內不能實現金融業增值稅普及的情況下，應該繼續下調營業稅稅率。營業稅的下調暫時會減少政府的財政收入，但是這種下調政策會促進金融業的長遠健康發展，從而使得稅基擴大。因此，從長遠來講，營業稅的下調並不會減少財政收入。②調整營業稅稅基。首先是將營業稅稅基由營業收入全額改為營業淨額；其次是對金融企業的受託收款業務按其受託收費減去支付給委託方款項后的余額計徵營業稅；最後是將金融機構往來收入納入營業稅稅基。

遠期措施：改徵增值稅在將來條件成熟時，應當將銀行業的營業稅改為增值稅，使中國的增值稅由生產型增值稅逐步轉型為消費型增值稅，從根源上消除重複徵稅。改營業稅為增值稅，最主要的就是確定增值稅的課徵方法。前面所介紹的國外金融機構對增值稅的多種課徵方法，各有利弊。在改革的過程中，中國應當借鑑其長處，並結合中國稅收實踐，制定出一套既符合中國金融行業實際情況，又能促進金融業健康發展的增值稅體系。

2.4.2　完善銀行業所得稅制度

《中華人民共和國企業所得稅法》降低了金融企業的所得稅負擔，同時使內外資企業所得稅長期失衡的狀態得到了改變。目前金融業所得稅制存在的問題主要是呆、壞帳準備金的提取與扣除問題。

對於呆、壞帳的提取與扣除，我們應當以盡量防止過度徵稅和減輕金融企業稅收負擔為標準。同時在制定具體措施時，要明確以下三點：①怎樣認定呆帳的問題，即是以人為的「經確認」為認定條件，還是以法律規定為認定條件；②何時扣除的問題，即是在發生呆帳損失前扣除，還是在發生呆帳損失時扣除；③怎樣扣除的問題，即是全部扣除，還是部分扣除，扣除比例是多少。

呆帳準備金的計提直接關係到金融企業所得稅稅負的高低，是影響金融業發展的重大問題。

（1）在呆帳認定方面，本書認為對呆帳的認定規定必須要更為細緻、更為

明確。對借款人或擔保人的追償，必須要滿足法律裁定或付款義務人法人資格終止等客觀條件，而不能以人為判斷作為認定條件。

（2）在呆帳何時扣除方面，我們認為應當以「適當比例計提為主，實際呆帳損失為補」為原則。「適當比例計提為主」，就是在發生呆帳損失之前就按照一定的比例稅前扣除；「實際呆帳損失為補」，就是實際發生的呆帳損失超過計提呆帳準備金的部分允許稅前扣除。對於呆帳損失的稅收待遇，大多數國家採用比較典型的兩種方法：一種是特殊準備金法；另一種是衝銷法。特殊準備金法就是對銀行在提取特殊準備金時就給予該項準備金全部或部分的稅收減免；衝銷法就是在銀行提取準備金時不給予稅收減免，待到實際衝銷時才予以減免。兩者的差別不僅僅在於稅收待遇時間上的不同，更在於其所體現的政策意圖不同。特殊準備金法有利於激勵銀行及時足額提取準備金；衝銷法有利於銀行及時核銷呆帳，避免不良資產長期掛帳。在中國目前銀行稅負較重、準備金計提不足、呆帳掛帳現象嚴重的情況下，「適當比例計提為主，實際呆帳損失為補」的方法綜合了上述兩種方法的優點，有利於足額提取準備金，減輕銀行稅負，並及時核銷呆帳。

（3）在呆帳怎樣扣除方面，本書認為應當綜合考慮金融企業的稅負承受能力與資產質量情況，確定合理的扣除比例。同時，要根據過去若干年呆帳貸款的歷史數據、借款人所在行業、借款人的財務及經營管理情況等因素進行合理計提。

參考文獻

［1］傅勇，邱兆祥，王修華. 中國中小銀行經營績效及其影響因素研究［J］. 國際金融研究，2011（12）.

［2］葛兆強.「十二五」時期中國銀行業改革與發展［J］. 金融發展研究，2010（1）.

［3］胡雪琴，陳勇. 改革開放三十年來中國銀行業的發展與變遷［J］. 中國金融，2008（17）.

［4］金成曉，紀明輝. 中國商業銀行公司治理結構與經營績效的實證研究［J］. 稅務與經濟，2006（4）.

［5］李建軍，武岩，葉蓁.「十二五」經濟轉型之際，探尋中國銀行業發展之路——「第四屆中國銀行業博士后論壇」綜述［J］. 國際金融，2011（1）.

［6］劉遠亮，張華. 外資銀行進入影響中資銀行經營績效的實證分析［J］. 金融與經濟，2009（8）.

［7］劉豔妮，張航，鄺凱. 商業銀行股權結構與經營績效的關係——基於上市銀行的實證分析［J］. 金融論壇，2011（7）.

［8］婁全. 上市公司稅負及其影響因素分析——來自滬深股市的經驗數據［J］. 財會通訊，2007（3）.

［9］陸君平，汪慧姣. 銀行業稅負比較分析及其對銀行經營績效的影響［J］. 財政研究，2008（2）.

［10］彭少紋，尹靜. 中國銀行業的現狀與發展趨勢預測［J］. 中國集體經濟，2011（34）.

［11］尚福林. 中國銀行業的改革發展方向［J］. 中國金融，2012（3）.

［12］譚興民，宋增基，楊天賦. 中國上市公司股權結構與經營績效的實證分析［J］. 金融研究，2010（11）.

［11］王婧. 對后危機時代中國銀行業發展變革的思考［J］. 中國證券期貨，2012（6）.

［12］曾富全，呂敏. 西部開發稅收優惠效果與北部灣經濟區選擇——以廣西上市公司稅負水平為實證分析［J］. 學術論壇，2009（4）.

3 中國保險業稅制發展分析

3.1 中國保險業的發展

新中國成立以後,中國保險業的發展可謂跌宕起伏,經歷了新中國成立初期的起步,到 20 世紀六七十年代的低谷,最后到現在的快速發展過程。

3.1.1 中國保險業的改革歷程

保險業作為中國經濟社會發展的「晴雨表」,中國保險業 60 年的足跡,從一個側面印證了中國經濟社會由弱到強、一步步走向輝煌的發展史。以改革開放、《中華人民共和國保險法》的實施及中國加入 WTO 為界限,保險業大體經歷了四個發展階段。

3.1.1.1 1949—1979 年:保險業的曲折發展階段

新中國的成立徹底摧毀了帝國主義對中國保險市場的壟斷,從而揭開了中國保險史的嶄新一頁,使保險事業發展納入社會主義軌道,為社會主義建設事業和人民福利服務。改革開放前的中國保險業可分為舊保險業的整頓改造期、人民保險事業的蓬勃發展期和國內保險業務中斷期三個時期。

(1) 舊保險業的整頓改造期(1949—1952 年)

1949 年上海解放后,設立了保險組,專門負責接管官僚資本的保險機構和管理私營保險公司。當時復業的華商保險公司有 63 家,外商保險公司 42 家。隨著國營外貿系統和新的海關建立,外商保險公司招攬不到業務,到 1952 年,外商在華保險公司全部退出中國保險市場。

(2) 人民保險事業的初步發展期(1952—1959 年)

1952—1959 年,經過中國人民保險公司的努力,中國保險業邁開了第一步。

在全國總收入只有 200 多億元的情況下，中國人民保險公司共收取保費 16 億元，支付賠款 3.6 億元，累積保險資金 4 億元，為國家創造稅收 5 億多元。在這一時期裡，社會主義保險事業取得可喜的成就，完成了對私營保險業的社會主義改造任務，在全國範圍內建立了比較完整的社會主義保險體系，普遍設立了保險機構，制定了新的規章制度，恢復和開辦了許多業務，並與世界上大部分國家和地區建立了直接或間接的分保關係和貨損、船損檢驗的代理關係。

（3）國內保險業務中斷期（1959—1978 年）

由於對保險的積極作用認識不足，在 1958 年全國人民公社化的高潮中決定停辦國內保險業務，直至 1978 年黨的十一屆三中全會召開，使人員和資料大量喪失，拉大了與國外的差距。

3.1.1.2　1979—1995 年：保險業的恢復階段

作為新中國第一家全國性商業綜合保險公司——中國人民保險公司於 1979 年開始恢復營業，從此中國保險業進入到強勁復甦下的混業經營階段。此階段的特徵為：國資保險公司不斷出現，外國保險公司開始重新進入中國，企業作為投資主體進入保險市場。

（1）隨著中國人民保險公司的業務恢復，交通銀行 1987 年成立保險部，並於 1991 年 4 月組建中國太平洋保險公司，成為中國第二家全國性的保險公司。1988 年 4 月平安保險公司在深圳蛇口區開業，這是中國第一家股份制保險公司，並於 1992 年 6 月更名為中國平安保險公司。從此中國人民保險公司、中國太平洋保險公司和中國平安保險公司三足鼎立的局面開始形成。

（2）1992 年市場經濟改革之後，外國保險公司開始重新進入中國。1992 年 9 月，美國友邦成立上海分公司，是保險市場恢復後進入中國保險市場的第一家外國公司。

（3）保險公司投資主體豐富化，企業資本開始進入保險市場。1994 年 10 月天安保險股份有限公司在上海成立，是中國首家由企業出資組建的股份制商業保險公司。1995 年 1 月大眾保險股份有限公司也在上海成立，成為由企業出資組建的第二家股份制商業保險公司。

在 1992 年之前，保險產品的行銷模式以公司直銷為主而友邦公司將個人代理制引入中國，並且這種行銷模式發展勢頭異常迅猛，隨后保險代理機構也開始出現。恢復階段的保險公司仍是混業經營，但在 1995 年 10 月 1 日實施的《中華

人民共和國保險法》要求財產保險和人身保險分業經營，從而中國保險市場混業經營的局面告一段落，中國保險業進入分業經營的發展階段。

3.1.1.3　1996—2002年：保險業的規範發展階段

為配合《中華人民共和國保險法》的實施及其分業經營的要求，1996年7月中國人民保險公司改組為中國人民保險（集團）公司，下設中保財產保險公司、中保人壽保險公司、中保再保險公司和中保海外機構。從此，中國保險業進入了專業化經營時代。同年，《中華人民共和國保險法》實施后的首批商業性股份制保險公司——泰康人壽保險股份有限公司、新華人壽保險股份有限公司、華泰財產保險股份有限公司等5家保險公司成立。至此，一個以國有保險公司為主體，中外保險公司並存，多家保險公司競爭的保險市場多元化格局初步形成。

1998年11月，中國保險監督委員會（簡稱保監會）成立，為國務院直屬單位，根據國務院授權履行商業保險監督管理職能。保監會的成立是中國保險市場發展和管理規範化的標志。隨著保監會派出機構的逐步建立，覆蓋全國的保險監督體系基本建立。同年，國務院決定將中國人民保險（集團）公司拆分為中國人民財產保險公司、中國人壽保險公司、中國再保險公司和香港中保集團四家完全獨立的保險法人機構。

1999年1月18日，中保財產保險有限公司繼承人保品牌，正式更名為中國人民保險公司；同年3月，中保人壽保險有限公司正式更名為中國人壽保險公司，成為國有獨資的一級法人，直接隸屬於國務院。至此，中國人壽正式獨立登上中國金融保險市場的大舞臺。2001年12月11日中國正式加入世貿組織，對保險業做出「高水平、寬領域、分階段開放」的承諾。保險業逐步進入快速發展階段，保費年均增長達30%。

3.1.1.4　2002年至今：保險業步入高速發展新階段

2003年，中國人壽保險（集團）公司重組設立以來，適應金融綜合經營的發展趨勢，開啓了集團化發展的徵程，中國人壽集團公司和中國人壽股份公司聯合發起設立了中國人壽資產管理有限公司。2006年，國務院第138次常務會議通過了《國務院關於保險業改革發展的若干意見》，充分肯定了中國保險業取得的巨大成績。

到2007年3月底，中國保險業總資產達到2.24萬億元，距離突破1萬億元大關僅3個年頭。截至2011年12月底，保費收入為14.34萬億元，中國保險業

進入高速發展階段。此階段的發展特點有以下三點：

（1）中國保險公司海外成功上市。加入 WTO 後，中國保險業對外開放將從試點階段進入全面開放的新時期，同時中國保險公司也開始了海外上市的步伐。如 2003 年 7 月，中國人保控股公司在紐約、香港成功上市；2003 年年底中國人壽保險（集團）公司和中國人壽保險股份有限公司也在紐約、香港成功上市。中國保險公司在海外成功上市，為中國保險行業引入大量境外資本。

（2）保險對外開放程度加大。2003 年年底開始，對外國非壽險公司在華設立公司取消限制。同時，除有關法定保險業務外，向外資非壽險公司放開所有業務限制。至 2004 年 5 月底，中國保險業總資產已突破 1 萬億元大關。2004 年 12 月 11 日中國保險業入世過渡期完成，保險業進入全面對外開放的新時期，呈現出以我為主、優勢互補、合作共贏、和諧發展的對外開放新局面。

（3）在中國保險快速發展的同時，國家不斷完善制度建設。如：2005 年 12 月發布的《中華人民共和國外資保險公司管理條例》；2006 年 4 月發布的《保險行銷員管理規定》；同年 6 月發布的《國務院關於保險業改革發展的若干意見》（又稱「國十條」）等。

3.1.2　中國保險業面臨的挑戰

改革開放特別是黨的十六大以來，中國保險業的發展取得了舉世矚目的成績，在取得成績的同時，中國保險業實現了兩個根本性的轉變：一是通過市場化改革，引入競爭，極大地增強了行業的活力與動力，豐富了保險產品，擴大了服務領域，增強了行業的資本實力。二是通過迴歸金融，保險業實現了從負債管理向資產負債管理的轉變，極大地增強了行業的核心競爭力和風險管控能力，通過發揮保險的融資功能有力地支持了國民經濟發展。

當前，中國保險業正處於戰略機遇期，但在國際金融體系劇烈變革和全球經濟增長模式變化的情況下，也面臨著資本收益率中長期下降趨勢和金融業去槓桿化等諸多挑戰。

3.1.2.1　后金融危機時代保險業面臨著全球宏觀經濟運行的影響

全球市場流動性過剩、通貨膨脹預期的加劇將會抑制前期各國刺激計劃努力的效果。為控制流動性和通貨膨脹，全球步入加息通道在所難免。基於目前較低的資本成本和債券收益率，保險業經受著保費下降、利潤減少的困難。與此同

時,仍有很多不利因素和不確定因素影響保險業的發展,例如:稅收優惠計劃收緊使企業成本上升;保險監管要求更充足的資本和償付能力;以美、歐、日等為主的保險市場發展緩慢,一定程度上對保險業的發展產生了負面影響,相比之下,新興經濟體的保險市場增長勢頭仍被看好。[1]

3.1.2.2 後金融危機時代保險業面臨著中國經濟轉型所帶來的挑戰

(1)加息和通貨膨脹。①由於保險業目前相當部分資產配置於銀行存款和債券等固定收益類資產,所以投資收益率有望上升。②在通貨膨脹以及利差倒掛的情形下,雖然加息和通貨膨脹對固定結算利率的傳統壽險有負面影響,但因其所占份額約為10%,故其保費收入的波動對行業影響程度有限;同時,具有浮動結算利率功能的萬能險和分紅險等產品,在應對通貨膨脹方面,具有積極作用。③加息和通貨膨脹使各期限的國債收益率均將有所上調,按照新會計準則,這將提高保險責任準備金評估利率,降低準備金提轉差,有利於保險公司淨利潤釋放。④加息也帶來有效業務價值和一年期新業務價值的提高。當然,需要看到,通貨膨脹加劇會影響人們的實際收入水平進而影響消費能力,若預期收入不能保持較快速度增長則會抑制未來的消費。從這種意義上講,通貨膨脹一定程度上會抑制保險業的發展。

(2)轉變經濟發展方式。轉變經濟發展方式是明年經濟工作的主線。為逐步實現經濟增長方式轉變,同時擴大內需戰略,政府將出抬一系列政策,以提高居民消費率和消費水平、改善消費環境、降低居民儲蓄率。雖然保險業近年來穩健發展,但居民保險資產占金融資產的比例不足8%。隨著經濟發展方式的轉變,擴大內需戰略的推進,稅收法律等政策的調整,將正面影響消費觀念與消費傾向,從而促進保險業發展。

(3)收入分配改革。努力扭轉收入差距擴大趨勢是社會穩定的基礎。改變當前收入分配制度,提高中低收入居民的收入,使消費水平提高、消費結構升級、消費意識增強,將影響保險市場的發展。根據S曲線可知,當人均GDP在1,000美元和10,000美元之間時,保險的收入需求彈性最大,保險密度對人均GDP的彈性呈現遞增趨勢,保險的邊際消費傾向在提高。目前中國人均GDP為3,678美元,此時保險的邊際消費傾向大於1,收入分配的改革使人們收入增加

---

[1] 卓志. 2011年中國保險市場發展的研判——基於宏觀經濟與保險形勢[J]. 保險研究, 2011 (1).

的同時帶動了保費的增加。

（4）城鎮化進程。城鎮化進程的推進將改變城鄉收入差距，而隨著中國城市化進程的加快，大量農村人口將轉變為城鎮居民，農村居民城鎮化後收入的提升、家庭財產的增加等生活條件的改善和保險意識的強化，將促使潛在市場擴大和現實保險需求增加，農村蘊藏的保險需求在城鎮化過程中逐步得到釋放，推進拉升總體的保險密度和保險深度。[①]

3.1.2.3　保險行業內部經營管理缺陷的制約

（1）經營管理問題。資金運用能力低，這主要表現在：既懂保險又懂投資的人才十分缺乏，可用資金量受限制較大，尤其是對投資風險較大的證券投資基金、股市的限制更嚴，資金運用的決策水平低。低利潤率由於資金使用效率低下，盈利能力普遍較低。1999年，中國人保、中國人壽、太平洋保險、平安保險四大公司的平均資產收益率只有1.19%，遠沒有達到2.1%的國際行業平均標準，更是低於GDP的增長率。

（2）險種問題。險種創新相對滯後。險種創新能力低，不能根據市場設計出合適的險種，特別是產險市場，險種發展更為緩慢，市場上仍然靠幾個老牌產品支撐局面。中國的險種不合理還有一個重要原因：績效標準不合理，對新險種缺少扶持。中國的保險公司以保費收入作為績效指標，導致只重視收入不注意效益。新險種保費收入在推廣初期必然有限，而業務人員不願將精力放在新險種的推廣上，使得新險種得不到有效的扶持。

（3）償付能力問題。長期以來，中國壽險產品的預定利率一直是以銀行利率為主要參照物。改革開放以來，銀行利率一度居高不下，受此影響，壽險產品預定利率普遍較高，曾一度達8.8%以上的年複利。隨著銀行存款利率先後7次下調，年息定期存款利率由10.98%下調到2.25%。保險產品在銷售時承諾了高利率，而資金運用卻以銀行存款為主。這樣，高預定利率產品因利率下調給保險公司形成了巨額的利差損。這是償付能力不足的第一個重要原因。償付能力不足的第二個重要原因是因為保險公司的自有資本不足。自有資本不足也使得這些保險公司的財務風險很高。中國國際金融公司發表的一份研究報告指出，償付能力不足是中國保險業的核心問題，而資本金不足是導致償付能力不足的重要原因。

---

① 卓志. 2011年中國保險市場發展的研判——基於宏觀經濟與保險形勢［J］. 保險研究，2011（1）.

償付能力不足的第三個原因就是在經濟過熱時期，由於管理上的松散，制度上的不健全，層層占用大量的資金，搞投資貸款、辦三產、做房地產等，形成的不良資產和非生息資產影響了保險公司的償付能力。[1]

3.1.3 中國保險業的發展戰略[2]

中國保險業經過「十一五」時期快速發展，綜合實力迅速提升，並已成為全球重要的新興保險市場。中國保險業的發展將隨著中國經濟增長而快速發展。中國經濟總量的增長會帶動保險產品和服務市場容量擴大，今后中國保險業將處在快速發展階段，保險業將處於大有可為的戰略機遇期。

3.1.3.1 民生領域是保險業發展的「優績股」

「十二五」規劃建議把民生問題提到空前的高度，相關政策為保險業發展帶來了空間。一方面，國家的重視和政策的傾斜為保險業發揮社會管理職能，參與和諧社會建設與民生工程創造了良好的外部環境；另一方面，收入分配機制的調整，百姓手中可供支配的錢多了，保險市場自然也就擴大了。因此，服務民生領域將成為「十二五」期間保險業最重要的業務增長點之一。在這一領域，保險業可參與社會保障體系建設、平安社會建設和災害管理機制建設等，通過發揮保險業在風險管理和防災防損方面的專業技術優勢，協調政府部門開展災害預警、預防和救災工作。

3.1.3.2 緊緊抓住科技創新領域保險投資雙贏

「十二五」期間，中國將下大力氣推進自主創新與產業升級，推動產業由規模優勢向技術優勢轉變。科技創新產業投資大、週期長，這其中蘊含著巨大的風險和不確定性因素。這也就為保險業發揮經濟補償、資金融通功能提供了機會。在此期間，保險行業將大有作為。保險業可以針對科技企業研發、生產、銷售、售后服務等多個環節提供新的保險產品，同時可以擴大保險資金投資運用領域，增加科技企業資金的供給，這是個雙贏的局面。

3.1.3.3 空間巨大的節能環保領域

資源相對短缺、人口眾多，環境承載能力低是中國的基本國情。加快建設資源節約型、環境友好型社會，提高生態文明水平，已經成為「十二五」期間的

---

[1] 白玉瑋. 新經濟形勢下中國保險業發展現狀及其未來發展趨勢 [J]. 中國市場, 2011 (1).
[2] 呂佳佳.「十二五」中國保險業的發展與前瞻 [J]. 科技資訊, 2011 (36).

重要任務。在此期間，保險業在針對低碳經濟的新型保險產品研發、環境污染責任險服務拓展、森林保險發展等方面大有可為。

3.1.3.4 「三農」領域是保險的廣闊天地

「十二五」規劃建議提出「必須堅持把解決好農業、農村、農民問題作為全黨工作的重中之重」，把拓寬農民增收渠道、加強農村基礎設施建設和公共服務作為「十二五」期間「三農」工作的重點任務；同時，將提高農業抗風險能力作為一個專門的命題提出，這就給保險業在支持「三農」領域提供了有力的政策保障。我們可以完善政府主導、保險公司商業運作的農業保險經營體系。強化金融對「三農」的資金支持和風險保障作用，使保險業與農村金融機構建立起融資與保險配套合作機制。積極創新「三農」保險產品，提高農村保險覆蓋面等。

此外，《中國保險業發展「十二五」規劃綱要》針對中國現狀還提出，①人身保險需大力發展長期儲蓄型和風險保障型業務，穩步發展投資型業務；②繼續穩步推進保險條款費率市場化，以市場化手段促進保險業發展方式轉變；③規範發展交叉銷售，探索與規範發展電話、網路等新興銷售渠道，構建各金融機構參與的多元化銷售體系；④把創新作為這一時期保險發展與進步的核心口號加以貫徹。也只有不斷地在經營理念、保險產品、組織形式、管理技術、客戶服務、行銷方式等方面進行全面的創新，才能使保險業在整個社會經濟發展的大格局中繼續得到發展，才能使保險企業在激烈的市場競爭中獲得遊刃有余的生存空間。

3.2 保險業稅制的國際比較與借鑑

稅收政策作為一項經濟調控手段在世界各國都普遍被採用。由於保險市場並非是完全競爭市場，存在著市場失靈，如外部性、信息不完全等問題，所以需要政府用「有形的手」加以干預。本部分將在對典型國家的保險稅制比較的基礎上，加以借鑑，對完善中國保險稅制提供有價值的參考。

3.2.1 保險業稅制的國際比較

3.2.1.1 流轉稅制的國際比較

本部分主要選取了美國、英國和日本三個發達國家的流轉稅製作為借鑑。

表 3-1　　　　　　　　　　主要發達國家流轉稅制概況

國別	徵稅對象	稅率	其他規定
美國	州保費稅實行的是屬地主義原則，各州規定各有區別，有的州對保險總收入徵稅，但是大多數州只對淨收益徵稅。	一般保險稅稅率均在 4% 以下，對壽險的稅率一般在 3% 以下。	對壽險業務區分險種制定稅率，分別計徵。其中：①各州對財產保險業務計徵的保費稅，根據險種分類徵稅，平均稅率為 2%~3%；②各州對生命和健康業務徵收的保費稅也有區別，對從本州境內取得的保費收入要區分註冊地。對在本州註冊的保險公司適用的保費稅率在 2% 和 4% 之間，而對在外州註冊的保險公司保費稅率在 0.75% 和 4.28% 之間。
英國	毛保費收入總額	稅率為 4%	這裡的毛保費總額是已經扣除了水險、壽險、出口信用險、養老險、國際貨運險、航空險等保費收入後的餘額。英國的保費稅是國家通過保險公司向消費者徵收的稅。具體做法是由保險公司加計在每份保單的保費之中。
日本	保費收入的一定比例	主要包括住民稅和事業稅。住民稅稅率為有差別的定額稅率；事業稅基本稅率為 1.5%。	人壽保險公司需要交納的流轉稅主要是地方稅，有法人住民稅和事業稅。法人住民稅由地方政府負責徵收，共分為 5 個檔次；各險種的應稅稅基差別明顯：團體保險以保費收入的 16% 為稅基，儲金保險以保費收入的 7% 為稅基，個人保險以保費收入的 24% 為應稅稅基，團體年金保險以保費收入的 5% 為應稅稅基，運輸保險是以純保費收入的 45% 為計稅依據的。

3.2.1.2 所得稅制的國際比較

本部分主要選取了美國、英國和日本三個發達國家的所得稅製作為借鑑。

表 3-2　　　　　　　　　主要發達國家所得稅制概況

國別	計稅依據	稅率	其他
美國	承包利潤、營業外利潤和其他業務利潤等。	八級超額累進稅率，稅率為 25%~35%。	美國為了鼓勵小型保險公司的發展，對小型保險公司給予了很多稅收減免政策。比如，對於資產少於 5 億美元的小型人壽保險公司給予稅收優惠，允許在應稅收入的基礎上進行一定的扣減。
英國	以保險企業的淨所得為應納稅所得額，包括承保利潤、營業外利潤以及其他業務利潤。	保險公司的企業所得稅的標準稅率為 30%；對利潤小於 30 萬英鎊的保險公司，稅率為 20%；對於公司總利潤在 30 萬~150 萬英鎊之間的保險公司，稅率也會隨之相應地提高；此外，小型保險公司仍適用 10% 的企業所得稅稅率。	
日本	各種所得，包括退休年金基金、清算所得、經營所得等。	基本稅率為 30%	對資本總額在 1 億日元以下的中小保險企業，年應納稅所得額超過 800 萬日元的部分，適用企業所得稅稅率為 30%；年應納稅所得額在 800 萬日元以下的部分，適用的企業所得稅稅率為 22% 的優惠。

3.2.2　國外保險業稅制的借鑑與啟示

（1）流轉稅率較低。美、英、日等發達國家對本國的保險業務收入徵收流轉稅的稅率一般都在 3% 以下，並對壽險收入給予更低的稅率優惠，這樣做是因為保險企業是一國國民經濟的基礎產業，它的發展直接影響著整個國民經濟的穩定，所以政府給予適當的稅收照顧，是促進經濟發展的必要手段。同時，流轉稅計稅依據較低。我們通過對美、英、日等國家的保險稅制的具體分析，不難發現，它們對流轉稅的計稅依據都做出了這樣的規定，即對保險企業的毛保費收入的一部分徵收營業稅，而不是對保費收入總額徵稅，這樣在一定程度上就減輕了納稅人的負擔。

（2）所得稅區別對待。保險企業實施的稅率按企業規模的不同分為幾檔，一般對小型保險企業都給予了稅收優惠政策。相比之下，中國企業所得稅稅率較為單一。

（3）對保險企業徵稅要區分不同的險種。上述幾個國家在對壽險業務和非壽險業務的稅收規定上是存在明顯區別的，它們都對壽險業務收入給予了更多的稅收優惠；同時，部分國家還對需要提高供給量的險種規定了較高的費用扣除標準，縮小其計稅依據，減輕稅負，從而鼓勵了該部分保險產品的供給，促進了保險市場結構的均衡。

3.3 中國保險業稅制評析

3.3.1 保險業稅制的發展歷程

自 1980 年以來，在中國保險企業的稅收制度經歷了不斷發展與完善的過程，大體可分為以下環節（見表 3-3）[1]：

表 3-3　　　　　　　　中國保險企業稅制發展歷程

階段	特點
1980—1982 年為第一階段	當時中國剛剛恢復保險業務，所以發展規模很小，需要留足準備金，所以國家出抬了相應的規定「待留足保險基金以後再上繳財政」。所以，這一時期的保險稅收制度就是留足總準備金，餘額全部上繳國家。
1983—1986 年為第二階段	從 1983 年起，中國人民保險公司每年必須向國家交納的稅種包括營業稅、所得稅和調節稅，稅率分別為 5%、55% 和 20%（1985 年改為 15%）。
1987—1993 年為第三階段	在這個階段中，由於保險公司所繳納的所得稅和調節稅都變成了中央收入，這樣就相應地減少了地方財政收入。為了減少地方財政和中央收入之間的矛盾，中央提出了中央和地方各享有 50%的所得稅和調節稅的規定。

---

[1] 胡鳳忠. 中國保險業稅收制度現存問題及改革思考 [D]. 長春：吉林大學，2009.

表3-3(續)

階段	特點
1994—1996年為第四階段	1994年取消了保險企業的固定資產調節稅。同時，在所得稅制方面又實行了有差別的所得稅稅率，其中，人保集團的所得稅稅率為55%，太平洋保險公司和平安保險公司稅率為33%，外資保險公司所得稅稅率為15%。
1997—2003年為第五階段	在2000年之前，中國加大了營業稅徵收的力度，保險業的營業稅稅率提高到了8%的水平。后在2001年開始中國每年降低一個百分點的營業稅稅率，直到2003年1月1日起，中國營業稅稅率降到5%。
2004—2007年為第六階段	自2004年開始，中國保險業的所得稅稅率統一為33%，但營業稅稅率沒變化。
2008年至今為第七階段	自2008年開始，中國實現兩稅合併，中外企業的所得稅稅率統一起來，同為25%，改變了中外保險企業稅收制度的不平等現象，有利於保險業的公平競爭和發展。

目前，在中國現行保險稅制下，保險企業涉及的稅收主要有營業稅、企業所得稅、印花稅、房產稅等。營業稅和企業所得是中國保險企業的主體稅種。

3.3.1.1 營業稅規定

根據財政部、國家稅務總局有關《中華人民共和國營業稅暫行條例》的規定，現將涉及保險企業的稅收法規總結如表3-4所示。

表3-4　　　　　　　　　保險業營業稅的有關規定

稅制要素	具體規定	條例解釋
納稅義務人	在中華人民共和國境內提供應稅保險服務的單位和個人。	保險勞務包含境內保險機構為境內標的物提供的保險，不含為出口貨物提供的保險；境外保險機構以在境內的物品為標的物所提供的保險。
扣繳義務人	分保險業務，其應按稅額以出保人為扣繳義務人。	
稅目及稅率	金融保險業；5%	保險是指通過契約形式集中起來的資金，用以補償被保險人的經濟利益的活動。

表3-4(續)

稅制要素	具體規定	條例解釋
計稅依據	保險業務營業額	包括：辦理出保業務為向被保險人收取的全部保險費；儲金業務採用儲金平均餘額乘以人民銀行公布的一年期存款月利率；應收未收保費，核算期內收回的，應並入營業額，未收回的可減除；無賠償獎勵業務以實際收取的保費為營業額；分包業務以全部保費減去分保保費後的餘額為營業額。
稅收優惠規定	一年期以上返還性人身保險業務的保費收入免徵營業稅；保險公司的攤回分保費用、追償款不徵營業稅；農牧業保費收入免徵；個人投資分紅業務免徵。	人身保險業務包括普通人壽保險、健康保險、養老金保險。
納稅期限	一個月	

3.3.1.2 企業所得稅的規定

企業所得稅是對中國境內的企業和其他取得收入的組織的生產經營所得和其他所得徵收的所得稅。保險企業作為中國境內的盈利組織，自然便成為中國企業所得稅的納稅義務人。具體規定總結如表3-5所示。

表3-5　　　　　　　　保險企業所得稅有關規定

稅制要素	具體規定	條例解釋
納稅義務人	中國境內的保險企業	
計稅依據	保險公司調整後的應納稅所得額	應納稅所得額等於收入總額扣除不徵稅收入、免稅收入、各項扣除以及以前年度虧損。
稅率	25%	基本稅率為25%，低稅率為20%。
稅收優惠	參照企業所得稅優惠的一般規定	企業所得稅法有關優惠的一般規定適用於保險企業的優惠規定。其中：原享受15%的優惠稅率的外資保險公司，允許其在新稅法實施後5年內逐步過渡到法定稅率（25%），並且原享受「五免五減半」和「兩免三減半」優惠的外資保險公司，新稅法實施後繼續按原稅法規定的優惠辦法及年限享受到期滿為止。
納稅期限	按年計徵，分月或分季預繳，年度匯算清繳，多退少補	

3 中國保險業稅制發展分析

3.3.2 保險業稅制發展趨勢的實證分析

3.3.2.1 保險業稅收收入變化趨勢

根據現行稅法的相關規定，中國目前涉及銀行業的稅種主要有增值稅、營業稅、企業所得稅（包括內資企業所得稅和外資企業所得稅）、城市維護建設稅、房產稅、印花稅、城鎮土地使用稅、土地增值稅、車輛購置稅等。由於金融行業在 2005 年前後統計口徑的差異①及本書簡化分析②的需要，實證分析的數據來源於 2006—2010 年稅務年鑒分稅種分行業的統計數據表。

從圖 3-1 中可以看出，自 2006 年以來中國保險業稅收總量總體上增長很快，2006 年保險業稅收收入總額約為 121 億元，而到了 2010 年保險業稅收總額為 589 億元，在 5 年之內增長了約 5 倍。2008 年金融危機席捲全球，成為中國金融業包括保險業的轉折點，數量不少的保險公司出現償付能力嚴重不足的現象，保

(萬元)	2006	2007	2008	2009	2010
除個人所得稅以外的保險業稅收收入總額	1,208,121	2,397,205	3,665,762	4,061,490	5,889,273

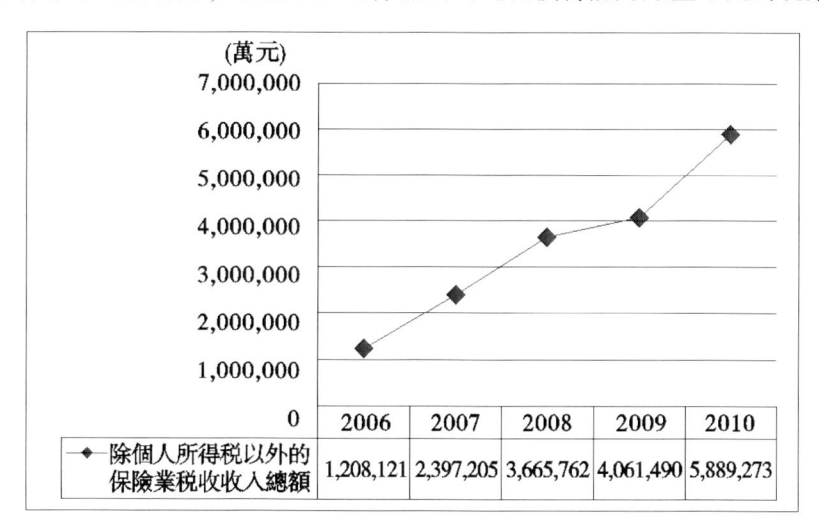

圖 3-1 保險業稅收總額變化趨勢

資料來源：根據中國稅務年鑒歷年數據整理而得。

---

① 在 2005 年之前稅務年鑒只統計金融大類分稅種徵收的各項稅額，並沒有細化到金融業內部各行業分稅種徵收稅額的情況。

② 從實際的情況來看，對銀行業課徵的稅收主要是流轉稅、所得稅，因此，本書結合有關的統計年鑒數據將銀行業所涉及的十幾個稅種合併整理為流轉稅（包括增值稅、營業稅）、所得稅（包括內資企業所得稅和外資企業所得稅）、其他各稅種（包括城市維護建設稅、房產稅、印花稅、城鎮土地使用稅、土地增值稅、車輛購置稅等）。

險業稅收收入總量增速下降，也可以反應出這一行業在2008—2009年的發展態勢。之后的2010年保險業迅速走出金融危機的陰影，反應在稅收總額上表現為2010年保險業稅收總額達到最高，稅收增速也大約恢復到金融危機之前的水平上。

3.3.2.2 保險業稅收結構變化趨勢

通過對稅收總量進行分析，僅能從宏觀上整體把握保險業稅收發展趨勢，尚不能反應出保險業稅收結構變化趨勢。從表3-6及圖3-2中可以反應出各稅種對保險業稅收總額的貢獻情況。

表3-6　　　　　　歷年保險業各稅種結構變化趨勢　　　　　　單位：萬元

年份	除個人所得稅以外的保險業稅收收入總額	流轉稅	所得稅	其他各稅種
2006	1,208,121	909,809	190,267	108,045
2007	2,397,205	1,708,291	443,858	245,056
2008	3,665,762	1,701,673	1,171,936	184,806
2009	4,061,490	1,764,878	1,105,773	222,809
2010	5,889,273	2,405,209	1,771,682	265,050

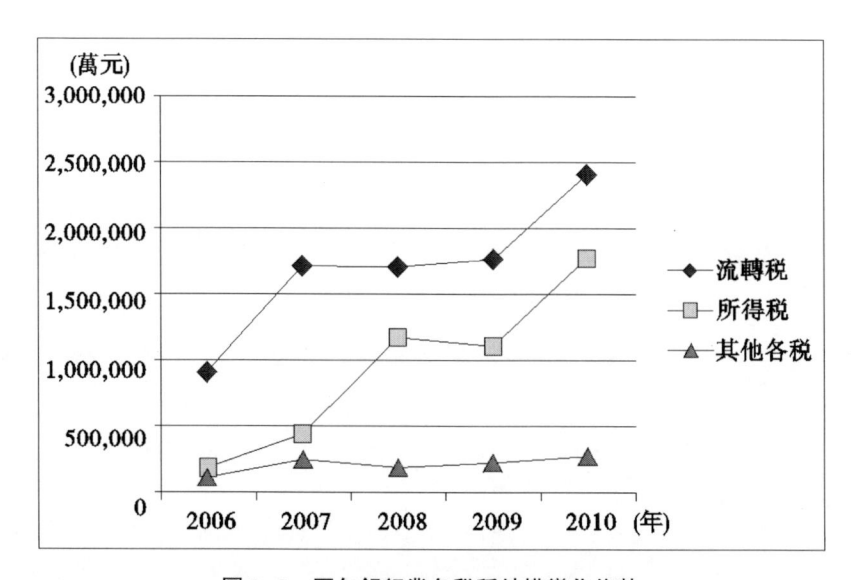

圖3-2　歷年銀行業各稅種結構變化趨勢

資料來源：根據《中國稅務年鑒》歷年數據整理而得。

3 中國保險業稅制發展分析

從圖 3-2 中可以看出，保險業中流轉稅、所得稅及其他各稅種收入隨著中國宏觀經濟形式的不斷發展變化，總體上處於增長狀態。其中：流轉稅的增長幅度最大；企業所得稅增幅略小於流轉稅的增幅，排在第二位；而其他各稅種的增長最為平緩。圖 3-2 中三條曲線的變化趨勢也表明了保險業中流轉稅、所得稅及其他各稅種的增長路徑方面差異是明顯的。其中，流轉稅在 2007—2009 年這三年內，增長極為緩慢，幾乎呈現零增長狀態。而同期的企業所得稅，總體上處於增長狀態，雖然受金融危機的影響，2009 年保險業企業所得稅總額略有下降。

圖 3-3 描述了各稅種對整個保險業稅收收入貢獻情況，可以進一步分析保險業不同稅種對稅收總額的相對變化趨勢。

(%)	2006	2007	2008	2009	2010
流轉稅占比(%)	75.31	71.26	46.42	43.45	40.84
所得稅占比(%)	15.75	18.52	31.97	27.23	30.08
其他各稅種占比(%)	8.94	10.22	5.04	5.49	4.50

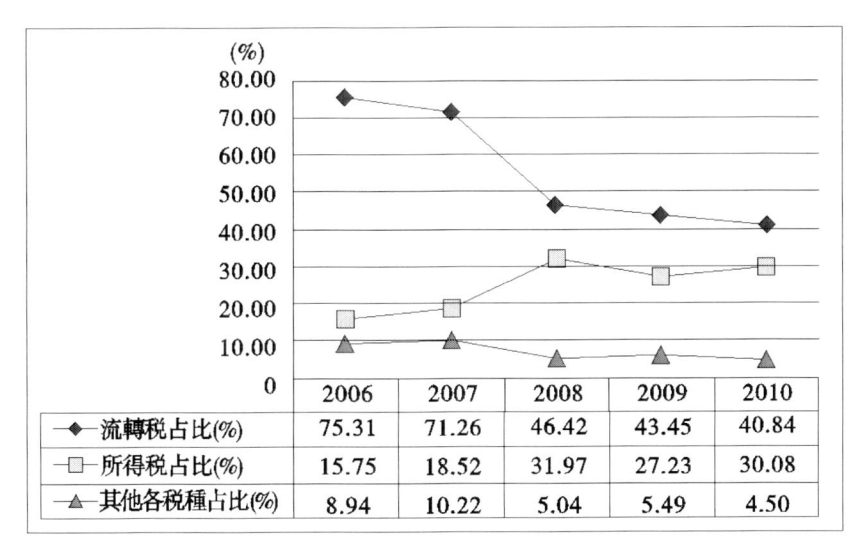

圖 3-3　歷年保險業各稅種對稅收總額的貢獻率

從圖 3-3 中可以看出，流轉稅的稅收貢獻率最大，最高時為 75%，最低時候也達到 40%；所得稅的稅收貢獻率排在第二位，最高時為 32%，最低時為 16%，其他各稅種的貢獻率最低。從流轉稅、所得稅及其他各稅種曲線的波動情況來看，流轉稅的波動幅度最大，且稅收貢獻率處於逐年下降的狀態；而所得稅的波動幅度次之，稅收貢獻呈現出逐年上升的狀態；其他各稅種的波動幅度最小，在 10% 以內波動，稅收貢獻也處於不斷下降的態勢。這三條曲線的變動情況體現了不同稅種對稅收貢獻的差異性。

3.3.3 稅收對保險業發展影響的實證分析

3.3.3.1 保險業稅收負擔變化趨勢

首先需要說明的是數據來源與樣本選取，本書涉及的數據採用了《中國保險統計年鑒》的數據，主要包含了 1998—2008 年的 86 家保險企業。在數據選取時，剔除了以下樣本：①年度內數據有缺失的企業；②年度內實際稅率小於零的企業；③計算過程中，分子、分母非正數的企業。其次為所採用的研究方法，本書主要採用描述性統計分析、迴歸分析等數理統計方法，從總量和結構兩個方面對中國保險企業的稅負問題進行探討。在計算保險企業的實際稅負率時，採用以下公式：

$$平均實際稅率 = \frac{企業所得稅 + 營業稅及附加}{稅前利潤 + 營業稅及附加}$$

1998—2008 年，中國保險行業平均實際稅率的變化趨勢如圖 3-4 所示。

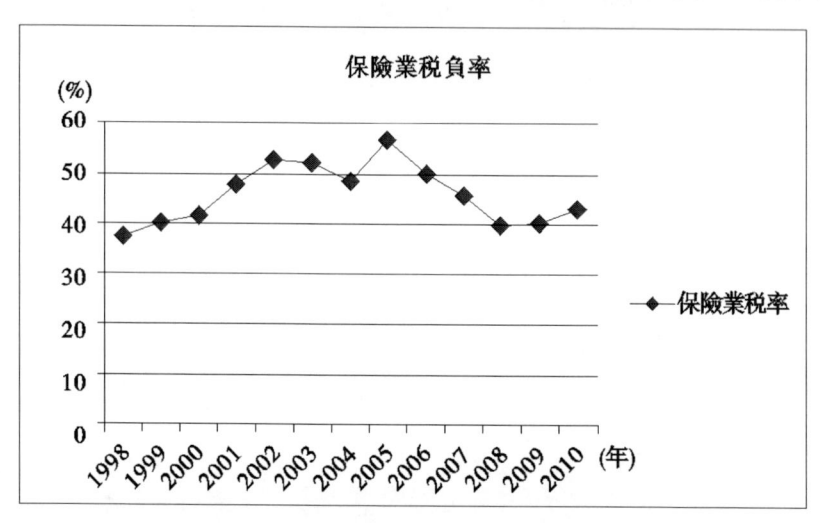

圖 3-4　中國保險企業平均實際稅率趨勢

從圖 3-4 中可以看出，1998—2002 年，保險企業的平均實際稅負率不斷上升，至 2002 年達到最高點 52.6%，之後開始下降，至 2005 年又有所上升，達到新的最高點（約為 56.5%）。此後保險企業的稅負水平一直處於不斷下降趨勢，至 2008 年，實際稅負下降到 39%。

中國自 2001 年以來逐年下調保險業的營業稅，由 8%下調到了 5%，之後保

持在5%的水平。2004年開始,中國保險行業內部統一所得稅稅率為33%,較之前的差別所得稅稅率,稅負有所下降,所以自2005年以後稅負水平開始出現不斷下降趨勢。2008年,中國實行兩稅合併,統一內、外資企業所得稅稅率為25%,使得保險行業的實際稅負水平繼續下降。

3.3.3.2 稅收對保險業經營績效影響的實證分析

在對中國86家保險企業稅收負擔描述性統計分析的基礎上,我們將運用計量模型進行迴歸分析的方法來研究稅負對3家上市保險企業經營績效的影響。主要原因是上市保險企業報表數據相對公開透明,雖然只有1998—2010年上半年的中國平安保險企業、中國人壽保險企業以及太平洋保險企業3家企業,但是本節選取淨利潤作為上市保險企業經營績效的衡量指標,以淨利潤為因變量,並以企業的總資產和實際稅負率兩個影響因素作為自變量,運用面板數據構建模型,通過Eviews軟件進行迴歸分析,得出實際稅負率對企業淨利潤的影響程度。

為實現模型的正確構建,需要對模型涉及的變量和選取的數據進行說明。我們將選用各企業的每年淨利潤的對數作為被解釋變量Y,以每年的實際稅負率和總資產的對數分別作為解釋變量X_1和X_2。具體數據如表3-8所示。

表3-8　　　　　　　　上市保險企業經濟變量與數據匯總表

企業 年度 變量	中國平安			中國人壽			太平洋		
	Y	X_1	X_2	Y	X_1	X_2	Y	X_1	X_2
1998	6.054,111	-0.674,67	10.390,79	6.114,213	-0.612,48	11.477,82	5.147,378	-0.221,88	9.792,402
1999	6.284,656	-0.773,57	10.715,21	6.173,474	-0.768,59	9.484,718	5.302,708	-0.229,41	10.080,70
2000	7.381,502	-1.134,69	11.071,15	6.827,759	-1.077,19	11.981,48	5.603,115	-0.257,88	10.357,95
2001	7.473,637	-0.932,06	11.459,85	6.626,082	-0.896,22	12.305,76	6.734,532	-0.834,75	8.923,904
2002	7.509,335	-0.802,36	11.882,80	6.703,372	-1.238,49	12.611,19	6.473,366	-0.644,65	9.260,739
2003	7.652,546	-1.084,72	12.118,11	5.585,674	-0.621,84	13.029	6.244,691	-0.461,47	9.577,577
2004	7.866,37	-1.083,39	12.384,08	7.978,9	-2.082	12.918	*	*	*
2005	8.113,256	-1.279,85	12.571,07	8.604,471	-2.567,96	13.165,04	6.819,339	-0.467,56	11.945,97
2006	8.922,125	-1.608,15	13.046,10	9.580,455	-1.662,23	13.496,79	7.175,49	-0.516,29	12.221,40
2007	9.653,808	-1.335,88	13.386,42	10.250,51	-1.382,59	13.704,13	8.863,474	-1.087,88	12.641,12
2008	*	*	*	9.866,512	-2.506,72	13.801,28	7.888,71	-2.214,40	12.666,67
2009	9.156,518	-0.723,89	13.749,06	10.405,35	-1.467,40	14.017,05	8.919,052	-1.008,82	12.892,16
2010.6	9.196,85	-1.156,83	13.847,88	9.804,496	-1.668,05	14.091,85	8.311,398	-0.956,41	11.253,62

需要特殊說明的是，正如前文所述，對於部分年份實際稅負率小於零以及分子、分母小於或等於零的數據，應予以剔除。所以在表3-8中，我們剔除了中國平安保險企業2008年的數據以及太平洋保險企業2004年的數據。

(1) 平穩性檢驗

由於面板數據涉及了時間序列，所以有必要在模型迴歸之前對有關變量做平穩性檢驗。如果變量不平穩，直接迴歸的結果往往是偽迴歸，缺乏對現實的說服力，不能用以解釋經濟現象，所以首先必須進行單位根檢驗。

對於面板數據的單位根檢驗相比時間序列與截面數據比較複雜，單位根檢驗的模式有三種：帶趨勢截距項、帶截距項和NONE。其檢驗方法主要有LLC、IPS、Breintung、ADF-Fisher、PP-Fisher五種。通常在實際操作中，為簡便只採用LLC和ADF-Fisher兩種檢驗方法，如果兩種方法得到的結果均拒絕原假設，則認為變量是平穩的，否則，變量不平穩。同時，只要三種檢驗模式中有一種模式檢驗結果證明平穩，則認為變量平穩。

通過Eviews軟件的操作，得到如下結果：

第一，被解釋變量Y的平穩性。

由表3-9可知，被解釋變量Y的LLC和ADF－Fisher Chi-square的P值均大於顯著性水平0.05，所以應拒絕原假設，說明變量Y是平穩的。

表3-9　　　　　　　變量Y的平穩性檢驗結果

變量Y			單位根檢驗	
原假設：存在單位根過程				
方法	統計量	P值.**	橫截面	樣本
LLC	-0.270,94	0.393,2	3	32
IPS	1.180,28	0.881,1	3	32
PP	1.618,78	0.951,2	3	32
ADF	1.670,61	0.947,4	3	32

第二，解釋變量X_1的平穩性。

由表3-10可知，解釋變量X_1的LLC和ADF－Fisher Chi-square的P值均大於顯著性水平0.05，所以應拒絕原假設，說明變量X_1是平穩的。

表3-10　　　　　　　　　變量 X1 的平穩性檢驗結果

變量 X1			單位根檢驗	
原假設：存在單位根				
方法	統計量	P 值.**	橫截面	樣本
LLC	0.209,89	0.583,1	3	32
IPS	3.665,86	0.721,8	3	32
PP	2.814,93	0.831,7	3	32

第三，解釋變量 X_2 的平穩性。

由表 3-11 可知，解釋變量 X_2 的 LLC 和 ADF - Fisher Chi-square 的 P 值均大於顯著性水平 0.05，所以應拒絕原假設，說明變量 X_2 是平穩的。

表3-11　　　　　　　　　變量 X2 的平穩性檢驗結果

變量 X2			單位根檢驗	
原假設：存在單位根				
方法	統計量	P 值.**	橫截面	樣本
LLC	-0.210,05	0.416,8	3	32
Breitung	1.443,70	0.925,6	3	29
IPS	1.273,70	0.898,6	3	32
ADF	5.185,12	0.520,3	3	32
PP	5.133,91	0.526,8	3	32

（2）模型的設定

前面已經證明了各個變量都是平穩的，因此接下來便可以直接進行模型的設定與迴歸檢驗。而面板數據的模型主要包括混合模型、變截距模型和變系數模型。所以，我們首先需要通過 F 檢驗，得出此面板數據適合設定的模型。根據計量經濟學的原理，假設變系數模型、變截距模型和混合模型的殘差平方和分別為 S_1、S_2、S_3。其中：F_2 是用以檢驗是否採用混合模型的判斷依據，F_1 是檢驗用變系數模型的判斷依據。如果 F_2 大於給定顯著水平下的臨界值，則認為不能採用混合模型，否則，應採用混合模型。通過 Eviews 軟件操作，得出：

$S_1 = 20.034, 98$

$S_2 = 21.553, 62$

$S_3 = 24.718, 61$

則計算得到 $F_2 = 1.168, 831, 58$，而在顯著水平為 5% 下的臨界值 $F_{0.05}$（6，30）= 2.42，比較得到，$F_2 < F_{0.05}$（6，30），所以應接受原假設，應用混合估計模型：

$$y_i = a + \beta_1 x_{1i} + \beta_2 x_{2i} + u_i$$

（3）混合模型的檢驗

在確定面板數據屬於混合模型之後，下面通過 Eviews 軟件操作，得到估計結果，見表 3-12。

表 3-12 迴歸方程檢驗結果

變量	系數	標準差 r	T 統計量	P 值
X1	-0.765, 210	0.313, 517	-2.440, 729	0.020, 0
C	-0.489, 006	1.311, 661	-0.372, 815	0.711, 6
R 統計量	0.690, 316	因變量均值		7.655, 928
調整后的 R 統計量	0.672, 099	因變量標準差 r		1.489, 023
標準差	0.852, 653	Akaike 訊息準則		2.596, 678
殘差平方和	24.718, 61	Schwarz 訊息準則		2.727, 293
對數似然函數值	-45.038, 54	Hannan-Quinn 準則		2.642, 726
F 統計量	37.894, 67	DW 統計量		1.071, 471
P 值	0.000, 000			

由此，即可以得到迴歸方程：

$$y_i = -0.489, 006 - 0.765, 21 x_{1i} + 0.609, 289 x_{2i} \qquad (3-1)$$

其中，在顯著水平為 5% 的條件下，擬合優度 $R^2 = 0.69$，DW = 1.07，模型迴歸相對較好。

（4）迴歸結果分析及主要結論

從上述迴歸方程可以看出，變量 X_1 對被解釋變量 Y 的影響系數為 -0.765, 21，即是說，稅負率每變動一個單位，將引起企業淨利潤反向變動 0.765, 21 個單位。比如，實際稅負率提高 1%，將使企業淨利潤下降 0.765%。由此可以看出，實際

稅負率對保險企業經營績效確實存在著較大影響的作用，稅負因素是保險企業經營管理中不可忽視的因素，也是國家在發展保險市場時應著力調控的政策關鍵。同時，變量 X_2 對被解釋變量 Y 的影響係數為 0.609,289，即是說，保險企業總資產每變動一個單位將使企業的淨利潤同向變動 0.609,289 個單位，所以保險企業在日常管理營運中應注重自身資產的經營利用以及保值增值。

從實際稅收負擔對中國上市保險企業經營績效影響的實證分析中，我們可以看到：實際稅負率對上市保險企業的淨利潤存在明顯的負效應，稅負率的提高，將導致保險企業淨利潤的明顯下降，這一點與經濟現實及經濟理論剛好吻合。在保險市場的發展歷程中，中國的稅收政策也在不斷地調整，而每次調整都引起了保險企業經營績效的波動；同時，稅收作為國家取得財政收入、調節收入分配的政策手段，它是對企業經營成果的一種分割，必然給企業帶來巨大成本，最終也會影響企業的淨利潤水平。因此，稅收因素是國家調控和企業發展均不可忽視的重要因素。目前在中國保險市場尚不完善的情況之下，必須加大稅收政策改革的力度，為保險市場的發展提供良好的政策環境。

3.3.4 保險業稅制評析小結

3.3.4.1 保險業稅收變化態勢

實證分析表明，自 2006 年以來中國保險業稅收收入總體上增長較快，2006—2010 年保險業稅收收入總額在 5 年之內增長了約 5 倍。此后稅收收入額在 2010 年略有下降。從稅收結構來看，流轉稅、所得稅及其他各稅種對保險業稅收總額的貢獻率都處於一個相對穩定的變化區間之內。流轉稅的貢獻率最大，最高時為 75%，最低的時候也達到 40%；其次為所得稅貢獻率，約占 1/3；最後為其他各稅種的貢獻率，均在 5% 以下。

3.3.4.2 保險業稅收負擔及影響

實證分析表明，1998—2002 年，保險企業的平均實際稅負率不斷上升，至 2002 年達到最高點 52.6%。之後開始下降，尤其在 2008 年《中華人民共和國企業所得稅法》實施後，稅收負擔率的下降幅度較大，實際稅負下降到 39%。

實證研究進一步顯示，稅收負擔（包括所得稅和流轉稅）對銀行經營績效有著反向而顯著的影響；資產規模對銀行經營績效的影響也十分顯著。因而，降低企業稅負，能大幅提高銀行業經營績效水平。

3.4 中國保險業稅制的優化

保險市場是中國市場經濟發展不可或缺的重要組成部分,其發展有利於推動整個金融市場的發展。社會主義市場經濟要求稅收在調節經濟時,應注重法治、公平、效率原則。同樣,稅收政策的三原則(公平原則、效率原則和法治原則)也適用於保險市場。

3.4.1 險業流轉稅制的調整與改革

3.4.1.1 近期調整營業稅

(1)調整營業稅基。目前,中國現行營業稅條例中,明確規定了保險業的營業稅計稅依據為總保費收入,不得扣除任何支出。而其他行業按淨額計稅,相比之下,其稅負明顯較重。保險企業的經營特點是大數法則,通過集中投保人的保費收入,然后用於補償部分投保人的意外或其他損失。保險企業取得的全部保費,並非都歸保險企業所有,它還要發生賠款支出等,並且這種保費收入是一定時期的總收入,具有長期性,在保險企業取得時一次繳稅,缺乏合理性。另外,在國外,很多發達國家保險企業的流轉稅都是採用部分扣除淨額納稅制度的,而不是按保費收入總額納稅,其稅負要低於中國的保險企業。

(2)降低營業稅率。目前,中國保險業的法定營業稅稅率為5%,而一般性企業的營業稅稅率為3%,差別明顯。同時在國際上,主要發達國家的營業稅稅率最高為4%,低於中國營業稅水平,營業稅稅率有很大的下降空間。而且,實踐表明,每次法定稅負率的下降,都會有效地降低保險企業的稅負,促進保險市場的發展。

(3)分險種納稅。目前中國的保險業營業稅稅率統一為5%,沒有考慮內部險種的差異,難以體現國家的政策取向,也阻礙了保險市場的發展。按國際慣例,建議按險種與國家長期發展、與民生和社會保障的關聯程度,來具體實行有差別的稅率政策。保險主要分為財產保險和人身保險,財產保險相比人身保險,可以採用稍高稅率和計稅依據。對於人身保險,稅法規定對於一年期以上的返還性人身保險免徵營業稅,但是這裡的人身險只含普通壽險、健康險和養老金險,

優惠範圍偏窄，因此，還需要進一步擴大人身保險的優惠範圍以及優惠方式，如採用較低稅率、較小的稅基、免徵額與起徵點等優惠措施。另外，在財產保險裡，有關重大自然災害損失保險，如地震險、洪水險等，也應採用低稅率優惠政策。同時，應積極建立對農業保險與農業再保險的稅收優惠支持政策。這也是對關乎民生事業的一種發展和促進。

（4）加大稅收優惠力度。社會保障事業是國家發展的穩定器和減震器。商業保險雖然以營利為目的，但是保險市場的完善也有利於擴大保險的覆蓋面，減小經濟生活中的損失，與社會保障事業相輔相成，國家有必要加大扶持力度。所以，在設計保險業稅收制度時，應該給予一定的稅收優惠，尤其是對那些涉及民生的人身保險和財產保險應給予適當的減稅免稅等特殊照顧，如人壽保險、醫療保險、農業保險和重大自然災害險。

3.4.1.2 遠期營業稅向增值稅改革

目前中國的營業稅仍然給企業造成較重賦稅，由於金融、保險、信託理財、物流，這些行業的中間環節特別多，每一道環節都徵收營業稅，導致服務企業稅負太高，也阻礙了專業化分工。要想改變這一狀況，就必須加快由營業稅向增值稅改革的步伐。在改徵增值稅的同時，可以考慮降低現有17%的增值稅稅率，對於部分小規模保險企業按簡易徵收辦法來管理；同時，對不同險種，可以考慮實行差別稅率或給予稅收優惠，比如對於壽險產品就可以考慮給予更低的稅率，或者給予減免稅優惠。

3.4.2 保險業所得稅制的優化

（1）調整稅基。首先，由於大部分保單具有長期性，保險企業當期取得的保費收入需要在幾年甚至幾十年內合理分攤，而目前中國所得稅法按照當期取得的總保費計算所得稅的方法，有失合理性。其次，由於部分保險產品具有一定的儲蓄性，在投保人當期繳納保費后，規定一定期限之後，將獲得返還或賠付。所以，按現行稅法規定，直接將保費收入計算納稅，而不得將這部分具有儲蓄性的收入作為準備金扣除，或者提留實施稅前扣除。很明顯，這一現狀缺乏合理性。最后，中國目前保險業的準備金提取比例不高，應當適度提高。同時，在計算應納稅所得額時，應允許從納稅年度的收入中扣除當期賠款支出、留存準備金、營業費用及損失等。另外，對於壽險產品，除了允許扣除普通險種規定的項目外，

還應可以扣除死亡賠款、解約退保金、保單分紅等項目。

（2）建立巨災準備金制度。近年來，中國自然災害頻發，急切需要完善保險巨災準備金制度。國際上也有很多國家為鼓勵本國保險業的發展，降低損失，都採用了巨災準備金制度。目前，中國的巨災準備金制度尚未完善，嚴重影響了保險企業風險償付能力，不利於保險業的健康發展，允許企業足額提取巨災準備金並稅前扣除，不僅有利於提高企業的償付能力、降低企業的稅收負擔，也有利於中國重大災害保險產品的發展。

（3）擴大稅收優惠。首先，要針對不同險種制定有區別的優惠政策，由於部分保險產品關乎民生或風險巨大，如人壽保險、醫療保險、農業保險以及重大自然災害險，都需要國家加大政策扶持的力度。在優化現有稅制時，可以考慮利用降低稅率、減小稅基、給予一定的減免稅優惠等措施。其次，也應考慮到地域和規模因素，對於邊遠地區的保險事業要給予更多的支持，對於小規模保險企業也應規定不同的計稅方法，這也是國際通行做法。如英、美等國家，就是按企業的總應納稅所得額來劃分規模等級的。最後，再按照合理的費用扣除率來遞減應納稅所得額，從而大大鼓勵了小規模保險企業的發展，提高了徵管效率。

此外，投保人購買保險產品的保費來源於其個人收入，所以可以考慮允許在計算個人所得稅前，將個人的保費支出從應納稅所得額中扣除，待以後提取保險費時再計入個人收入徵稅。這樣就給消費者帶來了更多好處，會吸引更多對保險產品的需求，進而也會擴大保險企業的稅源。

參考文獻

［1］白玉瑋．新經濟形勢下中國保險業發展及其未來發展趨勢［J］．中國市場，2011（5）．

［2］劉平，劉帥，陳世瑋．中國保險60年發展歷程綜述［J］．湖南財經高等專科學院學報，2010（127）．

［3］繆建民．中國保險業發展中的挑戰［J］．中國金融，2011（3）．

［4］孫乃岩，金喜在．改革開放以來中國保險業發展歷程綜述［J］．現代管理科學，2012（6）．

［5］王穩，王東. 公司治理風險、保險創新與保險業可持續發展——后危機時代中國保險業的創新與發展論壇綜述［J］. 保險研究，2012（1）.

［6］吳定富. 中國保險業的發展道路［J］. 中國金融，2011（13）.

［7］朱駿生. 2011年中國保險市場回顧［J］. 中國保險，2012（1）.

［8］朱駿生. 2012年中國保險市場前瞻［J］. 中國保險，2012（1）.

［9］卓志. 2011年中國保險市場發展的研判——基於宏觀經濟與保險形式［J］. 保險研究，2011（1）.

［10］葉敏婷. 中國保險業發展影響因素實證分析［J］. 湖北財經高等專科學校學報，2012（2）.

［11］田軍，陳偉忠. 中外保險業稅制比較與中國保險業稅制改革路徑［J］. 財貿經濟，2005（2）.

［12］鄔成文. 中國保險稅制研究［D］. 廣州：暨南大學，2007.

［13］姜鑫. 中國保險稅制優化分析［D］. 成都：西南財經大學，2008.

［14］張苗. 中國人壽保險稅收政策研究［D］. 北京：中央財經大學，2008.

4 中國信託業稅制發展分析

4.1 中國信託業的發展

4.1.1 中國信託業的發展歷程

信託與銀行、證券、保險並稱為金融業的四大支柱,其本來含義是「受人之托、代人理財」。按照《中華人民共和國信託法》對信託的定義,信託「是指委託人基於對受託人的信任,將其財產權委託給受託人,由受託人按委託人的意願以自己的名義,為受益人的利益或者特定目的,進行管理或者處分的行為」。

中國的百年信託史大致可以分為三個階段。第一階段始於 1913 年中國出現的第一家信託機構——大連取引所信託株式會社,該信託機構至新中國成立前夕逐漸衰退。第二階段始於 1979 年中國國際信託投資公司成立。其后,大量信託投資公司在各地湧現,信託公司最多的時候有 600 多家,但這一時期信託機構的出現和興起,是作為滿足地方政府和各部委突破國家信貸計劃控制的工具。信託公司既可以從事存貸業務,也可以從事發債業務,還具有實業投資功能,這種業務功能定位,衝擊了金融市場的穩定,助推了經濟過熱,導致了貨幣投放和信貸規模雙失控,於是進行了五次清理整頓。[①] 第三個階段是從 2001 年《中華人民共和國信託法》頒布開始到現在。2002 年《信託投資公司管理辦法》和《信託投資公司集合資金信託計劃管理辦法》出抬,建立了全新的信託制度。

2009 年以來,信託業出現了爆炸性增長,信託業管理的信託資產規模連續 4 年保持了 50% 以上的同比增長率。2009 年為 2.02 萬億元,相比 2008 年的 1.22

[①] 金立新.「中國特色信託」的「去銀行化」需要頂層設計 [N]. 金融時報, 2013-03-25.

萬億元，同比增長65.57%；2010年為3.04萬億元，同比增長50.50%；2011年為4.81萬億元，同比增長58.25%；2012年為7.47萬億元，同比增長55.30%。在2010年首次超過公募基金的規模，2012年又超過保險業的規模，一躍成為僅次於銀行業的第二大金融部門，使信託業成為近10年來增長最快的金融部門。2012年年底，全行業65家信託公司實現利潤總額為441.4億元，與2011年年底相比，增長47.84%，信託業實現了規模和效益的高增長。[①]

在信託行業快速發展的基礎上，信託產品日益豐富。目前信託產品可按產品結構和投資者劃分為資金信託和財產管理信託，其中資金信託又分為單一信託和集合信託。單一信託產品是向某單一投資者提供的信託產品。由於客戶一般為大型機構投資者，由他們決定產品，因此該類產品的收費和佣金收入較低。單一信託產品包括低費率的銀信合作產品、信託貸款，以及客戶指定特定投資規則的產品。集合信託產品是由信託公司為眾多投資者開發的產品。為了吸引投資者，信託公司需要開發和推廣低風險、高回報的產品。因此，這類產品的質量高，同業競爭激烈，佣金也相對較高。從本質上來說，這類產品需要信託公司自己去開發投資者。

中國信託業協會公布的2012年季度信託公司數據顯示，當前信託公司的單一資金信託達到510,228,108.69萬元，占信託資產規模的68.3%，集合資金信託為188,266,768.79萬元，占信託資產規模的25.2%，管理財產信託48,560,584.89萬元，占信託資產規模的6.5%。信託業結構狀況參見表4-1至表4-3。

信託業的發展是適應經濟發展要求的。在當前經濟金融形勢以及政策環境下，信託公司可以為銀行提供通道服務，放大信貸規模，滿足企業融資需求；與地方政府合作，滿足基礎設施建設的融資需求；開發房地產信託產品，促進房地產業發展；開展股票質押融資信託業務，滿足企業融資需求；開展私人股權投資信託業務，滿足企業股權融資需求等，從而促進了經濟的快速發展。

---

① 周小明. 信託業的發展邏輯：制度安排與市場選擇——2012年度中國信託業發展評析［EB/OL］. http://www.xtxh.net/xhdt/14485.html.

表 4-1　　　　　　　　2012 年信託公司主要業務數據　　　　　　單位：萬元

1. 固有資產、權益與利潤						
1.1　固有資產		2,282.08 億元	1.3　經營收入		638.42 億元	
貨幣類資產	餘額	4,741,040	利息收入	餘額	532,264	
	占比	20.78%		占比	8.34%	
貸款	餘額	3,079,257	信託業務收入	餘額	4,719,344	
	占比	13.49%		占比	73.92%	
投資	餘額	13,014,209	投資收益	餘額	909,400	
	占比	57.03%		占比	14.24%	
1.2　所有者權益		2,032.00 億元	1.4　利潤總額		441.40 億元	
2. 信託資產					74,705.55 億元	
2.1　按來源劃分			2.2　按功能分類			
集合資金信託	餘額	188,266,768.79	融資類	餘額	365,115,592.47	
	占比	25.20%		占比	48.87%	
單一資金信託	餘額	510,228,108.69	投資類	餘額	267,762,000.39	
	占比	68.30%		占比	35.84%	
財產管理信託	餘額	48,560,584.89	事務管理類	餘額	114,177,869.52	
	占比	6.50%		占比	15.28%	
3. 資金信託					69,849.48 億元	
3.1　按運用方式劃分			3.2　按投向劃分			
貸款	餘額	299,930,582	基礎產業	餘額	165,018,435	
	占比	42.94%		占比	23.62%	
交易性金融資產投資	餘額	65,927,460	房地產	餘額	68,806,857	
	占比	9.44%		占比	9.85%	
可供出售及持有至到期投資	餘額	122,490,391	證券市場（股票）	餘額	21,300,284	
	占比	17.54%		占比	3.05%	
長期股權投資	餘額	69,231,689	證券市場（基金）	餘額	6,049,535	
	占比	9.91%		占比	0.87%	
租賃	餘額	1,390,261	證券市場（債券）	餘額	53,301,915	
	占比	0.20%		占比	7.63%	
買入返售	餘額	14,576,192	金融機構	餘額	71,343,996	
	占比	2.09%		占比	10.21%	

4 中國信託業稅制發展分析

表4-1(續)

		餘額	54,186,912		餘額	186,118,671
存放同業		占比	7.76%	工商企業	占比	26.65%
其他		餘額	70,761,390	其他	餘額	126,555,185
		占比	10.13%		占比	18.12%
4. 特色業務						
銀信合作		餘額	203,038,716	PE	餘額	4,095,458.2
		占比	27.18%		占比	0.55%
信政合作		餘額	50,155,019	基金化房地產信託	餘額	2,987,821.65
		占比	6.71%		占比	0.40%
私募基金合作		餘額	25,703,966	QDII	餘額	737,400.69
		占比	3.44%		占比	0.10%
5. 證券投資信託						8,065.17億元
一級市場		餘額	836,355	私募基金合作	餘額	22,259,290
		占比	0.93%		占比	24.67%
二級市場		餘額	17,176,359	其他	餘額	67,691,613
		占比	19.04%		占比	75.03%
基金		餘額	1,764,401			
		占比	1.96%			
組合投資		餘額	70,444,714	銀信合作	餘額	69,681,750
		占比	78.08%		占比	77.23%

數據來源：中國信託業協會網站。

表4-2　　　2012年信託公司新增信託項目的運用方式　　　單位：萬元

信託業務類型	新增項目金額	運用方式（金額）								
		貸款	交易性金融資產投資	可供出售及持有至到期投資	長期股權投資	租賃	買入返售		拆出	同業存放	其他
							證券	信貸資產			
集合信託產品	101,606,784	32,591,710	7,652,761	26,236,665	11,621,432	87,838	2,241,611	1,933,121	2,773	4,991,350	14,247,521
單一信託產品	314,726,173	202,942,616	6,473,601	45,327,271	11,533,070	485,711	3,366,580	1,943,630	0	20,112,961	22,540,734
財產	36,930,014										
小計	453,262,971	235,534,327	14,126,361	71,563,937	23,154,502	573,549	5,608,190	3,876,751	2,773	25,104,311	36,788,255

數據來源：中國信託業協會網站。

表 4-3　　　　　　　　2012 年信託公司新增信託項目的投向　　　　　　單位：萬元

信託業務類型	新增項目金額	投向（金額）						
^	^	基礎產業	房地產	證券			金融機構	工商企業	其他
^	^	^	^	股票	基金	債券	^	^	^
集合信託產品	101,606,784	19,684,819	14,965,242	3,631,512	1,287,621	3,908,693	6,789,612	28,160,841	23,178,441
單一信託產品	314,726,173	96,611,706	16,667,146	2,017,186	791,487	4,047,807	23,879,106	115,305,089	55,406,646
財產	36,930,014								
小計	453,262,971	116,296,525	31,632,389	5,648,698	2,079,108	7,956,499	30,668,718	143,465,930	78,585,087

數據來源：中國信託業協會網站。

4.1.2　中國信託業發展面臨的挑戰

雖然近十年信託業呈現平穩快速的發展狀態，但面對當前複雜的世界和國內經濟環境，經歷高速增長后的信託業面臨著發展的諸多挑戰。

4.1.2.1　信託產品供給不足

目前理財產品是信託產品的主體，服務產品嚴重不足，難以滿足市場需求。2012 年體現服務功能的事務管理類信託占全行業信託資產規模的 15.28%，體現信託理財功能的融資類信託和投資類信託則占到全行業信託資產規模的 84.72%；體現固定收益的融資類信託產品占比仍然高達 48.87%，體現浮動收益的投資類信託產品占比僅為 36.71%。理財信託產品的這種結構，難以滿足高端客戶對浮動收益產品的需求，削弱了信託產品的競爭力。長期以來，信託公司的核心能力主要體現為信用風險管理能力，而不是真正的投資管理能力，這對未來的發展是嚴峻的挑戰。[1]

4.1.2.2　信託業競爭的加劇

2012 年下半年開始，監管機構全面放開了資產管理市場，允許證券公司、基金管理公司、保險公司等資產管理機構可以更多地以信託公司經營信託業務的

---

[1] 周小明. 信託業的發展邏輯：制度安排與市場選擇——2012 年度中國信託業發展評析 [EB/OL]. http://www.xtxh.net/xhdt/14485.html.

方式，開展與信託公司同質化的資產管理業務，意味著信託業進入了一個激烈競爭的新時代。在市場既定的情況下，競爭的加劇要求從事信託業務的新老公司，優化發展模式、提供更為多樣適合市場的信託產品、加強風險管理。

4.1.2.3 信託業潛在風險增加

目前中國的信託資產規模由 2008 年年末的 1.22 萬億元暴增至 2012 年年底的 7.47 億元，已超過保險業成為僅次於銀行業的第二金融部門。然而信託業的超速增長，也令信託產品高收益背後的高風險逐步累積。其主要表現為：一是房地產信託兌付風險。由於房地產信託產品發行時市場普遍預期房價會持續走高，所以收益率也高於其他產品，房地產市場持續低迷增加了兌付成本，風險增加，其中中小房地產企業面臨的兌付風險更大。二是信託企業發展不平衡。2012 年為止，中國共有信託公司 65 家，這 65 家信託公司實力懸殊，信託業的兩極分化也越來越明顯，其中小公司在競爭中處於劣勢地位，面臨的競爭壓力也越來越大，可能產生相應風險。三是從流動性的角度看，信託產品的流動性風險是潛在的。由於房地產信託占據非常重要的地位，但房地產項目以及一些基礎設施建設項目具有建設週期長、資金需求量大的特點，這就決定了此類信託產品不能隨便進行資金贖回，否則項目會出現資金缺口。同時，信託法律法規對信託產品轉讓設置了一定限制，要求轉讓的對象必須是機構投資者，且不能對信託產品進行拆分轉讓。四是「馬甲信託」隱藏風險。為了緩解房企資金壓力，一些房地產企業聯合信託公司發行「馬甲信託」，也即為了逃避銀監會監管，以投資工商企業、股權質押、特定資產收益權、礦產等包裝，但實際投向卻是房地產領域。這些馬甲信託的監管卻遊離於房地產信託的監管之外，存在潛在的兌付風險。[①]

4.1.3 中國信託業發展展望

雖然面臨著許多挑戰，但是也有巨大的機遇，有著廣闊的發展空間。未來信託業的健康持續發展需要政府、信託公司和社會多方參與共同推進。

（1）完善監管和配套制度。儘管《中華人民共和國信託法》確立了中國基本的信託制度，為中國信託行業的生存和發展起到了法律層面的有效保護作用，但因其在信託財產獨立、信託生效等規定不盡完滿，特別是最為需要的信託登

---

① 肖麗，陳碩. 時刻警惕信託業風險 [EB/OL]. http://epaper.rmzxb.com.cn/2013/20130423/t20130423_494768.htm.

記、信託稅制、信託業務規範、信託受益權交易等配套制度的立法建設，沒有及時跟進，使信託向縱深方向發展的創新展業受到約束和限制。應不斷完善優化信託業相關法律法規，加強信託業監管，為信託業發展創造良好的制度保障。

（2）拓寬信託業務領域，擴大信託社會功能。信託公司要立足信託本業，不斷探索和拓寬信託運用空間，進行產品創新，推出豐富的滿足市場需求的信託產品。信託公司在保持房地產信託的適當參與度的同時，控制房地產信託業務風險。在國家新型城鎮化建設中，信託公司可積極參與，並加大保障房、經濟適用房和城中村改造的信託業務。信託公司可以向菸酒市場、藝術品市場、黃金市場、能源市場、科技市場開發針對性信託產品，擴大業務領域參與股指期貨、期權、基金、私募等，並在中國經濟發展方式轉變、調整經濟結構、建設資源節約型、環境友好型社會等諸多重大問題上多多挖掘。這樣，在拓寬信託公司投資領域、豐富信託公司理財產品種類的同時，不僅能夠有利於信託功能的發揮，而且能夠分散信託業所面臨的風險，促使信託業快速穩健發展，推進中國經濟的轉型和持續發展。

（3）控制信託風險。信託公司要完善公司治理和內部控制制度，建立與業務規模及複雜程度相匹配的風險管理體系，加強公司經營風險控制，確保公司合規經營和穩健運行。而且還需通過銀監會和信託業協會等平臺監控信託市場運行風險。

（4）深化信託業對外開放，提升信託業的綜合競爭力。中國信託業已經具備全方位、多層次、寬領域地參與全球金融服務的綜合比較優勢，並注重開發和利用國內、國際兩個市場與兩種資源，致力於提升信託業的綜合實力和國際競爭力。在條件成熟時，應適時加入《海牙信託公約》，妥善處理涉外信託法律衝突。

4.2 信託業稅制的國際比較與借鑑

4.2.1 信託稅制的國際比較

西方的信託稅收制度幾乎涉及所有稅種和信託業務的所有環節，但一般不單獨設立信託稅稅種，有關信託的徵稅規定均分散於各個稅種的法律規定中。信託從設立到終止需經歷信託設立、信託存續和信託終止三個環節，各國一般在信託

設立環節徵收資本利得稅；在信託存續環節對信託財產收入徵收流轉稅、所得稅，對信託報酬徵收所得稅；在信託終止環節對信託收益徵收所得稅、遺產稅等稅種。① 下面以英國、美國和臺灣地區為例進行介紹。

4.2.1.1 英國的信託稅制

(1) 信託設立環節的課稅

第一，印花稅。委託人就信託合同繳納印花稅。除非信託文件授權從信託資金中繳納印花稅，否則不得以信託資金繳納印花稅。

第二，資本利得稅。信託設立時，無論是可撤銷還是不可撤銷的信託，也無論委託人是不是受益人、受託人，委託人都對信託財產的應稅利得即扣除財產成本和其他允許扣除的支出後的部分，負有繳納資本利得稅的義務。受託人和受益人無須繳納資本利得稅。

第三，遺產贈與稅。在信託設立時，如果委託人在生前轉讓信託財產給受託人，該轉讓為生前轉讓，主要由委託人承擔遺產稅的納稅義務。此外，受託人或受益人還在遺囑信託中承擔遺產稅的納稅義務。總之，在信託設立環節，委託人負有根本的納稅義務，受託人或受益人只有在稅款應當繳納而未繳納的情況下，才負有納稅義務。

(2) 信託存續環節的課稅

第一，印花稅。托存續期間，如果受託人重新調整投資，那麼由此產生的信託財產轉移行為，要按正常的稅率繳納印花稅。當受託人退休或指定新的受託人時，與此相關的轉移文書，需要繳納定額印花稅。

第二，所得稅。受託人的所得稅問題分為兩個層次：一是對信託財產收入徵稅；二是對受託人取得的信託報酬徵稅。英國稅法認為，受託人不應就信託財產的全部收入納稅，並將其納稅義務分為最終納稅義務和代理納稅義務。如果受託人負有最終納稅義務，稅收最終由託管基金本金負擔。若受託人負有代理納稅義務，實際收入歸屬於其他人，那麼受託人僅是稅款代繳人，稅收負擔最終由收入歸屬人承擔。受託人報酬的所得稅，根據獲得報酬形式的不同而適用不同的規定。如果按照信託文件規定支付給受託人的是固定報酬，報酬將被認定為委託人支付的獎金，在源泉扣繳稅款後就可以直接支付受託人；如果信託文件規定的受

---

① 安體富，李青雲. 英、日信託稅制的特點及對我們的啟示 [J]. 涉外稅務，2004 (1).

託人的報酬是一種索取報酬的權利，得到的收入將並入受託人的全部應稅收入合併納稅。另外，受益人獲得收益時，按信託文件規定支付給受益人的數額構成受益人應稅所得，受益人可以抵免受託人代扣代繳的所得稅，如果可抵免額超過了當年的應納所得稅額，可以申請退稅。

第二，資本利得稅。信託存續期間，信託財產收益計入受託人的應稅收入，由受託人繳納資本利得稅。但如果委託人保留信託財產的部分收益權，那麼委託人應就該部分收入繳納資本利得稅。受益人從受託人處獲得的利得分配不需要再繳納資本利得稅。

第三，遺產贈與稅。在信託存續過程中，持有收益權的受益人被視為擁有收益財產，當其成為所有人時無須繳納遺產稅，但如果受益人將收益權轉讓並獲得與收益權等值的利益時，需要繳納遺產稅。如果受益人擁有信託收益權后死亡，則受託人或受益人的代理人有義務就信託財產繳納遺產稅。

第四，增值稅。在信託的經營管理過程中，如果受託人提供應繳增值稅的應稅貨物或勞務，並且收入額超過最低限49,000英鎊，受託人還應繳納增值稅。

(3) 信託終止環節的課稅

第一，印花稅。信託終止時，由於受益人已經成為財產的絕對權利人，其利益不再發生變化，因此不徵收印花稅。但是，如果信託終止引起受益人利益的重新調整，甚至出現無償處分受益人利益的情況，那麼就應該按財產調整的價值繳納印花稅。

第二，資本利得稅。信託終止時，信託財產的絕對財產權發生轉移，需要受託人繳納資本利得稅。

4.2.1.2 美國的信託稅制

美國信託的營業信託往往作為一種公司組織形式來發展。由於美國信託業自身發展的需要，美國稅法對信託的規定相當詳盡，其中與信託所得課稅的稅種主要有所得稅、社會保障稅。

美國稅法將信託視為獨立實體，不必繳納公司所得稅，而採取比照個人所得稅的納稅規則繳納稅款。其納稅人有兩個：信託管理者應對信託的應稅所得納稅，信託受益人應對其分配所得納稅。

(1) 信託的應稅所得。信託的毛所得包括當期分配給受益者的所得、累積所得、信託機構管理財產所得、資本利所得等。信託所得的扣除規定可以比照個

人所得的扣除項目，如可以扣除資本利虧、可以扣除其資產的資本利得繳納州的所得稅部分等。此外，信託財產還可按照稅法的規定計提折舊和進行攤銷，計提折舊額或攤銷額根據受益人分配的淨所得和總淨所得間的比例關係確定。信託還可以扣除經營虧損，當年不能扣除的部分可向以后年度轉結。但在計算淨經營虧損額時，不得扣除慈善捐獻額和分配給受益者的所得額。而且，為防止雙重課稅，在計算信託所得時，必須扣除已分配給受益人的所得。

（2）受益人分配所得。計入受益人毛所得的被分配信託利益所得，必須經過調整才能計入。即要在信託可分配淨所得的基礎上，確定受益人的淨所得份額。由於淨所得中計入了免稅的利息等「特殊項目」，所以在計算受益者的份額時要單獨減去特殊項目的數額。除特殊項目外，受益人還可以扣除從信託實體分配的某些扣除項目，如信託的慈善捐贈、受託人的管理費用、繳納的州所得稅和動產稅等。這也符合各國通用的對公益信託的優惠原則。

（3）信託實體所得課稅使用五級超額累進稅率。其抵免項目有不能分配給受益人的外國稅款和工作機會抵免。應納稅額等於信託的應稅所得乘以使用的稅率，再扣除稅收抵免額。

4.2.1.3 日本的信託稅制

（1）信託設立環節的課稅

第一，所得稅。從委託人角度看，委託人承擔的所得稅納稅義務分為兩種情況：①當委託人是個人時，對於發生的私人信託一般不徵稅，對於發生的公益信託，信託財產的轉移可視為特定捐贈支出，依據稅法規定的扣除限額進行稅前扣除；②當委託人是公司時，不論受益人是誰，一律將信託財產的轉移視同在市場上公平銷售，依據市場價格將其計入企業所得稅應稅所得額中，繳納企業所得稅。從受託人角度看，由於受託人不享有經濟上的實質權利，並非財產的所有者，因此受託人無須承擔所得稅的納稅義務。從受益人角度看，受益人因獲得信託財產的收益權而需承擔的所得稅因受益人的性質不同而有所區別。如果受益人是個人，受益人獲得的收益權利將按照市場價值視為偶然所得徵收所得稅；如果受益人是公司，則信託財產的收益將作為捐贈收入按市場價值計入受益人的應稅所得。由於信託收益在稅法上直接被視為受益人的收益，因而，原則上在信託收益發生年度，信託收益就應當並入受益人的所得額中，繳納個人所得稅或企業所得稅。但是，由於某些信託品種的受益人眾多、計算複雜等原因，主要的信託品

種的信託收益均在受益人實際取得時課稅。

第二，遺產贈與稅。信託設立時，如果委託人和受益人都是個人，而且二者不是同一人，那麼設立信託就是遺產贈與稅應稅行為，應視為委託人對受益人做出的遺贈行為，就要繳納遺產贈與稅，並由繼承人或受贈人繳納；如果委託人與受益人是同一人，那麼設立信託的行為就不是贈與行為，無須納稅。在設立信託過程中，受託人無須繳納遺產稅。

第三，印花稅。在設立信託合同和建立信託會計帳簿時繳納印花稅，稅額為每份合同或每本帳簿 200 日元。

登記執照稅對財產登記行為徵收的，多數情況下，其稅基是財產的價值。在信託業務中，僅僅把財產轉讓給受益人，並不構成登記執照的應稅行為。但是受益人要進行所有權登記時，則需要繳納登記執照稅。

(2) 信託存續環節的課稅

第一，印花稅。財產轉讓給受益人無須繳納登記執照稅，由受益人進行財產登記時繳納該稅。

第二，消費稅。日本的消費稅就是國際上通常意義上的增值稅。信託財產從委託人到受託人的轉移本身不徵收消費稅；由於信託財產被認為屬於受益人所有，所以用實物方式收到的收益也無須繳稅；支付給專職受託人的報酬應繳納消費稅。

第三，所得稅。在信託運作過程中，日本稅法對源自受託人的所得的徵稅規定了一般原則，即信託業務的毛收入和支出，可視為受益人的毛收入和支出，如果沒有受益人或受益人不明確，則信託業務的毛收入和支出應視為委託人的收入和支出。根據這一規定，不管受益人真正分配的收益或損失，由信託財產產生的收益或損失以及受託人得到的收益或蒙受的損失，原則上都將被視為受益人的收益或損失進行徵稅。

除綜合投資信託業務以外，受託人並沒有代扣所得稅的義務。信託收益通常在受託人的報告中申報，並加總到受益人的應稅所得中。如果受託人就收到的收入代扣代繳所得稅，則最終納稅義務人可以抵扣代扣的所得稅款。信託機構收到的信託報酬構成它們的毛所得，對於最終納稅義務人來說這些報酬支出可以在其總收入中扣除。

(3) 信託終止環節

信託終止時，對於一個固定的受益人來說，用實物方式收到的收益無須繳納

消費稅，因為信託財產被認為屬於受益人所有。在這一環節中，委託人、受託人或者受益人均沒有申報繳納所得稅的義務，委託人、受託人或受益人也均不因信託關係終止本身而繳納遺產稅或是贈與稅。但是，如果受益人是委託人，那麼在信託終止環節受益人應就獲得的信託收益繳納贈與稅。

4.2.1.4 臺灣地區的信託稅制

（1）信託成立時的課稅

對於一般信託中的契約信託，區分自益信託和他益信託①兩類信託形式採取不同的稅收處理。對自益信託，信託行為成立，信託財產由委託人向受託人轉移，為財產形式轉移，不課徵贈與稅、所得稅、土地增值稅、營業稅和契稅。對於委託人為個人的他益信託，信託成立視為委託人將享有信託利益的權利贈與受益人，依照遺產及贈與稅法規定，課徵贈與稅，原則上委託人為納稅人，並以受益人享有的信託利益為課稅客體。對於委託人為盈利事業的，原則上，受益人應將享有信託利益的權利價值，並入信託成立年度的所得額，依所得稅法規定課徵所得稅，以受益人享有的信託利益為課稅客體，比照贈與稅計算信託利益價值。對於公益信託，符合免稅標準的不計徵遺產稅和贈與稅，受益人享有信託利益免納所得稅，捐贈人所得稅計算時，可以扣除捐贈費用。

對於遺囑信託，在遺囑人死亡時，信託財政依據遺產及贈與稅法規定，課徵遺產稅。納稅義務人依次為遺囑執行人、繼承人及受贈人、遺產管理人。

（2）信託存續期間的課稅

信託關係存續期間，受託人變更時，信託資產在原受託人與新受託人之間轉移，是財產形式轉移，不課徵贈與稅、所得稅、營業稅、土地增值稅及契稅。在信託關係存續中，受託人依信託主旨交付信託財產，為受託人與受益人之間轉移，不課徵贈與稅和所得稅。

信託財產是土地的，在信託關係存續中，應以受託人為納稅人，以信託土地與委託人或受益人同一市縣轄區內所有土地合併計算其應納地價稅。信託財產為房屋的，在信託關係存續中，應以受託人為房屋稅的納稅義務人。

信託關係變更，也即自益信託變更為他益信託，或他益信託追加信託財產。信託契約明確信託利益的全部或部分的受益人為委託人，在信託存續中變更為非

---

① 他益信託是指信託契約明確規定信託利益的全部或一部分的受益人非委託人本身者。

委託人的，或委託人追加線條財產導致增加非委託人享有信託利益的，在此情況下，根據委託人的不同性質稅收處理方式不同。委託人為個人的，在變更或追加時，依法課徵贈與稅。若委託人為營利事業的，除特別情形外，原則上受益人應將其享有的信託利益價值並入變更或追加年度的所得額，依所得稅法規定課徵所得稅；受益人不特定或尚未存在的，以受託人為納稅義務人，就信託變更或追加年度受益人享有的權利價值增加部分，在規定期限內，按20%的扣繳率申報納稅。

處分信託財產。在信託存續中，受託人就受託土地有償轉移所有權、設定典權或依信託法規定轉為自有土地時，以受託人為納稅義務人，課徵土地增值稅。信託財產為土地及證券財產或權利以外的，處分信託財產時，依法課徵所得稅。信託財產為房屋的，信託存續期間轉移時，取得所有權人應課徵契稅。

運用信託財產所產生所得的，以受益人為納稅義務人，但受益人不特定或尚未存在的，應以受託人為納稅義務人，在所得發生年度或實際分配年度課稅。受益人為個人居民的，依所得稅法規定課徵綜合所得稅；受益人為境內有固定營業場所的營利事業的，則依據所得稅法課徵營利事業所得稅。受益人為非居民個人或無固定營業場所的營利事業的，以受託人為扣繳義務人，依所得稅法進行扣繳。受託人因公益信託而出售的貨物、舉辦義演，其收入不計入受託人的銷售額，收入除去必要費用之外，全部用作公益事業的，免徵營業稅。符合免稅標準的公益信託，其信託利益在分配時，由受益人並入分配年度的所得額，依所得稅法規定課徵所得稅，實際分配時，以受託人為扣繳義務人。

信託關係存續中受益人死亡時，應對其享有信託利益的權利沒有領受部分，依照遺產稅與贈與稅法規定課徵遺產稅。納稅義務人依次為遺囑執行人、繼承人和受遺贈人、遺產管理人。

（3）信託終止環節的稅收

因信託關係消滅，信託財產在委託人與受託人之間，或受託人與受益人之間轉移，不課徵贈與稅和所得稅。信託契約明確規定信託財產的受益人與委託人的，信託關係消滅時，信託財產在受託人與受益人間轉移，不課徵土地增值稅和契稅。因遺囑成立的信託，在信託關係消滅時，信託財產在受託人與受益人之間轉移，不課徵土地增值稅和契稅。因信託行為不成立、無效、解除或撤銷，信託財產在委託人與受託人之間轉移，不課徵贈與稅、所得稅、營業稅、土地增值稅

和契稅。

對於他益信託，以土地為信託財產的，受託人依信託主旨轉移信託土地給委託人之外的權利人時，以該權利人（也即受益人）為納稅義務人，在土地所有權轉移時，依法課徵土地增值稅。以不動產為信託財產的，受託人依信託主旨轉移信託土地給委託人之外的權利人時，以該權利人（也即受益人）為納稅義務人，估價立契，依法在規定期限申報繳納贈與契稅。

4.2.2 各國信託稅制的借鑑

綜合分析英國、美國、日本和臺灣地區的信託稅收相關制度，有以下幾個特點和可供借鑑之處。

（1）採取分稅種補充的徵稅模式。目前信託稅制的模式有分稅種補充模式和單一的信託稅法模式兩種。主要國家和地區的信託稅收制度基本上都採取前一種模式，有關信託的徵稅規定均分散於各個稅種的法律規定中。鑒於目前中國信託業運作並不十分成熟和其他國家及地區的經驗，中國也應採取分稅種補充模式，在信託的成立、存續和終止過程中，根據其內容特徵適用於相關的貨物勞務稅、所得稅、財產稅和行為稅等。

（2）堅持稅收公平原則。各稅種互相搭配，合理選擇納稅環節，避免重複徵稅。對信託業務應當選擇合適的徵稅環節，不因信託業務本身的特點而重複徵稅。由於信託財產不屬於受託人的財產，由信託財產所產生的信託收益，應直接視為受益人的收益，對信託收益的課稅，是對受益人的課稅，受益人應當在應稅項目發生時就承擔納稅義務。

（3）扶植公益信託的發展。為鼓勵公益信託的發展，各國都對公益信託實施了稅收優惠措施。中國《信託法》第六十一條規定：國家鼓勵發展公益信託。雖然信託法中有鼓勵公益信託業發展的規定，但由於沒有明確規定國家鼓勵發展公益信託的具體措施，公益信託的發展存在激勵不足的問題。因此，可運用稅收政策工具，對公益信託制定系統的稅收優惠政策措施，促進公益信託的發展。

（4）加強稅收徵管。在稅收徵管中，堅持「誰受益，誰納稅」的原則，並採用代扣代繳制度，保證稅款及時徵稅，防止稅收流失。

4.3 中國信託業稅制評析

信託業在一些發達國家已經成為金融業的重要組成部分，它是與銀行業、保險業和證券業並列的金融業四大支柱之一。近幾年中國信託業也有迅速的發展。但是，由於中國目前對信託業務徵稅基本上是套用現有針對一般經濟業務的稅收政策規定，缺乏明顯的政策意圖和系統的政策體系，所以也相對制約了信託業的發展。由於信託本身的複雜性，在實踐中如何適用稅法，實務部門也沒有一致意見。稅收問題，是中國信託業目前遇到的一個專業難題。因此，結合信託業務的特點，研究、制定與信託法相銜接的中國信託稅制，公平稅收負擔，促進信託業的發展，是一個亟待解決的問題。

4.3.1 信託稅制現狀

委託人設立信託，並將信託財產交予受託人管理，並支付一定的報酬。受託人接受委託，按照信託合同的規定管理或處分信託財產，並收取相應的報酬，而受託人收取的信託報酬即視為信託的價格。信託的價格和所有商品的價格類似，徵稅對受託人和委託人的影響也類似於徵稅對商品的生產者和消費者的影響。政府的徵稅行為會在一定程度上影響信託的價格，從而通過市場價格機制對委託人和受託人的行為產生影響，進而對信託運行產生重大的影響。受託人管理或處分信託財產會產生一定的信託收益，受託人將該信託收益支付給受益人。向受益人支付的信託收益可以看成委託人的投資收益，對該信託收益徵稅會影響委託人設立信託的行為，進而影響信託的運行。所以說，研究、制定與信託法相銜接的中國信託稅制對中國信託業的發展很有必要。中國信託業稅制構成見表4-4。

表4-4　　　　　　　　　　中國信託業稅制構成

	設立環節	持續環節	終止環節
委託人	印花稅、營業稅或增值稅、所得稅		

表4-4(續)

	設立環節	持續環節	終止環節
受託人	印花稅、契稅	印花稅、營業稅或增值稅、所得稅、房產稅	印花稅、營業稅或增值稅
受益人	印花稅	房產稅	印花稅、所得稅、契稅

4.3.1.1 信託設立環節徵收的稅收

信託設立時，資金、無形資產、不動產等信託資產的名義所有權從委託人轉移至受託人。由於信託財產與屬於受託人所有的財產相區別，不得歸入受託人的固有財產或者成為固有財產的一部分，所以，設立信託時受託人的「信託收入」不能算作受託人的真正收入。在這一環節，涉及印花稅、增值稅和營業稅、所得稅、契稅的徵收問題。

（1）印花稅。信託設立環節，委託人依照信託合同將信託財產轉移給受託人，這種信託合同本質上應視為一種產權轉移書據，委託人和受託人應分別作為該產權轉移書據的立據人繳納印花稅。如果信託財產為不動產或權利性資產，還需通過有關資產或產權管理機構辦理信託財產產權變動登記手續，即辦理信託登記手續，領取產權轉移書據或憑證。這時，委託人和受託人還需分別承擔繳納印花稅的義務。

（2）增值稅和營業稅。若委託人交付給受託人管理、處分的信託財產為增值稅應稅貨物，委託人的這種轉讓行為按照視同銷售行為處理，須繳納增值稅、城市維護建設稅和教育費附加；若委託人交付給受託人管理、處分的信託財產為營業稅應稅不動產或無形資產，則應該按照規定繳納5%的營業稅、城市維護建設稅和教育費附加。

（3）所得稅。從委託人角度看，當委託人是個人時，個人投資者買賣基金價差收入、從基金分配中獲得的股票價差收入、國債利息收入暫不徵收個人所得稅，從基金分配中獲得的企業債券價差收入、儲蓄存款利息收入、股息及紅利收入、企業債券利息收入徵收個人所得稅，個人基金投資者從開放式基金分配中取得的收入，暫不徵收個人所得稅。當委託人是法人時，如果委託人交付給受託人管理、處分的信託財產是增值稅應稅貨物、營業稅應稅不動產或無形資產，那麼委託人需要將信託財產轉讓按照視同銷售行為處理，把獲得的應稅收入並入企業應稅所得，繳納企業所得稅。從受託人角度看，受託人承受信託財產時無須承擔

所得稅的納稅義務。受託人雖然擁有信託財產的法律所有權，但它是為受益人的利益而持有並管理信託財產，顯然受託人的這種角色不應將其視同接受捐贈資產的主體，其在承受信託財產時不能視為取得捐贈收入，也就不存在承擔所得稅的問題。

（4）契稅。當信託財產為應稅不動產時，在信託設立環節，委託人將應稅不動產轉讓給受託人，應視為不動產贈與行為，由作為承受人的受託人就信託財產按照市場價格繳納契稅。

4.3.1.2 信託存續期間徵收的稅收

在信託存續環節，幾乎不涉及委託人的納稅問題。但是當信託財產為應稅房產時，如果委託人將該房產的收益權轉移給受益人的同時而保留房產所有權，由於房產所有權歸屬未發生變化，信託存續期間發生的房產稅納稅義務由委託人承擔。對於受託人來說，在信託存續期間涉及的稅收有所得稅、印花稅、房產稅、增值稅和營業稅等。

（1）印花稅。信託存續期間，受託人遵守信託合同或信託文件的規定，為受益人的最大利益管理、處分信託財產過程中書立、使用和領受各種應稅憑證，受託人應承擔印花稅的納稅義務。但信託公司從事的經濟諮詢業務按印花稅的規定不屬於技術合同，不需要繳納印花稅。

（2）增值稅和營業稅。受託人在信託存續過程中為經營信託發生提供增值稅應稅貨物或勞務行為，應該繳納增值稅。受託人在該過程中應繳納的營業稅分為兩部分：一部分是在信託存續期間，根據受託人自身從事信託經營管理活動獲得的信託報酬徵收的營業稅、城市維護建設稅和教育費附加，這部分營業稅按金融保險業5%的稅率徵收；另一部分是受託人在管理、處分信託財產過程中，由於發生了提供營業稅應稅勞務、轉讓無形資產或者銷售不動產等應稅行為而繳納的營業稅。

（3）所得稅。受託人在為受益人的利益或特定的目的管理和處分信託財產的過程中，中國的《個人所得稅法》和《企業所得稅暫行條例》均沒有把受託人受讓信託財產所有權列為應稅所得的情形，對受託人而言並沒有實際所得的發生，所以並不應該將其看成信託收益的所得稅納稅義務人。根據上述分析，受託人在信託存續期間繳納的企業所得稅分為兩部分：一部分是受託人就其從事信託業務取得的信託報酬繳納企業所得稅；另一部分是受託人就其在信託經營管理活

動中收到的信託收益繳納（代扣代繳）企業所得稅或個人所得稅。目前中國對受託人所得稅的徵收情況是：各地均要求信託投資公司對經營活動中取得的信託收益繳納所得稅。受託人代扣代繳所得稅時，如果受益人為自然人，除了遼寧之外（遼寧稅務局要求信託公司代扣20%的所得稅），其他稅務局目前並未對受益人徵收個人所得稅，因此受託人並不承擔代扣代繳責任；如果受益人為企業法人，信託公司目前同樣未承擔代扣代繳責任。從受益人角度看，受益人應就其在信託存續環節獲得的來源於受託人的股息、紅利、股權等信託收益繳納企業所得稅或個人所得稅。

（4）房產稅。當信託財產為應稅房產時，如果在信託存續過程中應稅房產的產權歸屬難以確定，則根據《中華人民共和國房產稅暫行條例》的規定，由房產代管人或使用人即受託人承擔房產稅納稅義務。在此期間，當受託人遵循信託目的將作為信託財產的房地產對外有償轉讓並取得超額收入時，受益人應當履行土地增值稅的納稅義務，但由受託人代扣代繳。如果委託人將房產收益權連同房產所有權一併轉移給受益人，信託存續期間發生的房產稅納稅義務應由受益人承擔。

4.3.1.3 信託終止環節徵收的稅收

信託的終止亦可以導致信託財產所有權的轉移，財產接受人將因信託終止產生收益，並且該收益是不必支付對價的。當信託因約定或法定原因終止時，如果存在剩餘財產，則必須解決信託財產的歸屬問題。信託文件有規定的，信託終止時信託財產歸屬於信託文件規定的人。如果信託文件未做規定，按下列順序確定歸屬：受益人或者其繼承人；委託人或者其繼承人。在這一環節，將會涉及印花稅、增值稅、營業稅、契稅、所得稅的徵收問題。

（1）印花稅。從受託人角度看，在信託終止時，受託人將信託財產交還給受益人，受託人作為產權轉移書據的立據人承擔印花稅的納稅義務。從受益人角度看，受益人接受受託人交付的信託財產，其也應作為產權轉移書據的立據人繳納印花稅。

（2）增值稅、營業稅。如信託財產屬於增值稅應稅貨物，受託人將信託財產轉交受益人時，應視同銷售，以市場價值為計稅依據繳納增值稅、城市維護建設稅和教育費附加；如果信託財產是無形資產或不動產，在信託終止環節，受託人將該無形資產或不動產轉交給受益人時視為有償轉讓，按照市場價值繳納營業

稅、城市維護建設稅和教育費附加。

（3）所得稅。若受益人在信託終止時領受信託財產及信託財產所產生的收益，對受益人而言，該環節發生收益所得，此時要考慮受益人的所得是否為應稅所得。在自益信託中，委託人對源於自己的信託財產享有信託利益，屬於形式上的財產移轉，自然不徵收所得稅。而在他益信託下，委託人與受益人不一致，受益人領受信託財產時需要繳納企業所得稅或個人所得稅。

（4）契稅。在信託終止環節，受託人將作為信託財產的不動產轉移給受益人，這一行為視同不動產贈與行為，作為產權承受人的受益人應當繳納契稅。

4.3.2 信託業稅收發展趨勢的實證分析

按照現行稅收制度，中國信託業涉及的稅種主要有營業稅及附加、企業所得稅、印花稅、城鎮土地使用稅、房產稅、個人所得稅等。其中，營業稅和企業所得稅構成信託業稅收負擔的主要部分。為此，本書重點分析信託公司營業稅和企業所得稅。

由於缺乏信託行業的完整數據，為此，我們選取了百瑞信託、北京信託、渤海信託、國聯信託、國投信託、杭州信託、湖南信託、華寶信託、華宸信託、華潤信託、華信信託、建信信託、交銀信託、聯華信託、平安信託、蘇州信託、廈門信託、新華信託、中泰信託、中信信託、中原信託、陝國投、安信信託等23家信託業企業為樣本，考察信託業的稅收發展趨勢及其課稅對信託企業績效的影響。

4.3.2.1 信託業稅收收入的變化趨勢

近年來，信託業發展迅速，截至2012年年底，全行業65家信託公司管理的信託資產規模和實現的利潤總額再創歷史新高，分別達到7.47萬億元和441.4億元，與2011年年底相比，增速分別高達55.30%和47.84%。[1] 與此相對應，信託業的稅收也增長迅速。2011年23家信託公司營業稅稅收總計131,229.4萬元，較2010年增收35,172.68萬元，增長36.62%；企業所得稅稅收總計342,588.6萬元，增收93,034.72萬元，增長37.28%。見圖4-1、圖4-2。

---

[1] 周小明.信託業的發展邏輯：制度安排與市場選擇——2012年度中國信託業發展評析 [EB/OL]. http://www.xtxh.net/xhdt/14485.html.

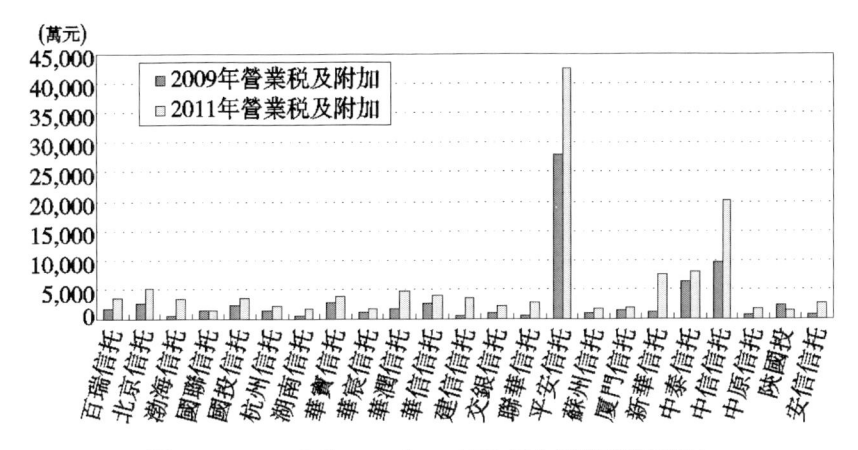

圖 4-1 2009 年和 2011 年 23 家信託企業營業稅及附加

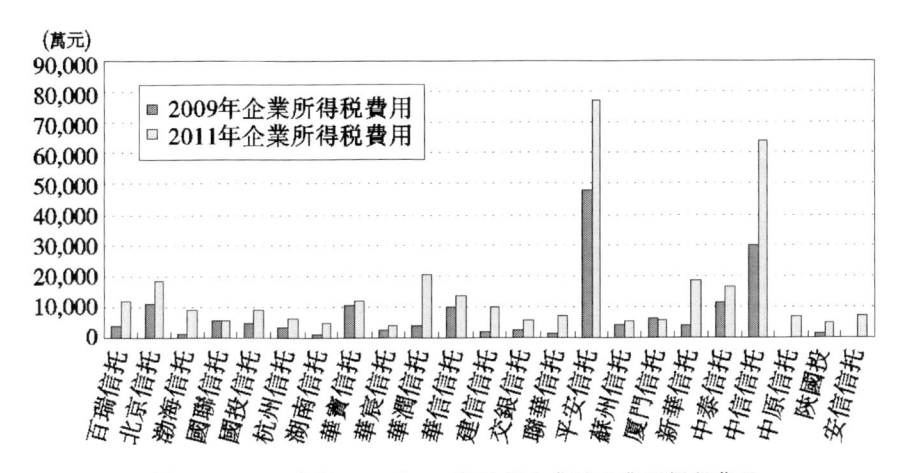

圖 4-2 2009 年和 2011 年 23 家信託企業的企業所得稅費用

資料來源：各相關公司年報數據整理計算而得。

如圖 4-1 所示，相比 2009 年，2011 年 23 家樣本信託公司的營業稅及附加都有不同程度的增加，表明信託公司的業務在不斷增長、信託業發展迅速。由於不同信託公司規模、業務量的差異較大，不同信託公司繳納營業稅及附加差異巨大。如圖 4-2 所示，就企業所得稅而言，2011 年 23 家樣本信託公司繳納的企業所得稅，除廈門信託外，都較之 2009 年有不同幅度的增長，信託企業所得稅的大量增加，表明信託公司的績效在不斷提升。按照信託業發達的美國、日本的經驗，信託資產一般是 GDP 規模的兩倍，以此來看，在中國作為新興產業的信託

業，還有巨大的發展空間和潛力。隨著中國信託業的持續快速增長，中國信託業稅收收入也將持續快速增加。

4.3.2.2 信託業稅收結構的變化趨勢

信託企業經營活動中涉及了中國稅制體系中的大部分稅種。其中，營業稅及附加、企業所得稅為信託業繳納稅收的主體部分。

圖4-3和圖4-4分別顯示了2009年和2011年企業所得稅、營業稅及附加在

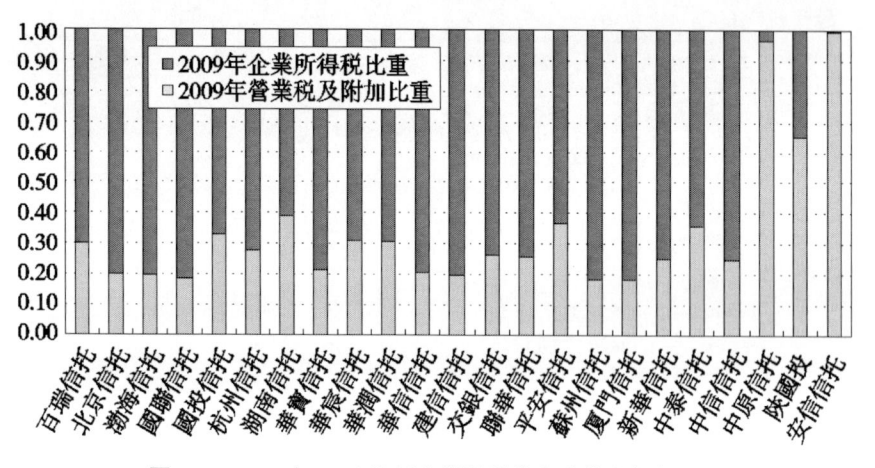

圖4-3 2009年23家信託企業營業稅和企業所得稅比重

資料來源：根據各相關公司年報數據整理計算而得。

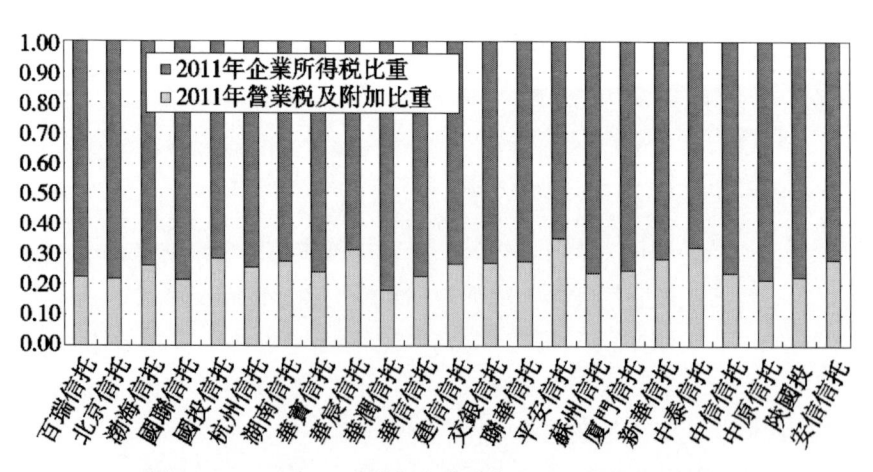

圖4-4 2011年23家信託企業營業稅和企業所得稅比重

資料來源：根據各相關公司年報數據整理計算而得。

兩稅中的比例。作為貨物勞務稅的營業稅與企業業務規模高度相關，而與企業的盈利狀況無直接關係。隨著企業業務規模和營業收入增加，營業稅及附加將隨之增長，但企業利潤並非必然增多。由此可知，總體而言企業所得稅在信託業營業稅與企業所得稅收入中占70%左右。與2009年相比，2011年樣本公司企業所得稅比重較營業稅比重整體上有所提升，這說明信託企業的績效有一定幅度的提高。「營改增」是近期中國稅制改革的主要內容，2011年11月17日財政部、國家稅務總局公布「營改增」試點方案，2012年1月上海啟動交通運輸業和部分現代服務業「營改增」試點。至2012年年底，「營改增」試點，已由上海市分批擴大至北京、天津、江蘇、浙江、安徽、福建、湖北、廣東8個省、直轄市以及寧波、廈門、深圳3個計劃單列市。隨著「營改增」改革的深入，包括信託業在內的金融業也將會逐步實現「營改增」改革，這將會對信託業的稅種構成和稅收結構產生深刻影響。「營改增」改革對信託業的可能影響主要表現在三個層面：①在降低間接稅稅負的減稅改革導向下，「營改增」後可能會使信託業直接繳納的間接稅相對降低；②「營改增」後信託企業可以開具增值稅專用發票，委託方取得發票後可以作為進項稅進行抵扣，從而降低接受信託服務的委託方的稅收負擔，進而有利於信託業務的擴大；③「營改增」後信託企業間接稅負擔的下降、業務的增加，都有助於信託企業利潤增加，從而使信託業企業所得稅在其繳納稅收中所占比例上升。

4.3.3 稅收對信託業發展影響的實證分析

4.3.3.1 信託業稅收負擔的變化趨勢

為考察信託業稅收負擔情況，我們引入信託企業營業稅（含附加）負擔率和企業所得稅負擔率兩個指標來刻畫信託企業的稅負水平。營業稅負擔率為營業稅及附加費用與營業收入之比，企業所得稅負擔率為企業所得稅與稅前利潤之比。其計算公式如下：

$$t_b = \frac{T_b}{R} \qquad t_c = \frac{T_c}{P} \qquad t_t = \frac{T_b + T_c}{P + T_b} \qquad (4-1)$$

（4-1）式中：t_b為營業稅稅負率，T_b為營業稅及附加，R為營業收入；t_c為企業所得稅負擔率，T_c為企業所得稅，P為稅前利潤；t_t為企業盈利綜合稅負率。

圖 4-5 和圖 4-6 報告了 2009 年和 2011 年以 23 家樣本信託企業為樣本的營業稅負擔率和企業所得稅負擔率。2009 年 23 家信託企業的平均營業稅負擔率為 0.032,9，2011 年提高到 0.048,9，趨近於 5%的法定稅率。不同企業、不同年度的實際營業稅負擔率差異明顯。2009 年樣本信託企業的企業所得稅負擔率為 0.165,7，到 2011 年提高到 0.237,2，信託業企業所得稅實際稅負有較大幅度地提高，接近於企業所得稅 25%的法定基本稅率。就樣本年度不同信託公司企業所得稅負擔率而言，由於其發展階段、經營業績及稅收環境不同，各信託公司的實際企業所得稅負擔率存在較大差異。

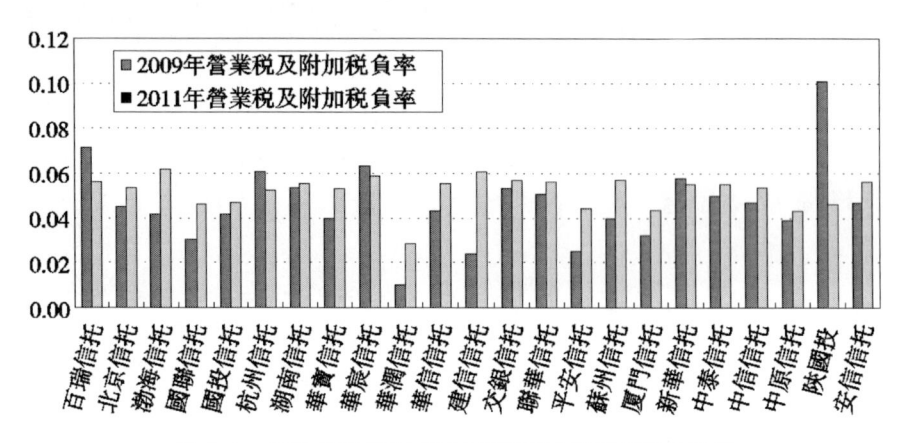

圖 4-5　2009 年和 2011 年 23 家信託企業營業稅負擔率

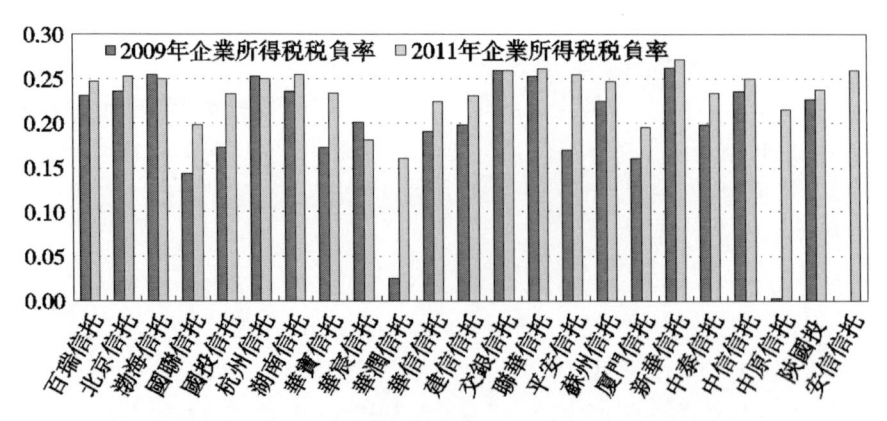

圖 4-6　2009 年和 2011 年 23 家信託企業的企業所得稅負擔率

資料來源：根據各相關公司年報數據整理計算而得。

圖 4-7 顯示了 2009 年和 2011 年 23 家樣本信託企業的盈利綜合稅負率。2009 年 23 家信託企業平均盈利綜合稅負率為 25.27%，2011 年為 29.33%。伴隨著信託業快速發展及績效的提升，其營業稅實際稅負和企業所得稅實際稅負都有不同程度的提高，這使得近年信託業盈利綜合稅負有較大的提升。

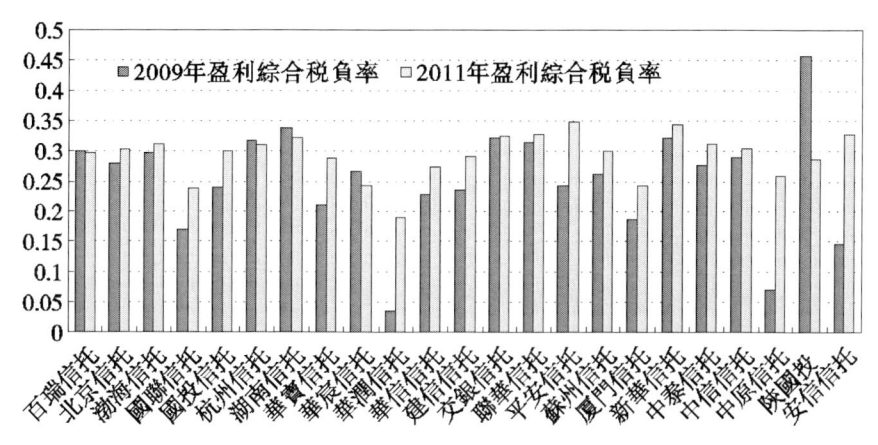

圖 4-7　2009 年和 2011 年 23 家信託企業的盈利綜合稅負率

資料來源：根據各相關公司年報數據整理計算而得。

4.3.3.2　稅收對信託公司經濟績效的影響——基於上市信託公司的實證分析

（1）變量選擇與計量模型

第一，計量模型及數據來源。

借鑑孟丁（2012）、陳曉紅和王思穎（2012）、劉玉燦和張琳華（2012）等企業績效研究的基礎模型，結合本書研究的需要設置如下模型：

$$performance_i = \alpha_0 + \alpha_1 tax_i + \alpha_2 dar_i + \alpha_1 lasset_i + \alpha_2 growth_i + \varepsilon_i \qquad (4-2)$$

其中，被解釋變量 performance 為信託公司績效變量，α 為變量待估系數，ε_i 為隨機誤差項。實證分析的樣本為中國信託業中 23 家信託企業 2007—2011 年數據，數據根據各信託企業年度會計報表整理而得。

第二，變量選擇及定義。

① 被解釋變量。以資產收益率為核心的財務指標是衡量企業經濟績效的重要指標，包括 ROS（銷售收益率）、ROA（資產收益率）、ROI（投資收益率）、ROP（利潤率）和 ROE（淨資產收益率）。考慮信託行業的特點以及數據的可得性，本書選取 ROA、ROE 和 ROP 三個指標來表徵公司經濟績效。

②解釋變量。信託企業負擔的主要稅收為營業稅和企業所得稅,為此我們選取營業稅實際稅負(btr)和所得稅實際稅負(citr)為解釋變量。

③控制變量。如果漏掉了重要的影響因素,容易導致有偏的估計結果。借鑑相關研究成果(孟丁,2012;陳曉紅、王思穎,2012),我們引進下列公司特徵變量作為控制變量。

資產負債率(dar):用資產負債率來控制負債的稅盾效應[1]及財務危機對公司價值的影響。相對於股權融資,債務融資成本可以稅前扣除,給企業帶來所得稅利益;與此同時,隨著債務融資比例的提高,企業還本付息壓力增加,也將降低企業績效。此外,企業的資本結構也可能影響企業控股股東的行為,產生代理成本(Faccio, Lang and Young, 2003)。

企業規模(lasset):一般而言,公司規模越大,越容易取得規模經濟效益,經營收益越穩定,有助於公司經濟績效的改善。同時,公司規模還可能影響企業的經營戰略,進而作用於企業績效(徐莉萍等,2006)。這裡以企業年末總資產(萬元)的自然對數來作為企業規模的代理變量。

企業成長性(growth):處於不同成長階段的企業,其績效表現不同,高成長的企業成本費用較高、銷售收入增長比較快,業績波動比較大;而處於成熟階段的企業,其成本費用和收益都相對穩定。為反應企業成長性對企業績效的影響,我們以信託企業營業收入的增長率來刻畫信託企業的成長性,營業收入的增長率越高,成長性越高;反之則相反。變量設置及定義見表4-5。

表4-5　　　　　　　　　變量設置及定義

變量類型	變量符號	變量名稱	變量定義
因變量	ROA	資產收益率	淨利潤÷總資產
	ROE	淨資產收益率	淨利潤÷(總資產-負債)
	ROP	利潤率	淨利潤÷營業收入
解釋變量	btr	營業稅實際稅負	營業稅及附加費用÷營業收入
	citr	所得稅實際稅負	所得稅÷稅前利潤

---

[1] 稅盾效應即債務成本(利息)在稅前支付,而股權成本(利潤)在稅後支付,因此企業如果要向債權人和股東支付相同的回報,實際需要生產更多的利潤。

表4-5(續)

變量類型	變量符號	變量名稱	變量定義
控制變量	dar	資產負債率	負債÷總資產
	lasset	公司規模	總資產的自然對數
	growth	公司成長性	(本年營業收入-上年營業收入)÷上年營業收入

(2) 檢驗結果

第一，簡單相關係數分析。從表4-6各變量之間的相關係數中可以發現，信託企業營業稅稅負、企業所得稅稅負與衡量公司績效的資產收益率（ROA）、淨資產收益率（ROE）和利潤率（ROP）三個指標相關係數都為負。在這三個績效指標中，營業稅稅負僅與資產收益率顯著相關，企業所得稅稅負只與利潤率指標顯著相關。Pearson相關係數（見表4-6）給出的是變量間的簡單相關關係，沒有考慮其他變量的影響。下面我們將控制其他變量的影響，進一步檢驗營業稅和企業所得稅對信託企業經營績效的影響。

表4-6　　　　　　　　　Pearson 相關係數

變量	ROA	ROE	ROP	dar	lasset	growth	btr	citr
ROE	0.914,6	1.000,0						
ROP	0.375,6***	0.239,2**	1.000,0					
dar	-0.182,3*	0.201,1**	-0.324,8***	1.000,0				
lasset	0.099,1	0.182,3*	0.013,6	0.264,8***	1.000,0			
growth	0.169,4*	0.201,7**	-0.074,2	0.010,8	0.061,3	1.000,0		
btr	-0.231,6**	-0.102,5	-0.038,1	0.260,9***	-0.236,5**	-0.054,7	1.000,0	
citr	-0.120,7	-0.131,7	-0.315,6***	-0.082,8	-0.175,0*	0.178,6*	0.338,3***	1.000,0

註：*** 表示在0.01的水平下顯著、** 表示在0.05的水平下顯著、* 表示在0.1的水平下顯著。

第二，迴歸分析。從表4-7報告的迴歸結果可知，營業稅稅負對信託企業績效的影響在以資產收益率（ROA）和淨資產收益率（ROE）為因變量的模型中係數為負，在以利潤率（ROP）為因變量的迴歸模型中係數為正，但三個迴歸模型中的係數都不顯著。這表明，營業稅稅負對信託企業績效影響不顯著。企業所得稅在三個迴歸模型中的係數都為負，且在不同程度下通過了顯著性檢驗。這說

明企業所得稅稅負的增加會顯著降低信託企業績效。營業稅和企業所得稅是信託企業的主要稅負，營業稅為價內稅、間接稅，信託企業繳納的營業稅大多包括在提供服務所收取的價款中，稅收轉嫁使得營業稅對信託企業績效的負效應並不顯著。企業所得稅是對企業經營收益為徵稅對象，徵收企業所得稅直接減少了信託企業的淨利潤，而直接降低信託企業的當期績效。此外，淨利潤的減少同時減少了信託企業發展資以利用的資源，從而間接降低信託企業長期績效。

表 4-7　　　　　　　　　　　　迴歸結果

	ROA	ROE	ROP	ROA	ROE	ROP
btr	−0.458,3 (−1.61)	−0.448,0 (−1.32)	0.964,1 (1.27)			
citr				−0.127,4* (−1.71)	−0.139,5ˆ (−1.57)	−0.708,9*** (−3.75)
dar	−0.063,8* (−1.72)	0.092,3** (2.08)	−0.409,6*** (−4.13)	−0.086,9** (−2.49)	0.069,4* (1.67)	−0.380,6*** (−4.31)
lasset	0.006,1 (0.89)	0.006,4 (0.78)	0.038,2** (2.07)	0.007,8 (1.17)	0.007,8 (0.98)	0.019,0 (1.13)
growth	0.009,5* (1.73)	0.013,5** (2.06)	−0.124,3 (−0.85)	0.011,7** (2.10)	0.015,9** (2.39)	−0.002,9 (−0.21)
constant	0.075,1 (0.85)	0.070,5 (0.67)	0.820,8 (0.35)	0.063,8 (0.75)	0.646,2 (0.64)	0.508,0** (2.39)
R2	0.104,8	0.105,8	0.144,2	0.107,4	0.111,5	0.230,9
F 值	3.19	3.22	4.59	3.28	3.42	8.18

註：*** 表示在 0.01 的水平下限值，** 表示在 0.05 的水平下顯著，* 表示在 0.1 的水平下顯著；ˆ 表示在 0.15 的水平下顯著；小括號內為 t 值。

就其他控制變量而言，信託企業資產負債率（dar）的提高將會降低總資產收益率（ROA）和利潤率（ROP），而對淨資產收益率（ROE）有顯著正效應。信託企業資產規模（lasset）整體對信託企業績效的影響不顯著。信託企業成長性（growth）的提高會促進其資產收益率（ROA）和淨資產收益率（ROE）的增加，但對總體利潤率（ROP）的影響不顯著。

4.3.4　信託業稅制評析小結

4.3.4.1　信託業稅收變化態勢

企業所得稅和營業稅（含營業稅附加）為信託公司負擔的主要稅收。對 23

家信託公司的營業稅和企業所得稅實證分析表明，近年來，信託公司的營業稅和企業所得稅都有大規模的增加，相對於營業稅，企業所得稅在信託公司中佔有更大的比重。

4.3.4.2 信託整體稅負較重與稅負不公平

實證分析表明，雖然不同企業的情況有所差異，但總體上講，信託公司的營業稅（含營業稅附加）負擔率和企業所得稅負擔率都有較大幅度地提高，趨近於法定實際稅負水平。實證研究顯示，企業所得稅對信託公司的績效有顯著的抑制作用，而營業稅對信託公司績效的影響不顯著。「營改增」是中國貨物勞務稅改革的方向，增值稅較之營業稅在理論上更具「中性」的優點，因此，在信託業「營改增」改革的制度設計中，應利用其中性的優勢，盡量不改變和扭曲信託業經營活動，不降低信託企業經營績效。

從稅制方面來考察，在信託課稅的過程中，存在嚴重的營業稅和所得稅重複課稅問題。①營業稅的重複課徵。重複課徵營業稅主要發生在信託設立和信託終止兩個環節。在整個信託流程中，信託財產發生兩次轉移，第一次發生在信託設立時，委託人將財產轉移給受託人，受託人形式上佔有控制信託財產；第二次發生在信託終止環節，受託人將信託財產或處分信託財產所取得的對價轉移給受益人，由受益人實際所有。根據現行稅法，每次財產轉移都要徵收營業稅，因此在信託兩次財產轉移時就會被課徵兩次營業稅。而在整個信託活動的過程中，真正的經營活動只是受託人接受委託后的信託持續階段。②所得稅的重複課徵。在信託關係存續期間，信託投資公司進行投資、管理、運用、處分信託財產時獲得收益，要繳納企業所得稅；而分配信託收益的時候，受益人、受託人收到的信託收益同樣屬於應納稅所得，需要交納所得稅，這樣就造成了對同一筆信託收益徵收兩次所得稅的情況。重複課稅使信託當事人承擔了比一般經濟活動的主體更多的稅負，違背了稅收公平的基本原則。

同時，與基金行業相比也存在明顯的稅負不公問題。證券投資基金從本質上來說是一種典型的資金信託。但對證券投資基金有大量的稅收優惠政策，不僅免徵了證券投資基金募集資金的營業稅和從證券市場取得收入的企業所得稅，而且免徵了個人投資者從基金分配中獲得的股票差價收入應納的個人所得稅，這些稅收優惠對基金行業的發展起到了很大的推動作用。然而，除證券投資基金外，其他證券投資活動和資金信託等信託業務不能享受這種待遇。

4.3.4.3 缺乏公益信託的稅收優惠政策

在中國信託法中,將公益信託作為專門的獨立部分加以規定,說明公益信託具有特殊的內容、性質和意義。信託公司通過開展公益信託業務充分發揮信託制度的優勢,可以在發展教育、救濟貧困、扶助殘疾、保護環境等各類社會公益事業中發揮獨特的作用。然而,目前發展公益信託還面臨著稅收的障礙,缺乏稅收優惠政策的支持將會制約公益信託發展。

4.4 中國信託業稅制的優化

4.4.1 信託業稅制優化的原則

為促進信託業的健康持續發展,應優化中國信託業稅制,使之適應和推動信託業的發展。在信託稅制優化中,應堅持以下原則:①效率原則。對信託業的貨物勞務稅、所得稅及其他稅收設定中,應盡量減少對信託業活動的扭曲,使稅收盡量保持中性;同時,對信託業發展中可能產生的風險、存在的市場失靈,可以適當借助稅收手段進行調整。稅收設計盡可能簡化,徵管中充分運用代扣代繳,降低徵納成本。②公平原則。信託活動形式多樣複雜,應堅持實質重於形式、「誰受益、誰納稅」的原則進行稅收設計,防止稅收錯配造成的不公。同時,區分盈利性信託和公益性信託採取差別的稅收措施,以體現對公益信託和公益事業的支持。③系統性原則。應將信託業稅收放在中國整個稅制體系中來考量,考慮信託業稅收的特殊性和其他行業稅收共性的關係,減少不必要的特別規定、簡化稅收;同時,將信託業稅收放在全球視野中進行考察,借鑑國外信託業稅收的有益經驗,使信託業稅收既適合國情又實現國際化。

4.4.2 信託業稅制優化的政策建議

4.4.2.1 完善信託業的貨物勞務稅

「營改增」是中國貨物勞務稅的趨勢,信託業也應盡快納入「營改增」範圍,使信託業的貨物勞務稅按增加值徵收,購進貨物和勞務的進項稅可以抵扣,接受信託服務的企業獲得信託企業開具的增值稅專用發票能夠抵扣,促進分工合作和信託業務的發展。在信託存續期間,受託人管理、處分信託財產的經營活

動，與其他非信託業務沒有實質區別，應按照現行稅制規定繳納各項稅款，由受益人或委託人最終承擔稅款。例如：如果受託人用信託資金買賣股票、債券等，就應該繳納貨物勞務稅及其附加、印花稅、房產稅；如果受託人涉及增值稅應稅貨物的銷售，就應該繳納增值稅及其附加。受託人在信託存續過程中獲得的信託報酬作為經營收入，由受託人繳納營業稅及其附加，若今后包括信託業在內的金融業營業稅改為增值稅，則該經營收入應納入增值稅銷售額的範圍。

在信託終止環節，按照實質課稅原則「實質重於形式」的要求，信託財產的轉移不構成銷售，無須繳納貨物勞務稅。若涉及增值稅應稅貨物，在信託終止環節，應稅貨物由受託人轉移給受益人不是實質上的貨物權屬的轉移，不滿足銷售要件。在受益人銷售這些應稅貨物環節時則計算繳納增值稅，與此相對應的增值稅進項稅款可以抵扣。

4.4.2.2　完善信託業的所得稅徵收制度①

在信託設立環節，信託財產的轉移屬於形式上的財產所有權轉移，受託人的財產雖然得到增加，但並未因取得財產所有權而獲得真實收益，故不應課徵所得稅。但在完全讓渡式他益信託（即將信託財產和收益完全轉讓給受益人）的情況下，信託財產的轉移本質上是一種贈送行為，若企業委託人以流轉稅應稅品作為信託財產，則應就視同銷售的財產轉移所產生的收入繳納企業所得稅。

在信託存續環節，此環節發生的所得源於受託人管理信託財產產生的所得，因此應當徵收所得稅。受益人（企業或個人）應當對這部分所得承受最終稅負，可以規定受託人負有就信託所得代扣代繳企業所得稅或個人所得稅的義務。此外，受託人對於自身經營收入帶來的應稅所得負有繳納企業所得稅的義務。

在信託終止環節，受益人從受託人處取得信託財產及收益，受益人的納稅分為兩種情況：在自益信託的情況下，受益人即委託人本身，委託人（即受益人）取回信託財產並無收益發生（其增值所得已被代扣代繳），因此不應繳納所得稅；在完全讓渡他益信託的情況下，受託人向受益人轉移信託財產實質上相當於完成委託人向受益人的財產贈與行為，企業受益人可將貨幣資產並入所得中計算繳納所得稅，如財產為實物資產則應按照接受捐贈的相關規定繳納企業所得稅。但對個人受益人而言，在尚未開徵贈與稅的情況下，不應對個人受益人增加的所

---

① 劉灝. 信託稅制、融資成本與信託業發展——基於稅制視角的一些思考［EB/OL］.（2011-12-30）［2013-03-12］http://www.xtxh.net/yjbg/6967.html.

得徵稅。在實際徵管層面上，對受益人為法人的信託收益，受託人（信託公司）不代扣代繳企業所得稅，信託收益並入企業收益由受益人自行繳納企業所得稅。若受益人為自然人的信託收益，採用源泉扣繳方式，由受託人（信託公司）代扣代繳個人所得稅。

4.4.2.3 優化印花稅徵收制度

在信託交易的各個階段，如設立信託合同、管理過程中受託人就管理、處分信託財產時所形成的合同等都要繳納印花稅。由於信託合同其本質並非實際的產權轉移合同，基於實質課稅原則，不宜按產權轉移書據來徵收印花稅，一種比較合理的選擇是，在印花稅徵稅合同類型中單獨設立一項「信託合同」，並採取按件定額貼花；對投資者購買的信託產品單位，明確規定不徵收印花稅；對中國信託機構受託運用信託資金進行證券交易，仍按規定繳納印花稅。

4.4.2.4 對公益信託給予減免稅優惠措施

中國《信託法》第六十一條規定：國家鼓勵發展公益信託。但現在仍缺乏明確的鼓勵公益信託業發展的政策措施，在其他國家或地區，為促進公益信託的發展都對公益信託採取了諸多稅收優惠措施。中國同樣應加強和完善針對公益信託的稅收優化政策。可以考慮，在單位或個人將財產提供、捐贈給公益信託者，成立公益信託或增加公益信託資產的，受託人或受益人接受財產可享受所得稅減免待遇。在公益信託成立后，受託人對信託財產進行經營、管理或處分，信託財產所生利息收入、租金收入或投資所得等，用於公益目的，免徵所得稅。公益信託受託人，基於受託資產從事經營活動，可給予其貨物勞務稅的優惠政策。

參考文獻

[1] 趙廉慧. 日本信託稅制簡介 [J]. 涉外稅務，2010（8）.

[2] 安體富，李青雲. 英、日信託稅制的特點及對我們的啟示 [J]. 涉外稅務，2004（1）.

[3] 楊葉承，宋秀玲. 稅務法規理論與應用 [M]. 臺北：新陸書局股份有限公司，2012.

[4] 張媛. 信託稅制的國際經驗及對中國的啟示 [J]. 黑龍江對外經貿，

2010（1）.

［5］金立新.「中國特色信託」的「去銀行化」需要頂層設計［N］. 金融時報，2013-03-25.

［6］周小明. 信託業的發展邏輯：制度安排與市場選擇——2012年度中國信託業發展評析［EB/OL］.（2013-02-17）［2013-03-14］http://www.xtxh.net/xhdt/14485.html.

［7］劉瀟. 信託稅制、融資成本與信託業發展——基於稅制視角的一些思考［EB/OL］.（2011-12-30）［2013-03-12］http://www.xtxh.net/yjbg/6967.html.

［8］徐孟洲，席月民. 論中國信託稅制構建的原則和設計［J］. 稅務研究，2003（11）.

［9］孟丁. 上市方式、多元化動機與公司績效——基於民營上市公司的經驗分析［J］. 南方經濟，2012（8）.

［10］陳曉紅，王思穎. 組織冗余與公司績效關係研究——治理制度的調節作用［J］. 科研管理，2012（9）.

［11］劉玉燦，張琳華. 中國上市公司股權激勵對公司績效影響的實證研究［J］. 南京理工大學學報：社會科學版，2012（5）.

［12］劉芳，吳青，周良. 商業銀行稅務風險評估的實證分析［J］. 管理學報，2012（7）.

［13］周小明. 信託稅制的構建與金融稅制的完善［J］. 涉外稅務，2010（8）.

［14］李青雲. 信託稅收政策與制度研究［M］. 北京：中國稅務出版社，2006.

［15］邢成，韓麗娜. 信託稅制及其建立原則研究［J］. 現代財經，2009（9）.

［16］邢成. 后危機時代中國信託業的政策環境與發展趨勢［J］. 中國金融，2010（6）.

［17］張學博. 中國信託稅制基本問題芻論［J］. 福建金融管理幹部學院學報，2008（3）.

［18］張大海. 信託稅收法律制度研究［J］. 經濟經緯，2006（4）.

［19］蔡政忠. 英美日公益信託社會的發展概況與比較分析［J］. 社會工作，2012（9）.

［20］李奇. 淺談中國信託業的現狀以及未來走向［J］. 經濟研究導刊，

2012 (35).

[21] 張丹月. 中國信託業發展趨勢研究 [J]. 現代商貿工業, 2008 (10).

[22] 歐陽白果. 避免信託重複徵稅的基本原則 [J]. 金融理論與實踐, 2005 (11).

[23] 程興華, 張雷. 信託業務稅收問題研究 [J]. 當代財經, 2005 (8).

[24] 張蓉. 論信託財產的獨立性 [J]. 中山大學學報論叢, 2005 (6).

[25] 中國稅收科研代表團. 日本金融稅制及其啟示 [J]. 涉外稅務, 2008 (6).

[26] 張穎, 隋金呈. 信託企業所得稅法研究 [J]. 新財經: 理論版, 2012 (9).

[27] 姒建英. 信託稅制的國際比較和借鑑 [J]. 企業經濟, 2004 (7).

[28] 錢寶珍. 信託稅制研究 [D]. 成都: 西南財經大學, 2008.

[29] 中國人民大學信託與基金研究所. 中國信託業發展報告 (2012) [M]. 北京: 中國經濟出版社, 2012.

5 中國金融經紀業稅制發展分析

5.1 中國金融經紀業的發展

　　中國金融經紀業的發展歷史由來已久，其中主要以證券經紀業的發展為典型代表。2000 年以前，證券業主要依靠在各地開設證券營業部，通過門面銷售模式進行發展。2001 年證券行情的下跌，證券公司和證券營業部數量的增加，證券市場開始由賣方市場轉為買方市場。隨著市場環境的轉變，證券行業的有志人士開始尋找新的突破口。2001 年，國信證券「銀證通業務」的推出，第一次把證券與行銷完美地結合在一起。2005 年 5 月起，中國證監會又指導並推動了對於中國資本市場具有重大意義的股權分置改革，旨在消除中國資本市場由於歷史原因造成的非流通股與流通股之間流通制度的差異及由此差異引發的各種弊端，2008 年 1 月，中國上市公司中完成股權分置改革的占比已經超過 95％，資本市場股權分置改革工作基本完成。然而，中國證券經紀業的發展也並非一帆風順，2003 年年底到 2007 年 8 月，中國證券行業曾經歷過一次大的危機。2003 年年底到 2004 年上半年，一批證券公司多年累積的風險呈現出一種集中爆發的態勢，全行業正面臨著自產生以來最嚴重的一次危機。當時有一大批公司資金鏈隨時可能斷裂，行業信用大幅度下降，增量資金急遽減少，存量資金不斷流失。部分高風險公司的問題暴露，引起了債權人的嚴重不安，對證券公司帳戶甚至客戶資金申請查封、凍結及個人債權人集體上訪等事件時有發生[①]。當時證券公司的風險已經危及到了整個資本市場的安全，影響了社會的穩定，形勢十分嚴峻。為了平息這場風波，2004 年 8 月，監管部門開始採取風險處置、市場監管與推進行業發

---

① 黃湘平. 金融危機的啟示和中國證券業的發展機遇 [J]. 中國流通經濟，2009（12）.

展三管齊下的措施。經過為期三年的艱苦努力,到 2007 年 8 月,證券公司綜合治理工作圓滿結束,各項預定目標按期實現。經過這次危機,中國證券行業可以說是脫胎換骨,進入了良性發展的軌道,經營理念、內部治理、風險控制機制等發生了深刻而顯著的變化。

截至 2012 年年底,全國共有證券公司 114 家。在這 114 家證券公司中,共有 19 家證券公司在滬、深證券交易所上市,其中 2 家證券公司在香港證券交易所上市。股權分置改革后,證券公司上市融資力度顯著提升,2007—2011 年,分別有 5 家、1 家、3 家、4 家和 3 家證券公司在滬、深證券交易所上市,2012 年新增東方花旗證券有限公司 1 家合資證券公司,由東方證券股份有限公司與花旗環球金融(亞洲)有限公司共同投資組建。[1]

2008 年美國次貸危機引發了全球金融危機。正是由於 2003 年經歷的金融危機與對證券公司的綜合治理,使中國證券行業規範經營與風險控制意識大大增強,以至於在最近的這次全球性金融危機中,中國證券行業的風險始終控制在較低水平,在市場大起大落的過程中,絕大多數公司能夠堅持穩健經營,較好地規避風險,沒有出現大的違規問題。然而,金融危機是金融體系變革的催化劑。此次次貸危機的連鎖反應,一方面導致了中國宏觀經濟的減速;另一方面也不可避免地對國內證券業監管思路和金融創新取向甚至證券業的發展方向產生較大的影響,從而促進了中國證券業經營模式的轉型。經過此次危機,中國證券業總結出如下幾條深刻的發展戰略:一是必須始終堅持合規經營。合規經營是證券公司生存與發展的必要條件。只有依法合規經營,才能取信於客戶、取信於市場、取信於社會,從而營造良好的經營環境。二是必須準確地進行功能定位。證券經濟、資產管理、承銷保薦等專業化證券服務是證券公司的基本業務,也是證券公司的職責和優勢所在,不以資本市場的仲介服務為主業的公司不可能成為證券公司,在實踐中也難以避免風險失控的惡果。三是必須加強對風險的控制。風險控制是證券公司安全運行、持久發展的堅實保障。四是必須切實確保資本穩健。資本穩健是證券公司實現可持續發展的物質保障。

金融危機過後,在世界金融經紀業變革的外部環境影響下,中國證券經紀業表現出以下幾點較為明顯的發展趨勢:

---

[1] 中國證券業協會.中國證券業發展報告(2013)總報告(摘要)[N].中國證券報,2013-05-03.

（1）經營模式呈現低成本、網路化發展趨勢。傳統以規模宏大、裝修豪華超大營業部已經不在了，現在大量產生的是新型的證券營業部，以互聯網為代表的電子化手段很大程度打破了經紀業務地域特徵。未來經紀業務經營模式軟硬件成本比例、投入比例都會發生很大變化，固定資產投入會降低，人力成本、服務軟件將成為經紀業務的主要成本。

（2）證券行銷團隊規模進一步擴張，券商行銷時代來臨。根據目前中國證券業協會的統計，全國行銷人員已經達到10萬多人，未來證券經紀人、非員工的經紀人還是以員工為代表的行銷團隊都會有一個非常好的發展前景。這支隊伍才是證券從業人員的主力軍。同時，變化趨勢就是服務模式差異化，券商服務品牌將逐漸形成。傳統通道代理服務已經無法滿足投資者的需求，投資者更關注券商的資訊信息和產品創新能力。服務產品呈現差異化，隨著客戶細分，我們有不同的服務產品，我們服務渠道也是多元化，比如有手機、網站、電話交易中心、櫃臺等等服務渠道。服務產品也有各種各樣的資訊產品。服務品牌開始出現，隨著服務產品差異化，促使券商更重視經紀業務品牌建設，市場上逐漸出現經紀業務的產品和服務品牌。

（3）金融經紀業與金融同業合作更加密切。首先是三方存管。一方面讓銀行與券商合作變成所有券商樂觀自覺行動；另一方面加深了經紀業務產品服務於銀行存管服務的關聯度。客戶綜合性財富管理需求將加深經紀業務與銀行、保險之間的金融之間的互惠合作，雖然依然是分業行銷，但聯合行銷會逐漸深入。其次是券商資源整合勢在必行。為了滿足客戶綜合性理財需求，券商內部的資源整合能力將成為關鍵競爭力。經紀業務憑藉銷售渠道和團隊，將成為各項其他業務不可或缺的基礎平臺。資產管理和投資研究業務對經紀業務的依賴自不待言。投行和固定收益業務隨著賣方市場向買方市場的轉化，其承銷和定價將越來越離不開經紀業務的支持。

5.2 金融經紀業稅制的國際比較與借鑑

5.2.1 金融經紀業稅制的國際比較

基於證券經紀業在金融經紀業中的重要性，報告主要討論與證券經紀業相關

的稅制比較問題。國外對證券業的徵稅主要表現在證券所處的環節不同徵收不同的稅。一般而言,並不是每一個國家都能在所有的環節同時徵稅,而只選擇幾個環節徵稅,且稅率普遍較低,以促進證券市場發展,將涉稅領域逐漸擴大,實現對證券市場的全方位調節。

5.2.1.1 證券市場交易環節課稅的國際比較

(1) 證券發行環節的稅收

證券發行市場又稱為證券一級市場或初級市場,是證券發行者將要發行的證券出售給投資者的場所。證券發行市場的參與者由證券發行者、證券投資者和證券承銷者構成。一般來說,證券發行市場並無特定的市場,投資者與發行者買賣首次股票就構成了發行市場。在證券發行環節徵稅,一般包括對申請發行的證券徵收印花稅、登記許可稅和資本稅等,其中印花稅是比較常見的一個稅種。

徵收印花稅的國家主要有日本和瑞典等國,日本、瑞典兩國在徵收對象和徵收方法的確定上也存在很大差異。其中:瑞典的印花稅稅率為股票票面金額的1%,實行雙向徵收;日本則採用分級定額的印花稅率,根據股票的金額分為四級,即:對股票金額在500萬日元以下的徵收100日元;對股票金額超過500萬~1,000萬日元的徵收500日元;對股票金額超過1,000萬~5,000萬日元的徵收1,000日元;對股票金額超過5,000萬日元的徵收5,000日元,並且只對賣方徵收。

有些國家對申請發行並已登記許可的證券課徵登記許可稅,如日本、荷蘭等國對公司發行債券或股票,都須課徵登記許可稅。日本的登記許可稅按應稅證券金額的0.1%~0.5%徵收,要求發行公司在辦理許可登記時繳納。

英國、愛爾蘭、比利時、丹麥、奧地利等國按照比例稅率向證券發行公司徵收資本稅,其中,英國、愛爾蘭、比利時的稅率為1%,奧地利的稅率為2%,丹麥的稅率為1%~4%。

俄羅斯則徵收有價證券發行稅,計稅依據為發行證券的票面金額,稅率為0.8%,由發行者繳納。

(2) 證券交易環節的流轉稅

證券交易環節徵收的流轉稅主要是相對證券交易行為所確定的徵稅原則和徵稅制度。一般來說,證券交易數額大,次數多,在這一環節徵收流轉稅便於發揮政府運用稅收手段調節投資與分配的作用。在證券交易環節徵收流轉稅的目的主要是為了調整證券市場上資本流動情況,抑制過度投機。從美國庫伯斯·里伯蘭

德國際稅收網提供的 95 個國家的稅收情況來看，有 27 個國家和地區開徵過與證券交易行為相關的流轉稅種。

證券流轉稅是對證券交易環節徵收的稅種，一般採用證券交易印花稅和證券交易稅的形式。目前世界各國對證券交易行為的徵稅方式主要分為 3 類（見表5-1）：只徵收證券交易稅的國家和地區（如瑞典、西班牙、比利時、南非、韓國和臺灣地區）；只徵收印花稅的國家和地區（如義大利、法國、英國、澳大利亞、泰國和印度尼西亞）；證券交易稅與印花稅兼有的國家和地區（如中國香港地區、新加坡、日本、菲律賓和馬來西亞）[①]。

表 5-1　　　　　　　　　部分國家和地區證券流轉稅一覽表

國家和地區	印花稅	交易稅	國家和地區	印花稅	交易稅
美國			中國香港		
英國	√		韓國		√
瑞典		√	臺灣		√
澳大利亞	√		新加坡	√	√
西班牙		√	日本	√	√
泰國	√		義大利	√	
比利時		√	菲律賓	√	√
印度尼西亞	√		法國	√	
南非		√	馬來西亞	√	√

具體而言，法國的證券交易稅由買賣雙方各負擔 50%，交易額在 100 萬法郎以內的稅率為 0.3%，超過 100 萬法郎的稅率為 0.15%；且每筆交易可以減稅 150 法郎，每筆交易應納稅額不超過 4,000 法郎；對在創業板上市的股票交易不徵收交易稅；債券交易免稅。荷蘭對買賣雙方以購買或銷售股票的價值為計稅依據，徵收稅率為 0.12% 的股票交易稅；瑞典以股票、債券、認購股權等為徵收對象，按 0.5% 的稅率徵收證券交易稅，但設置了起徵點，規定在半年內交易量超過 50 萬克朗者徵收。

徵收印花稅的代表主要有瑞士、日本和中國香港地區，瑞士對買賣國內證券

---

① 李蘊潔. 證券稅制的國際比較與借鑑［J］. 雲南財貿學院學報，2003（6）.

按 0.15%，買賣國外證券按 0.3%的稅率徵收印花稅，稅負由買賣雙方各負擔一半；日本對有價證券的轉讓依據有價證券的金額，按最低為 0.005%、最高為 0.1%的差別比例稅率徵收印花稅；在中國香港地區，對股票和有價證券按 0.6%的稅率徵收印花稅，稅款由雙方平攤。

表 5-1 主要反應的是前幾年國際上在證券交易環節徵收的流轉稅情況，表明西方國家在市場發展的初期在證券交易環節都徵過稅，但近年來部分國家如美、英等國，為了鼓勵資本流動，對該環節的流轉稅做了一些調整，相繼都停徵了該環節的稅收。

（3）證券交易環節的所得稅

證券所得主要由兩部分組成：一是證券買賣的價差增益即證券交易所得；二是利息、股息與紅利收入即證券投資所得。法國稅法規定，公司轉讓證券取得資本所得，按照參與類型，在一個納稅年度實現的轉讓總收入，以及被轉讓股票所屬公司的不同類型等有不同的徵稅方法。從 2000 年 1 月 1 日起，在同一個納稅年度轉讓所持有的國內或國外公司的股票、債券和類似證券超過 5 萬法郎，對其總收入按 16%的低稅率徵稅[1]。

瑞典政府規定，如果把股票和其他證券當作存貨，那麼轉讓這些財產的收益應當計入營業利潤，如銀行、保險公司或者其他金融機構所持證券；如果股票和其他證券不當作存貨，其轉讓所得應當按照特殊的資本利得徵稅，轉讓股票和其他證券的資本利得為銷售價格與購買價格之差；如果納稅人按照不同價格買賣同一種股票，則按照平均購買價計算資本利得。在國內或者國外證券交易所上市的股票和其他證券，其購買價為轉讓價減去交易成本乘以 20%。在一定條件下，公司或者居民個人用股票交換收購公司的股票不需納稅，但是應當在股票出售或者終止時納稅。此外，可以得到不超過股票平價 10%的現金補償，而這種補償應當立即納稅。公司取得的資本利得按照 28%的稅率納稅，個人取得的資本利得按照 30%的稅率納稅。

英國公司取得的資本利得按照名義稅率繳納公司稅。2001 年財政年度公司稅的稅率為：一般稅率 30%，應納稅所得額不超過 30 萬英鎊的部分，稅率為 20%；應納稅所得額超過 30 萬~150 萬英鎊的部分，稅率為 32.5%。英國居民個

---

[1] 肖鵬，陳石頭. 證券市場稅收制度的國際比較與借鑑 [J]. 涉外稅收，2000（7）.

5 中國金融經紀業稅制發展分析

人應就其來源於全世界的資本利得與其他所得合併計算繳納個人所得稅，現行個人所得稅稅率為三級超額累進稅率，最低稅率為10%，最高稅率為40%。

有些國家對資本利得有特殊的減免規定，即根據持有證券時間的長短給投資者不同的優惠，對轉手快的短期投資者徵收較高的稅，以抑制證券市場的過度投機活動。如英國政府規定，從1999年4月6日起，資產處理取得的應納稅利得額，根據持有資產年限不同可以享用遞減優惠。對於非經營性資產（含證券），持有時間超過3年的，只就95%的利得徵稅；持有時間每增加1年，應稅利得額減少5%，直到持有時間在10年以上，只就60%的利得額繳納公司稅。

（4）證券投資收益環節的所得稅

證券投資收益是指證券持有者在持有證券一定時間以後獲得的股息或者紅利收入，這類證券所得屬於投資收益所得範疇，大多數國家都把它列為徵稅對象，個人和公司採取不同的徵稅方法。

對個人所獲股利收入幾乎是所有國家都要徵稅的。對個人證券收益所得的徵稅以美國和日本為例。美國的個人所得稅是典型的綜合所得稅制：個人所獲得的股利屬於「任何來源的所得」範圍，列入「毛所得」內，在計算「淨所得」時允許扣除借款利息，即為投資股票而借款的利息，並允許股東收到股息的第一個200美元不列入總所得納稅。個人所得稅率稅為15%及28%兩檔[①]。

亞洲國家的證券收益所得稅當屬日本較為完善。日本對個人股利收入的徵稅採用三種辦法：一是免除申報義務制度。即對股利收入在10萬日元以下的，公司在分發股利時預扣應交稅費，將扣稅后的淨股利交付股東，稅率為股利的20%。二是分項預扣徵收制。即從同一公司取得的股利金額在10萬～50萬日元的，且持有該股票占公司發行股票總額的5%以下時，納稅人可選擇按股息的35%的比例稅率納稅，或選擇綜合申報納稅。三是綜合申報課稅。凡不符合上述兩項條件的，都實行綜合徵稅，採用10.5%～70%的累進稅率，但可享受10%的「紅利扣除」優惠，即允許從總所得中扣除紅利收入的10%部分。

對公司所獲得的股利，美國將之作為公司所得稅的應稅所得額計列，計徵公司所得稅，稅率分為18%、25%、34%三檔；而日本則在公司取得股利時先預扣20%，以後在交納法人所得稅時，可以從法人所得稅額中抵扣。這樣的規定，縮

[①] 鮑衛平．金融衍生產品與中國相關稅收政策的調整[J]．稅務研究，2002（12）．

小了課稅的基礎，即使稅率較高，總稅負仍然不會高。

由於股息、紅利一般是從發放股息、紅利者（被投資者）的所得稅后利潤中支付的，為了消除重複課稅，各國都採取了種種方法和措施，有許多經驗值得我們借鑑。一些發達國家主要採取兩種方式消除或避免重複徵稅。①扣除制或雙率稅制。扣除制的做法是允許公司從稅收所得中扣除部分或全部股息，如希臘、瑞典。雙率制又稱分率制，即對公司分配股息按低稅率徵稅，對未分配股息按高稅率徵稅，這樣做可以部分減輕重複課稅。如日本對公司用於支付股息的所得部分，稅率可降低到32%，對保留利潤按42%繳納法人國家所得稅和法人地方所得稅。②抵免制和免稅制。抵免制的核心是通過將公司繳納的部分或全部稅款歸屬給股東所得股息中去，以抵免股東的個人所得稅，這一方法被大多數西方國家採用。如英國、法國、比利時等國。免稅制是指股東個人所得的股息收入不作為個人應稅所得繳納個人所得稅，比較徹底地消除了重複課稅。如荷蘭與中國香港地區等。

（5）證券轉移環節的稅收

證券是一種代表一定財產的信用憑證。誰擁有證券，就代表這種財產為誰所有。目前，世界上多數國家都把證券列入財產稅的課稅範圍，即在證券所有權發生轉移時，課徵遺產稅或贈與稅。如美國實行總遺產稅制，將證券納入死亡者的遺產總額，對超過免稅限額（遺產和贈與稅統一免稅額為192,800美元）的部分累計徵稅。日本對證券等財產轉移徵收遺產稅和贈與稅。日本的遺產稅以繼承人分得的遺產為標準，按繼承人與遺產人的親疏不同，實行6級超額累進稅率，稅率為10%~50%；贈與稅也實行10%~50%的6級超額累進稅率。英國只有遺產稅，未開徵贈與稅。為了避免偷逃遺產稅，規定被繼承人在死亡以前7年之內的贈與應當繳納遺產稅。

5.2.1.2 證券機構課稅的國際比較

證券機構課稅主要涉及公司所得稅。在對證券機構徵收公司所得稅時有兩個重要問題需要解決：一是這些機構自營業務獲得的利潤，即從買進和賣出證券中所獲利潤，在稅收上應歸類營業收入還是資本利得？二是在每個時期，如何核算這些利潤？

（1）美國對證券機構的課稅

美國的稅收法典從徵稅角度將參與證券交易的納稅人分為三類：①經紀商。

交易商是指在正常交易或經營過程中，經常性地從客戶那裡購買證券或將證券銷售給客戶的那些人（公司）。②交易商。指用自己的帳戶而非客戶帳戶頻繁地買進和賣出證券，並且將此作為一種業務的人（公司）。③投資人。投資人是指其活動只限於用個人帳戶偶爾做些交易的人，或由他人對其投資進行管理的人。納稅人分類決定了收益或虧損以及銷售費用將如何被對待。

美國稅法規定：①經紀商在經銷某種證券時（儘管某個經紀商可能會為投資目的持有一些證券，甚至將這些證券作為其資產），通常只是實現普通收益或承擔普通虧損，而非資本利得或虧損。②交易商的收益和虧損處理有兩種方式：一是作為資本損益處理；二是作為普通損益處理。在美國，證券經紀商必須在每個納稅年度結束時將其持有的大部分證券按市值進行調整，而且按此方式實現的收益或虧損即應作為普通收入而非資本利得對待。然而，按市值調整規則並不適用於其所有持倉，即對其作為一種投資持有的部分證券是不適用的。證券交易商也許會為納稅計算採用按市值調整的會計方法，但並不要求他們這樣做。③投資人的收益和虧損也都是作為資本利得或虧損對待，除非對於某項交易資產有著特殊規定。

（2）日本對證券機構的課稅

日本根據註冊資本和應納稅所得額的不同，稅率分為22%和30%兩檔。但從2000年4月1日起，對位於東京的金融機構還徵收一種「外在標準稅」（Tax based on external standers），如果其擁有的資本金超過50億日元，應當就毛利徵收2%或3%的稅。此外，登記成立股份公司須按15萬日元或公司註冊資本的0.7%中較大者繳納註冊登記稅。證券公司取得經營許可，也應當繳納15萬日元的註冊登記稅。

5.2.2 金融經紀業稅制的國際借鑑

5.2.2.1 證券市場課稅的國際借鑑

從證券經紀業國際比較的情況來看，大部分國家都根據自身情況選擇在幾個環節徵稅，一般都涵蓋了一級發行市場和二級流通市場。在稅種和稅率的設計方面也都有各自的特點，但稅率一般來說都比較低，稅種主要趨向於以所得稅為主。借鑑國外經驗，並結合中國國情，建立起一個既涉及證券發行、交易、收益以及遺贈的全過程，又涵蓋各種類型的子證券市場，包括股票、債券以及基金等

證券的所有發行、交易市場的完整證券稅制是非常必要的。具體的國際借鑑主要包括以下幾個方面：

(1) 建立與證券市場相對應的全面稅制體系

由於證券市場上的業務交易往往需要一個長期的過程，涉及證券發行、證券交易、證券轉讓等多個環節，每個環節都有各自的特點也會產生相應的收益。所以，相關的稅制體系應能調控和涵蓋整個證券市場，並根據不同證券市場的特點設計不同的稅種和稅率。例如，可以借鑑國外的經驗在證券發行環節徵收較低的印花稅，以低稅率來促進證券的發行，在證券的交易環節可以借鑑英、美等發達國家的做法即以免徵或者減徵交易環節流轉稅的方式來鼓勵資本的流通。此外，為了保證中國證券經紀業稅制的完整性和全面性，有必要在贈與稅和遺產稅方面進行完善，進而對證券的贈與和繼承做出明確規定。

(2) 實現由單一的證券稅制向複合型證券稅制的轉型

縱觀世界各國對證券市場的徵稅情況來看，各國的稅種設計和徵稅對象都較為複合。從世界各國的稅收實踐來看，證券市場較為成熟的發達國家大多在證券交易環節開徵資本利得稅，如美國、英國、法國、日本等。一些新興的工業化國家或地區雖然暫時還未開徵，但大部分國家和地區都把資本利得稅列為在未來選擇適當時機開徵的「儲備稅種」。所以，中國目前有必要豐富證券經紀業的稅種，改變以單一的印花稅為主的模式，考慮在證券交易環節以資本利得稅代替印花稅，或者將二者有效地結合起來。另外，在證券的轉移環節有必要考慮開徵財產稅，因為目前世界上很多國家都已經將證券列入了財產稅的徵稅對象，並且選擇在證券的轉移環節開徵相關的財產稅。

(3) 建立以所得稅為主體的證券業稅制體系

從世界各國的稅制改革歷史來看，稅制變遷正經歷著由以間接稅為主到以直接稅為主的發展趨勢。國際經驗表明，直接稅的比重將進一步提高。中國目前也逐步意識到這一點，正開始著由以流轉稅為主向以所得稅為主的稅制改革。但從中國目前的證券業稅制結構來看，主體稅種仍然是以流轉稅為特徵的證券交易印花稅。從國際比較的情況來看，大部分國家都比較重視證券交易環節和證券投資收益環節的所得稅，主要是個人所得稅和企業所得稅的有效結合，在結合的過程中，中國可以借鑑法國、日本等國的經驗，對企業所得稅和個人所得稅採用不同的稅制設計，並且注重消除徵稅過程中的重複徵稅問題。

5.2.2.2 證券機構課稅的國際借鑑

西方學者認為，對證券實現收益的徵收方式可能會產生一種「鎖定」效應，因為那些持有應稅收益資產的人會推遲實現時間，以延期納稅。對於證券這種資產以及因此可以得到其連續市場價格數據的資產，應該按應計額而非按其實現價值對收益直接徵稅更為合理。亦即採用市值法，按收益應計期間對證券機構實現的應稅收益進行調整時較好的計徵方式。因此，在條件成熟之際，中國也應採用這種市值調整法。

5.3 中國金融經紀業稅制評析

5.3.1 金融經紀業稅制的沿革

從 1978 年開始的改革開放政策，使中國的經濟由計劃經濟向市場經濟轉軌。證券市場也開始產生。隨著中國經濟的發展，證券期貨市場也在不斷地發展壯大。1987 年 9 月 27 日，第一家證券公司——深圳經濟特區證券公司成立。2001 年，特區證券增資擴股至 6 億元從而成為一家綜合類券商，后更名為巨田證券。1992 年期貨交易開始試點，鄭州糧油批發市場開業並引入期貨交易機制，深圳有色金屬交易所推出了中國第一個標準化期貨合約——特技鋁期貨標準合同。在中國金融經紀業（證券、期貨公司）涉及的稅種主要有：證券交易印花稅、營業稅、增值稅以及企業所得稅。

5.3.1.1 證券交易印花稅

根據證券交易印花稅法規，金融經紀業（證券、期貨公司）在金融市場上交易金融商品須繳納證券交易印花稅。

中國證券（股票）交易印花稅開徵於 1990 年。1990 年 11 月 20 日，深圳市人民政府規定，從 1990 年 11 月 23 日起，凡在深圳市內書立股權轉讓書據（包括上市股票和企業內部發行的股票在買賣、繼承、贈與、分割等所書立的書據）的單位和個人均按轉讓時證券市場價格計算的金額，由兩方或兩方以上的當事人分別按 6‰ 的稅率繳納印花稅。1991 年 6 月 1 日，深圳市人民政府又將稅率調整為 3‰。1991 年 10 月 28 日起，上海市開始對股票轉讓書據徵收印花稅，包括上市股票和企業內部發行的股票，計稅依據是按轉讓時證券市場價格計算的金額，

由買賣雙方按印花稅稅率的 3‰ 繳納。1992 年 6 月 12 日，國家稅務總局和原國家體改委聯合發文，明確規定對買賣雙方各按 3‰ 徵收。根據股票市場發展的需要，國務院先后多次調整證券交易印花稅的稅率：1997 年 5 月 10 日從 0.3% 提高到 0.5%；1998 年 6 月 12 日從 0.5% 降低到 0.4%；1999 年 6 月 1 日將 B 股的稅率從 0.4% 降低到 0.3%；2001 年 11 月 16 日將稅率從 0.2%（A 股）和 0.3%（B 股）兩檔一律降至 0.2%；2005 年 1 月 24 日將稅率從 0.2% 降低至 0.1%；從 2007 年 5 月 30 日將稅率從 0.1% 提高到 0.3%；2008 年 4 月 24 日將稅率從 0.3% 降低至 0.1%；2008 年 9 月 19 日，證券（股票）交易印花稅的納稅人從出讓方和受讓方上方改為出讓方單方。

5.3.1.2 營業稅及附加

根據營業稅法規，金融經紀業（證券、期貨公司）的經營收入須繳納營業稅及附加，稅率一般為營業額的 5.55%。

《財政部、國家稅務總局關於營業稅若干政策問題的通知》規定：金融企業買賣金融商品（包括股票、債券、外匯及其他金融商品，下同），可在同一會計年度末，將不同納稅期出現的正差和負差按同一會計年度匯總的方式計算並繳納營業稅，如果匯總計算應繳的營業稅稅額小於本年已繳納的營業稅稅額，可以向稅務機關申請辦理退稅，但不得將一個會計年度內匯總後仍為負差的部分結轉下一會計年度。

《財政部、國家稅務總局關於資本市場有關營業稅政策的通知》規定：准許證券交易所和期貨交易所代收的監管費從營業稅的計稅依據中扣除；准許證券公司扣除代理他人買賣證券代收的證券交易所經手費，為中國證券登記結算公司代收的股東帳戶開戶費（包括 A 股和 B 股）、特別轉讓股票開戶費、過戶費、B 股結算費、轉託管費；准許期貨公司為期貨交易所代收的手續費從其營業稅計稅營業額中扣除。

《財政部、國家稅務總局關於中國證券登記結算公司有關營業稅政策的通知》規定：准許證券登記結算公司扣除代收代付的證券公司資金交收違約墊付資金利息和結算過程中代收代付的資金交收違約罰息。

《財政部、國家稅務總局關於證券投資者保護基金有關營業稅問題的通知》規定：准許上海、深圳證券交易所上繳的證券投資者保護基金從其營業稅計稅營業額中扣除；准許證券公司上繳的證券投資者保護基金從其營業稅計稅營業額中

扣除；准許中國證券登記結算公司和主承銷商代扣代繳的證券投資者保護基金從其營業稅計稅營業額中扣除。

《財政部、國家稅務總局關於中國證券登記結算公司有關營業稅政策的通知》規定：准許證券登記結算公司扣除代收代付的證券公司資金交收違約墊付資金利息和結算過程中代收代付的資金交收違約罰息。

金融經紀公司轉讓股票、外匯、債券、非貨物期貨等金融產品的所有權獲得的利差，按賣出價減去買入價的余額計徵營業稅。企業提供金融服務所收取的各類費用。根據收費的性質可以分為三類：第一類是金融機構作為交易仲介參與金融產品交易向交易雙方收取交易仲介收入，也稱手續費或佣金，如股票交易手續費；第二類是金融企業提供各類明計收費的金融服務即金融中間產品，如保險箱服務、代收代發款等，會員費和席位費也可以歸入此類；第三類是金融企業根據行業規定以及行業慣例所收取的費用，如風險基金和保證金等。第一類和第二類收費按所收取費用的全額計徵營業稅，第三類收費屬返還型收費，不構成營業收入，不徵收營業稅，其產生的利息作為營業外收入直接計入損益不徵收營業稅。

5.3.1.3 增值稅

期貨主要有兩類，分別是貨物期貨（包括商品期貨和貴金屬期貨）和金融期貨。增值稅主要是針對進行實物交割的期貨。1984年10月1日實施的《中華人民共和國增值稅條例（草案）》和《中華人民共和國增值稅條例（草案）實施細則》規定，徵稅對象為規定的產品；稅目、稅率和扣除項目分為甲、乙兩類，共設12個稅目，稅率從6%~16%不等。貨物期貨使用的增值稅稅率，因貨物的種類不同而不同。

期貨公司在1994年稅改以前涉及的營業稅、所得稅的稅收政策與證券公司相同，這裡不再贅述。由於在1984年制定稅法時，金融經紀業還沒有出現，所以稅法的規定只是針對金融保險業。1992年期貨行業出現後，金融保險業和證券行業這兩個新的行業也只能暫按金融業納稅。直到1994年稅制改革才單獨提出金融經紀業。

1994年的稅制改革，簡並了增值稅的稅率檔次，簡並后增值稅的稅率為17%、13%、0三檔。2009年增值稅由生產型增值稅轉型為消費型增值稅，企業購進的固定資產的進項稅額可以憑票抵扣。

貨物期貨徵收增值稅的具體辦法如下：

（1）貨物期貨交易增值稅的納稅環節為期貨的實物交割環節。

（2）貨物期貨交易增值稅的計稅依據為交割時的不含稅價格。不含稅價＝含稅價／（1+增值稅率）。

（3）貨物期貨交易增值稅的納稅人為：交割時採取由期貨交易所開具發票的，以期貨交易所為納稅人。期貨交易所增值稅按次計算，其進項稅額為該貨物交割時供貨會員單位開具的增值稅專用發票上註明的銷項稅款，期貨交易所本身發生的各種進項稅額不得抵扣。

交割時採取由供貨的會員單位直接將發票開給購貨會員單位的，以供貨會員單位為納稅人。

5.3.1.4 企業所得稅

1994年稅制改革統一了內資企業所得稅，但中國的企業（包括證券公司、基金管理公司等）所得稅實行內、外資企業兩套不同的稅制。內資企業在證券市場投資所得的股息、利息及紅利收入按33%的比例稅率課徵企業所得稅，企業投資者買賣（或申購、贖回）基金單位獲得的差價收入應當並入應納稅所得額，繳納所得稅。但對企業從基金分配中獲得的收入暫不徵收企業所得稅，對證券投資基金從證券市場中取得的收入，包括買賣股票、債券的差價收入，股票的股息、紅利收入，債券的利息收入以及其他收入，暫不徵收企業所得稅。對在中國境內設有機構、場所從事生產、經營活動的外商投資企業和外國企業，其所獲得的股息、利息及紅利收入按30%的稅率納稅，並附徵3%的地方所得稅。外商投資企業轉讓股票或股權取得的淨收益以及外國企業在中國設立的機構、場所轉讓持有的中國境內企業股票取得的淨收益，應當計入企業應稅所得額繳納所得稅，上述股票交易發生的淨損失可以衝減企業當期應納稅所得額。外國企業轉讓其在中國境內外商投資企業的股權取得的超出其出資額部分的轉讓收益，依照10%的稅率繳納預提所得稅。

2008年1月1日實施的《中華人民共和國企業所得稅法》實現了內資企業和外資企業所得稅的合併，並調整了內資企業所得稅。對於國內企業，利息收入（購買各種債券等有價證券的利息、外單位欠款給付的利息以及其他利息收入）和股息收入（對外投資入股分得的股利、紅利收入）依25%的比例繳納企業所得稅；購入國債的利息收入，不計入應納稅所得額。對於外商投資企業，股票轉

讓淨收益需並入應稅所得。納稅人來源於境外所得在境外實際繳納的稅款低於扣除限額的，可以從應稅額中按實扣除；超過扣除限額的，其超過部分不得在本年度應納稅額中扣除，也不得列為費用支出，但可用以后年度納稅額扣除的餘額補扣，補扣期限最長不得超過 5 年。

《財政部、國家稅務總局關於金融企業所得稅前扣除呆帳損失有關問題通知》規定：自 2001 年 1 月 1 日起，金融企業依據規定計提的呆帳準備，其按提取呆帳準備資產期末餘額的 1% 計提的部分，可在企業所得稅前扣除。

根據財政部、稅務總局《關於證券行業準備金支出企業所得稅稅前扣除有關問題的通知》和《關於證券行業準備金支出企業所得稅稅前扣除有關政策問題的通知》，中國證券和期貨行業準備金扣除的規定如下：上海、深圳證券交易所按證券交易所交易收取經手費的 20%、會員年費的 10% 提取的證券交易所風險基金，在各基金淨資產不超過 10 億元的額度內，準予在企業所得稅稅前扣除中國證券登記結算公司所屬上海分公司、深圳分公司按證券登記結算公司業務收入的 20% 提取證券結算風險基金，在各基金淨資產不超過 30 億元的額度內，準予在企業所得稅稅前扣除；證券公司依據《證券結算風險基金管理辦法》的有關規定，按相關比例交納的證券結算風險基金，準予在企業所得稅稅前扣除。上海、深圳證券交易所在風險基金分別達到規定的上限后，按交易經手費的 20% 繳納的證券投資者保護基金，準予在企業所得稅稅前扣除；證券公司按其營業收入的 0.5%～5% 繳納的證券投資者保護基金，準予在企業所得稅稅前扣除。

對於期貨類準備金，上海期貨交易所、大連商品交易所、鄭州商品交易所和中國金融期貨交易所分別按向會員收取手續費收入的 20% 計提的風險準備金，在風險準備金餘額達到有關規定的額度內，準予在企業所得稅稅前扣除；期貨公司從其收取的交易手續費收入減去應付期貨交易所手續費后的淨收入的 5% 提取的期貨公司風險準備金，準予在企業所得稅稅前扣除；上海期貨交易所、大連商品交易所、鄭州商品交易所和中國金融期貨交易所按其向期貨公司會員收取的交易手續費的 3% 繳納的期貨投資者保障基金，在基金總額達到有關規定的額度內，準予在企業所得稅稅前扣除期貨公司從其收取的交易手續費中按照代理交易額的千萬分之五至千萬分之十的比例繳納的期貨投資者保障基金，在基金總額達到有關規定的額度內，準予在企業所得稅稅前扣除。

根據國家財政部的《商品期貨交易財務暫行規定》：期貨公司用於銷售回扣、佣金的總金額不得超過主營業務收入總金額的4%。《企業所得稅稅前扣除辦法》第五十三條規定，納稅人支付給個人的佣金不得超過所服務金額的5%，這顯然與現實差距巨大，而且根本無法解決經紀人報酬和激勵機制問題，更何況期貨公司的「服務金額」還存在著如何認定的問題。

《關於商品期貨交易有關稅收問題的通知》規定：期貨交易所和期貨經紀機構購置為期貨交易服務的通信設備和電子計算機，可以實行雙倍余額遞減法或年數總和法，折舊方法一經選用，不得隨意改變，確實需要改變折舊方法的，應當在下一納稅年度開始前報主管稅務機關備案。上述固定資產折舊年限不得少於5年。期貨經紀機構臨時招聘工作人員工資的問題。期貨經紀機構臨時招聘工作人員所支付的費用，無論採取提成佣金方式或是以工資名義支付，均屬於人員工資費用，納稅人在年終申報納稅時必須按照稅收法規規定的計稅工資在稅前扣除，凡超過當地計稅工資標準的部分，在計徵所得稅時予以納稅調整。期貨交易所按規定標準向會員一次性收取的席位占用費，屬於企業的應付款項，可不作為應稅收入，不徵收企業所得稅；期貨交易所按規定標準向會員收取的年會費，作為當年的營業收入，應按稅收法規規定計徵企業所得稅。

綜合而言，中國證券期貨業目前繳納的稅收主要包括貨物勞務稅、所得稅及行為稅三大類。其中，營業稅是證券期貨等經紀行業繳納貨物勞務稅的主體稅種，而當證券期貨公司從事實物期貨的買賣時也會構成增值稅的納稅義務人（見表5-2）。

表 5-2　　　　　　　　　　　證券期貨業現行稅制

稅種	稅率	稅種性質	收入歸屬
證券交易印花稅	股票交易徵收0.1%的印花稅且單向徵收；基金和債券交易不徵收印花稅	行為稅	共享稅
營業稅及附加	5.5%	貨物勞務稅	地方稅
增值稅	17%或13%	貨物勞務稅	共享稅
企業所得稅	25%	所得稅	共享稅

5.3.2 金融經紀業稅收發展趨勢的實證分析

5.3.2.1 金融經紀業稅收收入的變化趨勢

（1）證券交易印花稅

1992年6月12日，國家稅務總局和國家體改委聯合發文，明確規定對買賣雙方各按3‰徵收。由此，印花稅實現由地方性稅種向全國性稅種的轉變。1993年開始，中國證券市場統一監管體系初步確立，是中國由早期的區域性證券市場走向全國性統一市場的重要一年。一系列相關的法律法規和規章制度陸續出抬，市場得到較快發展，金融仲介機構也開始迅速發展。證券交易印花稅在1993年實現稅收收入22億元，占全國財政收入的0.51%；2007年證券交易印花稅收入達到2,005.31億元，占當年國家財政收入3.91%；而伴隨著中國股市轉弱，2011年證券交易印花稅又回落至438.45億元，儘管絕對數值較1993年仍增長了近20倍，但由於財政收入同步增長，其占財政收入的比重為0.42%，略低於1993年的相應比重。證券交易印花稅的稅基是A股和B股的交易總金額，與證券市場成交量和市值直接掛勾，變動性較大，而政策調整比較頻繁也加劇了印花稅收入的波動（見圖5-1）。

圖5-1 證券交易印花稅的變化趨勢

數據來源：《中國統計年鑒》1994—2012年。

(2) 營業稅及附加

以證券行業為例,證券公司 2007—2010 年繳納的營業稅分別為 134.08 億元、66.85 億元、99.90 億元及 88.38 億元,並沒有表現出連續的增長或下降趨勢,變動性較強(見圖 5-2)。其中 2007 年最多,2008 年最少。究其原因,證券公司繳納的營業稅及附加的變化趨勢和資本市場的走勢息息相關。在證券公司的主營業務中,無論是投資銀行業務還是證券經紀業務及資產管理業務,其營業收入具有較強的週期性,在證券市場過熱、投資者交易頻繁時,其相應業務的營業額較高,所繳納的營業稅及附加也必然較高;反之相反。

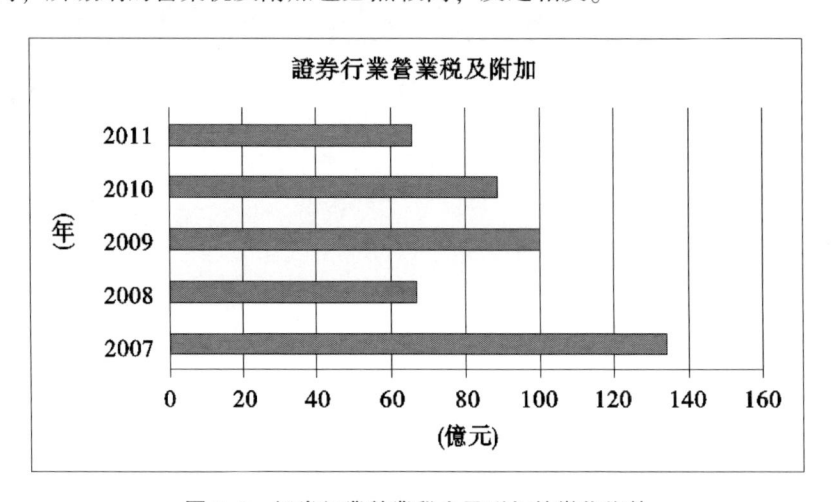

圖 5-2　證券行業營業稅金及附加的變化趨勢

數據來源:《中國證券期貨統計年鑒》。

(3) 所得稅

這裡同樣以證券行業為例,證券公司 2007—2010 年繳納的企業所得稅分別為 590.23 億元、114.97 億元、275.68 億元及 226.73 億元(見圖 5-3),年份之間的變動較大,且其所得稅收入的變化趨勢和營業稅金及附加的變化趨勢基本相同。由此可以推斷,證券公司的所得稅同樣隨著股市波動而波動,與資本市場的發展密切相關。但與流轉稅變化趨勢影響因素不同的是,2008 年中國進行了外資企業與內資企業所得稅的兩稅合併,並且稅率由 33%下降到 25%。2008—2010 年證券行業的企業所得稅相比 2007 年下滑明顯,既受資本市場較為低迷狀況的制約,也與所得稅稅率下降有密切的內在聯繫。

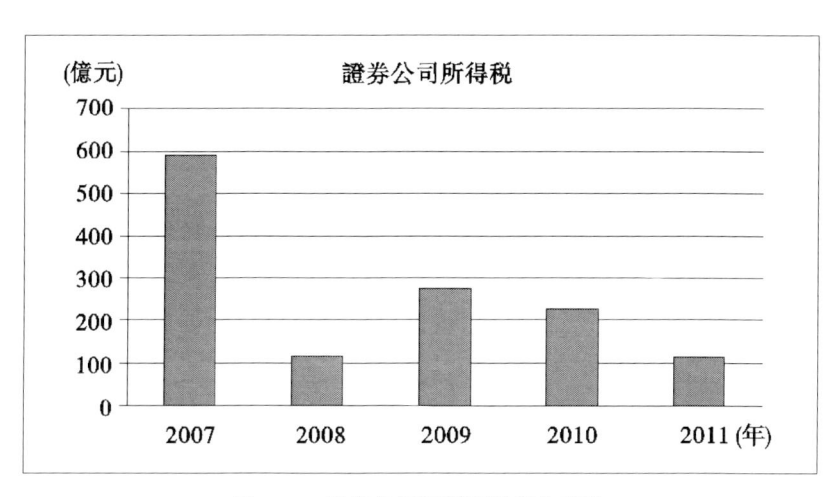

圖 5-3 證券公司所得稅的變化趨勢

數據來源：《中國證券期貨統計年鑒》。

5.3.2.2 金融經紀業稅收結構的變化趨勢

考慮到中國期貨公司的發展歷史較短，數據連續性不強，樣本量較少，這裡以證券行業代表金融經紀業分析該行業的稅收結構變化情況。雖然一些西方發達國家金融業（包括金融經紀業在內）的企業所得稅稅率相比中國較高，如美國金融業的企業所得稅稅率為35%，日本金融企業的資本額1億日元以下的稅率為28%、1億日元以上的稅率為37.5%。但從貨物勞務稅角度看，為減少稅收對金融業的負面影響，國外一般是少徵或不徵貨物勞務稅，只是象徵性地徵收登記稅、印花稅等其他稅種，稅率也很低，如韓國對金融業實行0.5%的營業稅稅率。歐洲國家一般不徵收貨物勞務稅，而徵收稅率較低的印花稅或登記稅。如英國、加拿大、法國、義大利等國稅制體系中雖然開設有增值稅，但對金融企業卻是免稅的，而美國則根本不開徵增值稅。中國對包括金融經紀業在內的金融業徵稅狀況的歷史演變見表5-3。由表5-3可知，中國目前對金融企業的所得稅稅率與其他企業完全一致。雖然目前對金融企業提供的金融服務徵收5%的營業稅，但考慮到中國企業所得稅的稅負水平在世界範圍內明顯偏低，總體稅負相對發達國家相差不大。

表 5-3　　　　　中國金融業營業稅與企業所得稅稅率變化情況

年份 稅種	1994—1996	1997—2000	2001	2002	2003—2007	2008
營業稅（%）	5	8	7	6	5	5
企業所得稅(%)	55	33	33	33	33	25

從稅負結構看（見表5-4），在以證券行業為代表的金融經紀業稅負分佈中，企業所得稅遠高於營業稅及附加稅。這說明證券行業所承擔的主要稅負為企業所得稅，貨物勞務稅稅負則相對較小。

表 5-4　　　　　中國金融業營業稅和企業所得稅占比情況

年份 稅收及占比	2007	2008	2009	2010	2011
營業稅及附加（億元）	134.08	66.85	99.90	88.38	65.60
所得稅（億元）	590.23	114.97	275.68	226.73	114.31
營業稅及附加稅占比(%)	18.51	36.77	26.60	28.05	36.46
企業所得稅占比（%）	81.49	63.23	73.40	71.95	63.54

數據來源：《中國證券期貨統計年鑒》。

5.3.3　稅收對金融經紀業發展影響的實證分析

5.3.3.1　金融經紀業稅收負擔的變化趨勢

對中國金融經紀企業來講，繳納的主要稅種為營業稅及附加和企業所得稅，而其他稅種的稅負對其影響相對較小。綜合中國金融經紀企業的實際情況，將中國金融經紀企業的總體稅收負擔近似地通過以下公式來計算：

$$\text{平均實際稅率}=\frac{\text{企業所得稅}+\text{營業稅及附加}}{\text{稅前利潤}+\text{營業稅及附加}} \tag{5-1}$$

以五家上市證券公司（中信證券、海通證券、長江證券、宏源證券、西南證券）為例（其中剔除遞延所得稅對所得稅費用的影響），2006—2011年其總體稅負情況見表5-5。

表 5-5　　　　　　　　證券行業總體稅負的變化趨勢

年份	2006	2007	2008	2009	2010	2011	2012
平均實際稅率(%)	28.42	36.81	35.56	29.31	29.77	31.83	27.57

數據來源：以中信證券、海通證券、長江證券、宏源證券和西南證券為樣本，通過查找其年報數據整理而得。

由表 5-5 可知，2008 年營業稅及附加和企業所得稅兩稅合併後，內資企業適用的企業所得稅稅率由 33% 降低到 25%，證券行業的總體平均實際稅負也由之前的 35% 上下降低到 2011 年的 32%，雖然有所降低但仍然偏重。為消除貨物勞務稅間的重複徵稅及促進第三產業特別是現代服務業的發展，2012 年 1 月 1 日以來，中國已開始在上海進行「營改增」的試點改革。包括證券業在內的第三產業從長遠發展趨向看，所承擔的貨物勞務稅負都會由目前的營業稅改為增值稅。但考察國外發達國家金融業的貨物勞務稅負擔情況可以發現，大部分國家對包括金融經紀業在內的金融業實行貨物勞務稅低稅或免稅政策。

5.3.3.2　稅收對金融經紀業經營績效的影響——基於證券上市公司的實證分析

稅負是影響企業經營績效的一個重要因素。從貨物勞務稅、財產稅、行為稅及資源稅角度看，除增值稅外，其他貨物勞務稅都構成企業經營的廣義成本，從而允許核算利潤時進行稅前扣除。從所得稅角度看，企業所得稅為企業核算淨利潤時所必須進行的一項稅前扣除。企業繳納的稅收越多，稅負越重，則股東擁有全部剩餘索取權的淨利潤就越少，企業經營績效就越低。從微觀機制考察，國內外文獻關於稅負對企業經營績效影響的傳導機制主要有三種：稅收對企業投資決策的影響、稅收對企業生產效率的影響及稅收對企業資本結構的影響。證券業作為典型的金融經紀業，其業務特徵決定了稅負對經營績效的影響機制及力度與其他行業相比會有較大差異。但從目前研究現狀看，立足於稅收角度考察證券經紀業經營績效影響因素的實證分析文獻還較少。本報告以上市證券公司為樣本，試圖揭示稅負對證券經紀業的影響機制及效果，為證券經紀業稅制的完善提供相應參考。

(1) 模型設定、樣本選取及數據來源

本報告的分析樣本為中國目前上市的 20 家大型證券公司①，樣本時間為 2008—2012 年。通過詳細分析樣本公司年報，提取出反應公司經營績效、稅負水平及其他控制變量的原始數據，進行初步加工形成相應指標進行實證分析。本報告實證分析的基本思路為在控制其他影響企業經營績效變量的情況下，以反應企業稅負水平的指標和反應企業經營績效的指標分別為解釋變量和被解釋變量，分析企業稅負對企業績效的影響。

第一，被解釋變量設定。本部分實證分析的被解釋變量為反應證券公司經營績效的指標。總結國內外文獻對企業經營績效指標的衡量，最常用的指標包括 ROS（銷售收益率）、ROA（資產收益率）、ROE（淨資產收益率）及托賓 Q 值（Tobin'Q）。前三種指標的數據來源為樣本公司的財務報表，只反應公司經營者的財務核算；而托賓 Q 值的數據來源為財務數據及投資者對公司經營的市場評價，彌補了單純利用財務數據衡量公司經營績效的不足。為防止使用單一指標產生的分析偏差，本報告將分別使用資產收益率、淨資產收益率及托賓 Q 值反應證券公司經營績效，具體界定見表 5-6。

表 5-6　　　　　　　　　被解釋變量設置及數量界定

變量名稱	變量計算
托賓 Q 值（Tobin'Q）	（流通股總市值+非流通股數量×每股淨資產+總負債）/資產總額
淨資產收益率（ROE）	淨利潤/淨資產
資產收益率（ROA）	淨利潤/資產總額

第二，解釋變量設定。本部分主要分析稅負水平對證券公司經營績效的影響，因此衡量稅負水平的指標為最主要的解釋變量。為更加全面地揭示稅負水平對績效影響的傳導機制，同時為了獲得更穩健的實證結果，這裡分別以貨物勞務稅負、所得稅負及綜合稅負三個指標衡量稅負水平。考慮到現實中對證券公司經營績效影響的因素是多重的，除了稅負水平外還存在其他影響績效的重要因素。

---

① 樣本證券公司包括：宏源證券、東北證券、國元證券、國海證券、廣發證券、長江證券、山西證券、西部證券、中信證券、國金證券、西南證券、海通證券、招商證券、太平洋、興業證券、東吳證券、華泰證券、光大證券、方正證券。

為避免本部分計量分析出現有偏估計結果，這裡引入了資產規模、營業收入增長率及資產負債率作為控制變量。公司規模會在一定程度上作用於公司戰略（徐莉萍等，2006；周開國和李濤，2006）。一般來說，公司規模越大，獲利能力越穩定，公司效益越高；收入增長快速、成長性較高表明公司產品或服務的需求較高，公司的獲利能力也越高。借鑑國內外學者的研究經驗（La Porta et al., 2002；Claessens et al., 2002；陳信元和黃俊，2007），這裡採用營業收入增值率指標來刻畫樣本公司的成長性。公司負債的相對規模會通過稅盾效應及財務危機效應影響公司價值及效益（Yeh，2005），但由於具體公司的經營戰略差異，負債相對規模對績效影響的淨效應並不確定。具體界定見表5-7。

表 5-7　　　　　　　　解釋變量和控制變量的設置及數量界定

	變量名稱	變量計算
解釋變量	貨物勞務稅負（Tax_1）	營業稅金及附加/（利潤總額+營業稅金及附加）
	所得稅負（Tax_2）	所得稅/稅前利潤
	綜合稅負（Tax_3）	（營業稅金及附加+所得稅）/（利潤總額+營業稅金及附加）
控制變量	資產規模（Size）	企業總資產（以千萬元計）的自然對數
	資產負債率（Debt）	期末負債總額/期末總資產
	營業收入增長率（Growth）	（本年營業收入-上年營業收入）/上年營業收入

第三，模型設定。

在分別對被解釋變量及解釋變量進行界定之后，本部分實證分析的研究模型設定如下：

$$Y_i = \beta_0 + \beta_1 Tax_{1i} + \beta_2 Size_i + \beta_3 Debt_i + \beta_4 Growth_i + \varepsilon_i \qquad (5-2)$$

$$Y_i = \beta_0 + \beta_1 Tax_{2i} + \beta_2 Size_i + \beta_3 Debt_i + \beta_4 Growth_i + \varepsilon_i \qquad (5-3)$$

$$Y_i = \beta_0 + \beta_1 Tax_{3i} + \beta_2 Size_i + \beta_3 Debt_i + \beta_4 Growth_i + \varepsilon_i \qquad (5-4)$$

其中：Y_i代表企業績效，在式（5-2）、式（5-3）及式（5-4）中分別用Tobin's Q、ROE、ROA表示；解釋變量為稅負水平，用Tax代表，Tax_1、Tax_2及

Tax_3 分別表示貨物勞務稅負、所得稅負及綜合稅負；控制變量為公司規模、負債水平及成長性，分別用 $Size$、$Debt$ 及 $Growth$ 表示。

（2）實證檢驗

第一，描述性統計。關於各變量的描述性統計見表 5-8。

表 5-8　　　　被解釋變量、解釋變量及控制變量的描述性統計

變量名稱		最大值	最小值	中值	均值	標準差	樣本數量
被解釋變量	Tobin'Q	3.361,3	1.000,0	1.260,5	1.333,9	0.383,5	82
	ROE	0.350,0	−0.470,0	0.080,0	0.098,0	0.096,1	82
	ROA	0.100,0	−0.150,0	0.030,0	0.031,3	0.028,1	82
解釋變量	Tax_1	0.086,7	−0.052,3	0.049,9	0.048,0	0.014,2	82
	Tax_2	0.303,0	0.000,4	0.233,6	0.220,2	0.056,7	82
	Tax_3	0.480,3	−0.262,5	0.306,7	0.300,0	0.094,3	82
控制變量	Size	9.937,0	5.855,9	7.829,8	7.935,0	0.957,6	82
	Debt	0.860,0	0.350,0	0.630,0	0.629,0	0.121,6	82
	Growth	3.157,8	−1.368,0	−0.068,6	0.004,4	0.571,1	82

註：由於個別年份個別公司的原始數據缺失，因此樣本數量小於完整狀態下的樣本數量。

第二，檢驗結果。下面分別以 Tobin'Q、ROE 及 ROA 表示證券公司經營績效的分組迴歸結果，見表 5-9、表 5-10 及表 5-11。

表 5-9　　　　稅負對績效影響的 OLS 迴歸結果（分組 1）

解釋變量及控制變量	被解釋變量	Tobin'Q		
		Model1	Model2	Model3
解釋變量	Tax_1	−1.780,2 (1.109,4)	—	—
	Tax_2	—	−0.541,0** (0.271,4)	—
	Tax_3	—	—	−0.203,01 (0.159,7)

表5-9(續)

解釋變量及控制變量	被解釋變量	Tobin'Q		
		Model1	Model2	Model3
控制變量	Size	-0.142,6*** (0.015,9)	-0.141,3*** (0.015,8)	-0.143,1*** (0.016,0)
	Debt	-0.490,9*** (0.129,6)	-0.497,3*** (0.127,9)	-0.539,3*** (0.126,8)
	Growth	0.075,9*** (0.027,8)	0.070,1** (0.027,8)	0.074,7*** (0.027,8)
N		95	95	95
R^2		0.153,8	0.156,0	0.152,0

註：***、**、*分別表示在1%、5%、10%的水平下顯著，表中（）內數字為相應變量的標準誤。

表5-10　　稅負對績效影響的OLS迴歸結果（分組2）

解釋變量及控制變量	被解釋變量	ROE		
		Model1	Model2	Model3
解釋變量	Tax_1	-0.318,1* (0.399,4)	—	—
	Tax_2	—	-0.059,2 (0.055,3)	—
	Tax_3	—	—	-0.098,5*** (0.033,2)
控制變量	Size	0.000,6 (0.000,9)	0.000,5 (0.000,8)	0.000,8 (0.000,7)
	Debt	0.080,7 (0.038,3)	0.081,5** (0.036,3)	0.106,7*** (0.030,9)
	Growth	0.002,5 (0.012,1)	-0.002,2 (0.011,7)	0.001,2 (0.009,5)
N		95	95	95
R^2		0.333,3	0.354,5	0.561,8

註：***、**、*分別表示在1%、5%、10%的水平下顯著，表中（）內數字為相應變量的標準誤。

表 5-11　　　　　　稅負對績效影響的 OLS 迴歸結果（分組 3）

解釋變量及控制變量 \ 被解釋變量		ROA		
		Model1	Model2	Model3
解釋變量	Tax_1	-0.203,5 (0.225,8)	—	—
	Tax_2	—	-0.009,6 (0.032,5)	—
	Tax_3	—	—	-0.038,8* (0.021,6)
控制變量	Size	0.001,6*** (0.000,5)	0.001,4*** (0.000,5)	0.001,6*** (0.000,4)
	Debt	-0.015,5 (0.021,6)	-0.021,8 (0.021,4)	-0.008,6 (0.020,0)
	Growth	0.005,9 (0.006,8)	0.004,1 (0.006,9)	0.004,8 (0.006,2)
N		95	95	95
R^2		0.248,3	0.212,2	0.348,1

註：***、**、* 分別表示在 1%、5%、10% 的水平下顯著，表中（）內數字為相應變量的標準誤。

　　由表 5-9、表 5-10 及表 5-11 可知：在控制變量中，Size 對績效的影響在分別以 Tobin'Q 與 Roa 為被解釋變量的迴歸中表現完全相反，以 ROA 為被解釋變量時的結果更符合一般預期。Debt 對績效的影響在不同分組的迴歸中也不盡相同，表明資產負債率高低對中國上市證券公司績效影響不具有穩健性。事實上，負債水平越高，雖然意味著企業更大程度上運用財務槓桿以提高績效，但若對負債水平控制失度反而惡化企業的盈利狀況。Growth 對績效的影響為正，即成長性越好績效越高，與預期吻合，但沒有表現出統計學意義的顯著性。

　　考察稅負水平的影響結果，可以發現三個分組迴歸中稅負水平對證券公司經營績效的影響為負，即稅負越重經營績效越低，與預期相符。但除了以淨資產收益率（ROE）及綜合稅負（Tax_3）分別作為被解釋變量及解釋變量時，稅負水平對證券公司經營績效影響顯著外，其他情況下無論以 Tobin'Q 值還是以淨資產收益率（ROE）及資產收益率（ROA）作為被解釋變量，貨物勞務稅負（Tax_1）、所得稅負（Tax_2）及綜合稅負（Tax_3）對證券公司經營績效的影響都不顯著。這說明稅負水平對樣本證券公司績效影響具有較大的不確定性。根據一般經濟理

論，稅負水平對企業績效的影響基本通過對企業投資決策、生產效率及資本結構三種途徑來實現。此處稅負水平對證券公司績效影響不顯著的結果可能說明中國目前稅制設計及稅收徵管還沒有內化於上市證券公司日常的籌資、投資及生產決策，從而無法對上市證券公司的經營績效產生顯著影響。根據國家對證券行業發展的戰略意圖，進一步完善涉及上市證券公司的稅制設計及稅收徵管，通過稅收工具引導和調控證券行業發展的必要性日益顯現。

5.3.4 金融經紀業稅制評析小結

5.3.4.1 金融經紀業稅收變化態勢

企業所得稅和營業稅（含營業稅附加）為金融經紀業負擔的主要稅收。對證券公司營業稅和企業所得稅實證分析表明，近年來，證券公司的營業稅和企業所得稅均隨著證券市場的發展而增加與波動，相對於營業稅，企業所得稅在證券公司中佔有更高比重。

5.3.4.2 金融經紀業整體稅負較重

實證分析表明，雖然不同企業的情況有所差異，但總體上講，金融經紀業（以證券公司為例）的稅收負擔率（營業稅及附加與企業所得稅）在 2008 年前高達 36% 左右，2008 年後因企業所得稅稅率下降而降至高達 30% 左右。實證研究顯示，稅負水平對證券公司經營績效的影響為負，即稅負越重經營績效越低，較之營業稅，企業所得稅對證券公司績效的影響更為明顯。

從稅制方面來考察，在金融經紀業課稅的過程中，一是存在營業稅的重複課稅問題。根據現行的營業稅制度，每進行一次交易就要交一次營業稅，而且取得的增值稅專用發票不能進行抵扣，切斷了增值稅專用發票的抵扣鏈條。致使金融經紀企業既要負擔較重的營業稅，又要承受不能抵扣的增值稅。由於營業稅不能退稅、增值稅不能抵扣，雙重稅收負擔使得金融服務出口無法真正享受零稅率。在金融經紀業國際競爭日趨激烈的情況下，這顯然不利於企業在國際競爭中占據優勢地位。同時根據《財政部、國家稅務總局關於營業稅若干政策問題的通知》的規定，金融產品分為股票、債券、外匯和其他四類。只有同一大類內的不同金融商品買賣出現的正負差可以在同一個納稅期內相抵消。期貨屬於其他類，也就是說金融期貨交易與其標的的股票、債券、外匯等分屬於不同大類，其交易不能相抵，那麼市場套期保值的基本功能將不能得到實現。二是企業所得稅中的投資

損失不能抵扣。證券期貨業相對而言是高風險行業，出現投資失誤是常有的事，與市場特徵相符應在稅制上採取資本損失彌補措施，允許納稅人已發生的資本損失從當年的資本利得扣除。許多國家對於資本市場的投資損失都允許抵扣，以減少投資者損失，鼓勵投資者的熱情，而中國除了對外資企業的股票投資損失允許衝減當期應納稅所得額外，沒有相關的投資損失抵扣規定。

5.4　中國金融經紀業稅制的優化

中國目前的營業稅制對金融經紀業的營業額全額徵稅。全額徵稅不可避免地會產生重複徵稅問題。隨著中國「營改增」試點行業的逐步擴大，金融經紀業貨物勞務稅重複徵稅的問題有望得到基本解決。除此之外，隨著金融創新及金融衍生業務的發展，金融經濟企業所得稅制也需要根據國家對金融經紀業的發展戰略對新出現的金融經濟業務進行必要的稅務處理。

5.4.1　貨物勞務稅制優化

中國 2012 年 1 月 1 日起在上海進行「營改增」試點改革。試點的主要目的是消除貨物勞務稅間的重複徵稅，促進包括金融業在內的現代服務業發展，通過結構性減稅實現產業結構優化及經濟增長方式轉變的戰略目標。隨著試點行業的擴大，包括金融經紀業在內的金融業納入增值稅徵稅範圍是金融業貨物勞務稅制改革的基本方向。

5.4.1.1　「營改增」對中國金融經紀企業的稅負影響

「營改增」后金融業原則上適用增值稅簡易計稅方法。簡易計稅方法與原來徵收營業稅相比大同小異。但由於增值稅為價外稅，在金融服務價格不變的情況下，計稅依據不包括銷項稅額，因此改徵增值稅后受計稅價格降低的影響，金融業的貨物勞務稅負還是會出現微幅下降。由表 5–12 可知，在營業收入及稅率不變的情況下，證券公司「營改增」后按照簡易辦法繳稅，則其貨物勞務稅負大致會降低 6.34%，幅度不大，但與一般預期相符，從方向上符合「營改增」結構性減稅的戰略要求。

表 5-12　　　　某證券公司 2011 年營業收入的增值稅稅負估算　　　　單位：億元

稅率	營業稅或增值稅額	城市維護建設稅	教育費附加	合計	減少納稅	減少比例
現行 5%	11.01	0.76	0.33	12.10	—	—
改按 3%	6.41	0.44	0.19	7.04	5.06	41.82%
改按 4%	8.47	0.58	0.25	9.30	2.80	39.77%
改按 5%	10.48	0.72	0.31	11.51	0.59	6.34%

5.4.1.2　對中國金融業營改增稅制改革的展望

中國沒有借鑑 OECD 等外國對金融業的計稅方法，而將增值稅簡易計稅方法作為金融業「營改增」後的適用方法是由金融業特殊性及稅收徵管水平等因素共同決定的。增值稅遵循稅收中性的原則，對金融業徵收增值稅是國際慣例及世界潮流，但由於各國國情不同，金融業徵稅方法複雜性及差異性決定了各國金融業貨物勞務稅制的特殊性是客觀存在的。從短期看，對金融業實行簡易徵稅辦法有其合理性；從長期看，採用 OECD 等國外發達國家的一般計稅方法或免稅法是中國金融業貨物勞務稅制改革的基本方向。對於出口金融服務，為提升中國金融業的國際競爭力，對其實施零稅率是題中應有之義；對於顯性收費金融服務，則應當按照增值稅一般計稅方法徵稅；對於隱性收費金融服務，由於其收入隱藏於相關差價中難以準確核算進項和銷項，則可以採用收支流量法核算其應納增值稅款。

5.4.2　企業所得稅制優化

5.4.2.1　消除稅制盲點，降低金融經紀業所得稅稅負

近幾年資本市場行情低迷，證券行業經營相比以前捉襟見肘，降低包括證券、期貨等金融經紀業的稅負，促進中國資本市場發展的必要性日益增強。從目前行業環境看，中國資本市場稅收領域存在一些需要進一步明確的具體問題。這些問題在一定程度上增加了證券行業的稅收負擔和營運成本，阻礙了資本市場的進一步發展。集合理財產品收入是目前證券公司的重要收入來源之一。按照當前稅制的規定，對投資者從基金公司分配中取得的收入，暫不徵收企業所得稅。但投資者從證券公司集合理財產品中取得的分紅收入是否需要繳納企業所得稅，目

前尚無明確規定。如果促進基金發展的優惠政策能擴大到證券公司集合理財產品上，對投資者持有證券公司集合理財產品的分紅收入免徵企業所得稅，則集合理財產品競爭力將明顯提升，有利促進金融經紀業的發展。

5.4.2.2 實現企業風險準備金扣除的制度化，促進金融經紀業穩健發展

證券及期貨等金融經紀行業是金融行業的高風險領域。為有效抵禦因市場不可預測的劇烈變動或發生不可抗拒的突發事件等因素所導致的債權損失，證券、期貨公司設立風險準備金是完全必要的，這也是國際上的通行做法。與國際其他發達國家的規定標準及滿足證券、期貨市場的要求相比，目前所規定的金融經紀業風險準備金的提取比例及數額並不高，證券、期貨市場防範和化解風險普遍存在著較大的資金壓力。雖然財政部、國家稅務總局《關於證券行業準備金支出企業所得稅稅前扣除有關問題的通知》規定，自2008年1月1日起至2010年12月31日止，證券行業按規定提取的證券類準備金和期貨類準備金，可以據實稅前扣除。但這一規定具有明顯的臨時性及短期性。為促進金融經紀業持續穩定的健康發展，有必要取消這一文件規定的時間限制，允許證券和期貨行業對按照標準提取的風險準備金據實全額扣除，降低其企業所得稅稅負。

參考文獻

[1] 袁長徵，李治. 中國證券業的發展歷程及其規制變遷研究 [J]. 前沿，2011（16）.

[2] 黃湘平. 金融危機的啟示和中國證券業的發展機遇 [J]. 中國流通經濟，2009（12）.

[3] 劉釗. 次貸危機之後中國證券業的發展路徑 [J]. 中國金融，2009（22）.

[4] 李蘊潔. 證券稅制的國際比較與借鑑 [J]. 雲南財貿學院學報，2003（6）.

[5] 肖鵬，陳石頭. 證券市場稅收制度的國際比較與借鑑 [J]. 涉外稅收，2000（7）.

[6] 鮑衛平. 金融衍生產品與中國相關稅收政策的調整 [J]. 稅務研究，2002（12）.

[7] 譚永全. 完善中國證券市場稅制構想 [J]. 揚州大學稅務學院學報，

2006（9）.

[8] 蔡盈盈. 中國證券市場稅制優化的研究［D］. 廈門：廈門大學，2009.

[9] 田志華. 關於完善中國證券市場稅制的思考［J］. 財會月刊，2006（5）.

[10] 蔣維靜，鄧遠軍. 完善證券稅制 促進證券市場健康發展［J］. 現代經濟探討，2004（9）.

[11] 田曉軍. 期貨公司的稅制環境極其優化空間［N］. 期貨日報，2004-03-17.

[12] 張文生，江磊. 期貨公司稅收徵管的問題及建議［N］. 期貨日報，2004-03-11.

[13] 徐志忠. 中國證券稅制的問題與對策［J］. 涉外稅務，2002（4）.

[14] 鐘偉，李娜. 中國證券業稅收制度初探［J］. 稅務研究，2003（9）.

[15] 張鴻羽. 中國券商的稅收狀況及其優化［J］. 證券市場導報，2001（9）.

[16] 劉天永. 金融業營業稅改徵增值稅計稅方法問題的研析［J］. 稅務研究，2013（4）.

[17] 譚永全. 完善中國證券市場稅制構想［J］. 揚州大學稅務學院學報，2006（9）

[18] 蔡盈盈. 中國證券市場稅制優化的研究［D］. 廈門：廈門大學，2007.

[19] 徐莉萍，等. 股權集中度和股權制衡及其對公司經營績效的影響［J］. 經濟研究，2006（1）.

[20] 周開國，李濤. 國有股權、預算軟約束與公司價值：基於分量迴歸方法的經驗分析［J］. 世界經濟，2006（5）.

[21] 陳信元，黃俊. 政府干預、多元化經營與公司業績［J］. 管理世界，2007（1）.

[22] La Porta R, and F. Lopez-de-Silanes, and A. Shleifer, and R. Vishny. Investor protection and corporation valuation［J］. Journal of Finance, 2002, 57: 1147-1170.

[23] Claessens, Stijn, and Simeon Djankov, and Joseph Fan, and Larry H. P. Lang. Disentangling the incentive and entrenchment effects oflarge shareholding［J］. Journal of Finance, 2002, 57 (6): 2741-2771.

[24] Yeh, Y. H. Do controlling shareholders enhance corporate?］［J］. Corporate Governance, 2005, 13 (2): 313-325.

6 金融租賃業稅制發展分析

6.1 中國金融租賃業的發展

金融租賃是集融資與融物、貿易與技術服務於一體的金融產業活動，涵蓋了融資租賃和經營租賃。[①] 其中，融資租賃是指由出租人根據承租人的請求，按雙方的事先合同約定，向承租人指定的賣方購買其指定的固定資產，在出租人擁有該固定資產所有權的前提下，以承租人支付所有租金為條件，將一個時期的該固定資產的佔有、使用和收益權讓渡給承租人，具有融物和融資的雙重功能；經營租賃是指由出租人或承租人選擇設備，出租人購買設備出租給承租人使用；設備所有權歸出租人所有，使用權歸承租人所有；設備反應在出租人固定資產帳戶上，由出租人計提折舊。其實質在於真實資產的買賣和使用所發生的投、融資服務，具有融資功能和促銷雙重功能，是以融物形式實現融資目的的一種新型籌資方式。本部分主要介紹中國金融租賃業的發展沿革，並對其發展現狀和未來發展戰略進行闡明。

6.1.1 中國金融租賃業的發展歷程

在中國金融租賃業發展過程中，融資租賃和經營租賃是兩種重要形式。由於融資租賃在融資、融物上的先天優勢，其在中國金融租賃業的發展中占據著非常重要的地位。具體來講，中國金融租賃業的發展呈現出如下特點：

6.1.1.1 金融租賃是金融創新的前沿陣地

20世紀50年代，現代金融租賃業興起於美國，之后在世界範圍內廣泛被採

---

① 李明星. 中國金融租賃業發展研究 [J]. 財政與金融，2011 (11).

用，發展迅速，至今只有60多年的歷史。目前，在國際設備投資中，金融租賃已經成為僅次於銀行信貸的第二大融資方式，每年全球交易規模已超過7,000億美元。[①] 截至目前，其已在航空、醫療、印刷、工業裝備、船舶、教育、建設等領域成為主流融資方式，並已助推相關行業持續、快速的發展。再觀中國金融租賃業的發展形勢，1981年，中國組建了第一家中日合資的中國東方租賃公司和第一家內資的中國信託投資租賃公司，至今已有30多年的發展歷史，當時的主要目的是利用外資引進先進的機械設備、技術和管理；1986年，在中國金融改革的第一波浪潮中它們與信託、保險、金融租賃、信用社、典當一起成為第一個非銀行金融機構族系列；之後又增加了企業集團財務公司、汽車金融公司、小額貸款公司等企業形式。[②] 簡言之，中國的金融租賃業一直處於不斷的整合發展之中，結構不斷優化，2009—2011年該產業的複合增長率竟高於50%，其發展之快、增速之大在金融行業中處於領先地位。[③] 面向未來，作為一種創新金融服務，融資租賃將是中國大陸版圖上的「朝陽產業」，發展空間巨大。

6.1.1.2　發展過程曲折，經歷二次洗牌

1997年，因金融租賃公司整體經營不善，外債壓力增大，受到整頓，並禁止銀行給金融租賃公司提供信貸資金，金融租賃業進入低迷期。

金融租賃公司第一次洗牌：1999年，當時的金融租賃公司因租賃環境不好，多數公司將主營業務範圍由租賃轉向高息攬存、股票等方面，導致行業瀕臨整體性破產。金融租賃業面臨轉出金融體系機構或是重組兩種選擇。借鑑當時深圳金融租賃公司成功重組的經驗，由民營資本接管不良資產的金融租賃公司，由人民銀行負責宏觀調控和監管，為此人民銀行出抬了《金融租賃公司管理辦法》。

本著審慎的原則，金融監管部門從1986年批准的第一家外貿金融租賃公司到1995年最後審批的河北金融租賃公司，共審批了16家金融租賃公司，第一次洗牌后剩下12家租賃公司。直到2007年，12年內沒有批准過一家新的金融租賃公司。從資產規模來看，金融租賃行業是非常小的一個金融行業，全國所有金融租賃公司加起來也只相當於一家中等規模的城市商業銀行。這導致了整個行業的影響力較弱和抗風險能力很差。

[①]　李曉琳，文瑞. 中國金融租賃業的前景與展望［J］. 融資，2011（8）.
[②]　任蕊蕊，孫永波. 中國融資租賃業發展現狀分析［J］. 工程機械文摘，2009（1）.
[③]　李曉琳，文瑞. 中國金融租賃業的前景與展望［J］. 融資，2011（8）.

金融租賃公司第二次洗牌：2004 年全國人大出抬了新的《金融租賃公司管理辦法》，金融租賃公司出現了新的血液——銀行系金融租賃公司，並以試點方式審批了資產超過 800 億元的銀行設立金融租賃公司；之后，又通過了第二批金融租賃公司審核名單，允許諸如中石油這樣的大型央企設立金融租賃公司。

經過二次重組，銀行系金融租賃公司因具有天然的資金優勢和擴大信貸規模的慾望，金融租賃公司的營業額呈幾何式增長，成為中國融資租賃業最亮眼的一個體系。

6.1.1.3 發展面臨新的機遇，列入「國家重點鼓勵發展的產業」

2000 年，經國務院批准，金融租賃業被列入「國家重點鼓勵發展的產業」。2008 年，中國金融租賃業進入快速發展階段，基於已累積並借鑑的國內外實踐經驗，中國的金融租賃業開始走入規範、健康的發展軌道。隨著金融租賃公司的設立和發展，中國金融租賃行業的市場格局和業務模式都發生了較大變化，行業優勢和社會價值初步顯現。其主要表現在：

（1）資產規模快速增長，經營實力和盈利水平有了較大提升。截至 2011 年 3 月末，17 家金融租賃公司的資產總額達到 3,640 億元，實現營業收入 33.45 億元，淨利潤為 13.24 億元，分別比 2007 年同期增長了 25 倍、27 倍和 39 倍；資產利潤率、資本利潤率分別達到 1.56%、10.07%，比年初分別提高 0.06%、1.4%。[1]

（2）租賃資產行業分佈廣泛，租賃服務領域不斷增加。截至 2011 年 3 月末，金融租賃公司在飛機、船舶、專用設備領域的投資餘額分別達到 381 億元、337 億元和 1,924 億元，[2] 並在航空、航運、電力、機械、醫療、印刷等領域形成了特色鮮明的產品線，有效地擴大了相關行業的投資、生產和消費，在促進中國經濟結構調整的同時，帶動了租賃行業的快速發展。與前兩年相比，租賃資產的分佈領域不斷增加，行業配比更加均衡，金融服務能力有所提升。

（3）業務創新取得進展，發展方式有所轉變。近兩年來，金融租賃公司立足於深入發掘租賃業務的本質特色，加大了產品創新力度，推出了多樣化的業務品種。部分金融租賃公司設計開發了專業化的中小企業金融租賃產品，加大了對中小企業的扶持力度。

---

[1] 蔡鄂生. 中國金融租賃業的現狀與發展模式［J］. 中國金融，2011（4）.
[2] 蔡鄂生. 中國金融租賃業的現狀與發展模式［J］. 中國金融，2011（4）.

（4）公司治理不斷完善，風險管理能力不斷增強。新設和重組的金融租賃公司都能夠按照監管要求，借鑑銀行的內部控制和風險管理體系，結合租賃業務特色，建立了較為健全的公司治理架構，為公司健康發展打下了良好的基礎。

6.1.2 中國金融租賃業發展面臨的挑戰

雖然近十年金融租賃業平穩快速地發展，但面對當前複雜的世界和國內經濟環境，經歷高速增長后的金融租賃業面臨著發展的諸多挑戰。總的來說，金融租賃在國內還是一項新興業務，處於發展的初級階段，其外部市場環境、法律環境還不夠完善和成熟，作為市場主體的租賃公司的專業技能、經營管理水平、風險控制能力也有待進一步提高。

（1）從金融租賃公司的經營模式看，租賃業務模式較為單一，多以融資租賃為主；產品結構設計較為簡單，與銀行存在一定程度的同質化競爭；同時，與貸款相比，租賃的融資方式更加靈活，客戶群體更加廣泛，對業務開展的專業能力和風險管理水平要求也更高，而對於成立時間不長的金融租賃公司而言，在這些方面還存在較大的提升空間。另外，各家公司對租賃市場的細分程度不足，尚未形成具有公司特色的市場定位和業務模式。這些情況一方面使得租賃公司與銀行信貸之間、租賃公司與租賃公司之間存在較強的競爭關係，另一方面使租賃公司對資金來源的數量和成本較為敏感。

（2）經過近幾年的高速發展，金融租賃公司的經營能力和盈利水平雖然有了較大提高，但部分金融租賃公司較為看重市場排名，機構之間存在比份額、比規模、比增速等現象，不僅增加了金融租賃公司自身經營管理的難度，而且也增加了金融租賃行業的同業競爭壓力，從而不利於金融租賃行業的持續穩健發展。

（3）從金融租賃行業的外部環境看，一方面，缺少統一的融資租賃立法，配套的法律法規和實施細則還不完善；另一方面，在現有合同法、物權法等法律框架下，很多動產租賃物的登記和公示制度尚不能滿足租賃業務的需要，租賃權屬關係無法得到有效的保障。另外，租賃物的二級市場不成熟，租賃物的取回和處置難度較大，使得融資租賃的獨特優勢在很大程度上難以發揮。[1]

---

[1] 蔡鄂生. 中國金融租賃業的現狀與發展模式 [J]. 中國金融，2011（4）.

6.1.3 中國金融租賃業發展展望

金融危機爆發以後,政府不斷加大對金融等經濟領域的投資力度,中國金融租賃業並沒有陷入蕭條與衰退,反而進一步拓展了發展空間,發展形勢更加向好。

6.1.3.1 建立健全金融租賃法律體系

2004年3月,中國開始起草金融租賃法律體系,啓動立法工作。但直到2008年8月全國人大財經委才上報全國人大常委會,目前該法尚未正式出拾。由於缺乏融資租賃法的保障,目前中國金融租賃業發展秩序仍比較混亂,盡快制定這樣一部法律已是當務之急。

6.1.3.2 統一金融租賃管理部門,組建行業協會

從國外看,各國政府對金融租賃業的管理包括直接監管和間接管理。直接監管是通過專門的政府職能部門來進行;間接管理是通過租賃協會等一些行業自律組織來進行。鑒於此,中國要盡快成立一個全國性的統一管理部門,結束多頭管理的局面。[①]

6.1.3.3 加大對金融租賃業的政策扶持

金融租賃業的健康快速發展離不開有利的宏觀環境與國家的政策支持,政府在稅收、信貸、財政補貼等方面的優惠政策對租賃業的發展起至關重要的作用。

(1) 稅收優惠政策。中國對金融租賃業的稅收扶持政策主要設置在營業稅、增值稅和企業所得稅三個稅種上。一是降低營業稅的稅負。目前,中國金融租賃業按差額(以出租方向承租人收取的全部價款和價外費用減去出租方承擔的出租貨物成本)的5%繳納營業稅,忽略租賃公司的融資成本,造成行業營業稅負偏重,不利於金融租賃方法的推廣。二是明確金融租賃業適用增值稅抵扣。具體做法是:由承租人憑金融租賃合同和增值稅專用發票的抵扣聯到當地稅務部門辦理抵扣。並且這一做法最好能在《中華人民共和國增值稅暫行條例實施細則》或由稅務機關統一下發通知加以明確。三是實行投資減稅政策,盡快頒布針對金融租賃的專門稅法,規定企業採用金融租賃方法進行技術改造時,可以用租金抵扣全部或部分所得稅,利用外資購買國內設備的可用租金進行增值稅抵免,以加快

---

① 俞飛,郭占軍. 后金融危機時代中國外向型經濟的可持續發展戰略研究[J]. 時代金融,2012 (11).

金融租賃的發展。四是允許企業採用加速折舊法，使得租賃設備以短於使用年限的方式進行加速折舊，使承租人延遲納稅以獲得資本的時間收益。

（2）財政補貼政策。國家應設立金融租賃專項財政基金，對符合國家產業政策方向的租賃項目在資金上給予支持。例如，對國家優先發展和重點扶持的行業如能源、交通等方面的金融租賃項目直接進行財政租金補貼，或是由國家財政給予貼息，間接地進行補貼。

（3）信貸政策。對於實力雄厚、信譽卓著、經營管理水平高、效益佳的租賃公司，可以允許其改造成規範的股份公司，允許其發行股票來籌集資金；對於某些經營規模較大、管理水平較高、效益好的租賃公司，可以允許其發行公司債券，豐富資金來源渠道、籌措中長期資金；允許其吸收各種基金組織的閒置資金和吸收各種期限較長的專項基金、發展基金等；鼓勵金融租賃公司進入同業拆借市場，籌集短期資金。

（4）保險政策。建立金融租賃信用保險制度，降低各方當事人的風險損失。中國保險公司也可借鑑國外成熟經驗，根據中國現實狀況出抬相應的保險法規，成立專門的政府保險機構，推出相應的保險品種，以保障金融租賃公司的安全經營。

6.1.3.4 重視人才的培養

租賃業是21世紀新的經濟增長點。金融租賃業的發展，需要一大批既懂金融、管理、經濟、法律、財政、稅收、會計、行銷、IT等知識，又懂租賃物件的性能、技術等專業知識的綜合型高素質人才。中國大多數從業人員沒有經過必要的專門培訓，不具備系統的專業知識。租賃從業人員的知識和能力現狀與租賃業迅猛發展所要求的知識和能力之間存在較大距離。目前企業界正在通過多種途徑和方式培養自己的金融租賃人才，積極開展國際交流，加強對融資租賃的實踐和理論研究。

6.2 金融租賃業稅制的國際比較與借鑑

在國際金融市場上，金融租賃作為一種新興、重要的融資方式，許多國家均已採用並不斷完善這一融資機制，在各自的經濟發展中扮演著重要角色。這些國

家為了促進金融租賃業的發展,充分利用了稅收政策工具,採取了一系列支持金融租賃業發展的政策組合。本書選取了金融租賃業較為發達的美國、日本、德國等國家,分析其金融租賃業稅制設計及改革經驗,以期對中國金融租賃業的發展提供有益的借鑑。

6.2.1 金融租賃業稅制的國際比較

6.2.1.1 美國的金融租賃業稅制

美國是金融租賃業的發源地,也是現代金融租賃業發展最好的國家。金融租賃在美國的經濟發展中具有重要的作用,租賃交易幾乎包括所有行業的各種類型設備,美國公司80%以上的設備採用租賃的方式取得。美國是以直接稅為主體稅制的國家,因此金融租賃業的稅收扶持政策是以企業所得稅為中心,優惠措施也直接落實於企業所得稅之中。

(1) 金融租賃方式劃分明確,實行不同的稅收優惠政策

美國的金融租賃分為真實租賃和有條件銷售兩種形式。其中,真實租賃的實質就是經營租賃,有條件銷售的實質是指融資租賃。符合真實租賃標準的,出租人可以享受加速折舊、投資優惠等稅收優惠,承租人支付的租金可作為費用從應納稅收入中扣除。真實租賃和有條件銷售的劃分明確且嚴格,這為有效實施稅收優惠政策奠定了基礎,這種制度的設計背後暗含了嚴格的監管和全面的稅收優惠政策。同時,它有助於擴展金融租賃的交易模式,制定更為全面的稅收優惠或者調節政策。

(2) 允許稅前加速折舊提取

自20世紀40年代以來,美國就開始實施金融租賃業加速折舊制度,並不斷縮短折舊年限。美國鼓勵投資的財稅政策主要採用雙倍餘額遞減法加速折舊,出租人可以享有稅前折舊優惠,承租人租金可以作為稅前費用列支。1981年經濟復興稅法對租賃業折舊制度產生了很大的影響,使得折舊年限大大縮短。其主要包括兩項制度:加速成本回收制度和安全港租賃制度。加速成本回收制度針對折舊年限不同的設備進行不同額度的稅收抵免,租賃企業可以在直線折舊法、雙倍餘額折舊法、150%折舊法之間進行選擇,自定壞帳準備,對租賃設備的適用年限劃分了3年、5年、10年、15年四個等級,具體到諸如汽車、科研設備等,幾乎無所不包。安全港租賃制度是一種充分利用減稅利益的新形式,這項制度放寬

了認定設備所有人為出租人的條件，由此擴大了「真實租賃」的範圍，從而提高了租賃設備減免稅的比例，使得成本回收速度大大提高。可見，美國的稅前加速折舊提取制度不斷放鬆寬度，更多的企業享受到了更大的加速折舊優惠。

稅前加速折舊提取使得出租人享受了延遲納稅的好處，降低了設備過時的風險，充分享有了設備投資的稅收優惠，而政府卻沒有形成實質上的稅收損失。美國不斷改變折舊的方法，這種改變直接關係到企業的經營利潤，加速折舊的辦法可以令企業前期少繳稅，降低了一定的資金壓力。另外，安全港租賃制度實質上是在不破壞原有制度基礎上的創新，出租人和承租人可以通過合同的方式改變租賃設備的所有者從而獲得稅收優惠，大大擴大了優惠的範圍。

(3) 投資稅收抵免

美國的投資稅收抵免制度實際上是一種稅收優惠政策，在金融租賃中出租人可以通過租金優惠與承租人共同分享這一稅收優惠。1962年稅收減免法實行投資稅收抵免制度，通過增加全社會資本設備投資促進經濟發展。其主要內容包括：投資者在投資的當年可以按設備法定耐用年限申請抵扣所得稅，對於中小企業、政府單位和非盈利性公益事業單位為承租單位的可以對出租人進行稅收抵扣並以低價進行租賃交易，分享稅收優惠。

表6-1　　　　　　　　　　投資稅收抵免制度抵扣額度

設備法定耐用年限	抵扣稅率
3年以下	無
3~5年	10%的1/3
5~7年	10%的2/3
7年以上	10%

資料來源：國家稅務總局網站。

投資稅收抵免制度在實際應用中，以出租人為折舊提取方，並通過降低租金等方式分享稅收抵免的好處，以解決中小企業融資困難的問題，並為政府提供了低價租賃。另外，該法案規定的稅收抵免制度覆蓋面廣，能夠全面促進對資本設備的投資，從而更好地推動租賃業向前發展。

綜上所述，美國金融租賃業的稅收優惠政策並不是單純出於促進金融租賃業發展的考慮，也將加大對資本設備投資力度列為重要目標；在計稅和徵收方法上

設置清晰，稅制設計較為完備；且通過制度創新和改變計算方法等方式不斷放寬優惠口徑，增加優惠額度。

6.2.1.2 日本的金融租賃業稅制

日本擁有1,000多家租賃公司，租賃業務領域較廣，以計算機設備和運輸設備（汽車）為主。其市場規模一直位於全球前三，金融租賃滲透率保持在7%以上，金融租賃業發展相當繁榮。日本以所得稅為主體稅制的國家，對於金融租賃業主要課徵法人所得稅、消費稅、固定資產稅三種稅，其稅收優惠政策也落實於這三大稅種之中。

(1) 金融租賃的稅收法律規定健全

首先，稅法明確區分了金融租賃的不同形式。日本稅法以交易形態為標準，將金融租賃劃分為所有權轉移的融資租賃、所有權不轉移的融資租賃、經營性租賃三種形式。其次，嚴格界定租賃物的折舊期限。日本稅法規定融資租賃的折舊期限不得短於租賃物正常使用年限的70%，也不得長於120%，只能在兩者之間。對於特定設備，如IT設備，經批准后可以實行加速折舊。

日本對於金融租賃業在交易形態上的劃分與美國類似，而且更加嚴格，對於融資租賃的折舊年限做了規定。這種劃分也是為了區分不同行業、不同設備以制定不同的優惠政策。從后面的分析也可以看出，日本對於不同行業優惠的劃分非常精確與全面，這也與此處明確的界定是相關的。因此，在稅法上對金融租賃業性質、分類明確是制定完善稅制的基礎，能夠使得政策更為完整。

(2) 實現傾向性固定資產折舊政策

日本對於金融租賃業固定資產的折舊政策帶有明顯的傾向性，只對個別類型固定資產設置了固定資產折舊制度。對於這些固定資產，設置折舊殘值為10%，納稅人可以選擇使用余額遞減法和直線法，余額遞減法不適用於1998年4月1日以后購進的建築或固定資產。根據行業和資產種類，可在購進年度適用特別加速折舊。另外，承租人可以將租金作為費用，出租人可以對租賃資產進行加速折舊，對於不同固定資產折舊率和折舊方法有嚴格規定（見表6-2），而且出租人可以對出租物計提壞帳準備並在稅前扣除。

表 6-2　　　　　　　　　　日本法人稅固定資產折舊率

不同類型固定資產	使用年限（年）	直線法折舊率（%）	余額遞減法折舊率（%）
辦公用鋼筋水泥建築	50	2.0	-
客車	6	16.6	31.9
電子計算機	4/5	25/20	43.8/36.9
木制桌椅或櫥櫃	8	12.5	25.0
自動化製造業成套設備	10	10.0	20.6
鋼鐵製造業成套設備	14	7.1	15.2

資料來源：國家稅務總局網站。

日本的固定資產折舊制度不像美國那樣全面和廣泛，但是針對特別行業則設置了不同的折舊率，這是與這些行業自身的發展特點相關的，這是日本充分調研本國產業特徵所做的針對性設計。特別是電子計算機，其折舊率遠高於其他固定資產，其更新速度和擴張的速度也大大加快，這與日本的產業政策息息相關。

（3）制定了一系列投資減免政策

為支援中小企業，促進設備投資，對以租賃形式引進特殊的機械設備時，日本對金融租賃業實行稅收特別措施，如可以根據租賃費的一定比例減免應納稅額等。具體的投資減免制度如表 6-3 所示。

表 6-3　　　　　　　　　　日本稅收投資減免制度

優惠稅制類型	適用對象設備	減稅額度
IT 投資促進稅制	計算機、數碼複印機、傳真機、集成電路卡利用設備、數碼播放接收設備等 IT 關聯機器	租賃費用總額的 6%
中小企業投資促進稅制	機器裝置、電腦、數碼電話設備、數碼交換設備等	租賃費用總額的 4.2%
中小企業基礎強化稅制	批發、零售、飲食、特定服務業等行業	租賃費用總額的 4.2%
中小企業投資促進稅制（租賃行業）	機械裝置等設備	扣除「租金總額×60%×7%」的稅額

表6-3(續)

優惠稅制類型	適用對象設備	減稅額度
訊息基礎強化稅制（租賃行業）	軟體等對象設備	扣除「租金總額 × 42% × 10%」的稅額

資料來源：國家稅務總局網站。

綜上所述，日本金融租賃業稅制在對租賃業進行明確劃分的基礎上，為支援中小企業的發展，特別支持諸如計算機、數碼數字設備的投資，實施特別稅收優惠政策，帶有很強的政策引導性，而且稅制設計精細、簡化、高效，政策扶持效果顯著。

6.2.1.3 德國的金融租賃業稅制

自1962年德國第一家租賃公司成立以來，德國已有2,000多家租賃公司登記註冊。德國從事金融租賃的主要分為銀行背景的租賃公司、廠商背景的租賃公司和獨立的金融租賃公司。2001年，在全部固定資產融資中，租賃公司融資達到了16.7%。德國龐大的金融租賃業是與其細密的稅收體系有很大關係的。

(1) 金融租賃業稅制基於「受益權」的範疇而確立

在德國，受益所有權和法定所有權的區分與確定成為金融租賃業稅收確定的關鍵。德國更注重受益所有權即經濟實質，因此在會計政策上，擁有實際所有權的控制方承擔相應的風險和收益，租賃物在資產負債表中反應，折舊也由其計提，判斷的焦點就是出租人能否充分利用其法定所有權的全部利益（包括最終的餘額控制）。與美國、日本相比，德國依託於受益權這一概念，重視經濟實質，在金融租賃業的界定和劃分上較為抽象，但更為嚴謹，從根本上解決了金融租賃業界定和劃分上的爭議，有利於稅收政策的制定。

(2) 稅收優惠政策主要體現在租金成本和費用化的設置

作為租賃資產的受益人，出租人可以在稅收資產負債表中把該類資產資本化，以原成本為基準，按官方折舊表計算，承租人將繳納較低的租金。在非真實租賃的情況下，對於承租人，租金中利息部分被計入損益表做費用扣除，而設備則作為資產負債表的資產項做折舊處理，成為一項額外費用。以此來看，德國關於金融租賃業的會計設置擴大了其稅收優惠額度。另外，德國對於中小企業實行差別折舊政策，一般機器設備的折舊為20%（其他企業為10%），這與美國和日本在會計確認上無異。

(3) 對企業投、融資實施普遍優惠，較少設置金融租賃業優惠政策

在德國，與金融租賃業相關的稅種主要有貿易稅、增值稅和預提稅。地方貿易稅對稅前扣除長期負債利息限於 50%。在金融租賃中只要被歸為受益所有人，租金將被全部扣除，這使得租金中的利息部分要繳納的貿易稅大大減少；對於增值稅，租賃期屆滿租金收入需繳納增值稅，出租人可以將購買固定資產或者相關服務的費用作為進項稅額扣除，承租人可以將租金作為進項稅額扣除。對於可移動設備的外國出租人將被德國徵收所得稅，按照毛租金的 25% 預提。德國規定對使用一年以上的貸款需要支付長期債務利息稅，但融資租賃不用繳納這種稅款，所以，更多承租人傾向於選擇融資租賃。另外，根據德國的稅法規定，基本沒有針對金融租賃業發展的稅收優惠政策，都是基於企業融資這一層次進行普遍的優惠政策，制度的設計只對中小企業做出了更多的讓步，吸引了中小企業參與到金融租賃中來。簡言之，德國基於受益權來確定金融租賃業的稅收，更為透澈，相對重視中小企業的發展，其優惠額度較大，只對企業融資這一層面實施普遍優惠，並沒制定專門針對金融租賃業的稅收優惠政策。

6.2.2 金融租賃業稅制的國際借鑑與啟示

金融租賃既涉及投資行為，又涉及融資行為。稅收制度作為政府宏觀調控金融租賃行業的重要手段，為逐步規範金融租賃主體的交易行為，確保中國金融租賃行業的平穩健康發展，必須制定合理的金融租賃稅收制度，將金融租賃雙方的成本收益共同納入稅制考慮範圍，從而對金融租賃業的發展產生正的影響。當前，中國的金融租賃業正處於初步發展階段，金融租賃業稅制還很不健全，經濟槓桿的調節作用難以發揮。借鑑國際金融租賃業稅制改革過程中的經驗和教訓，將有助於中國金融租賃業稅制的完善與發展。

6.2.2.1 金融租賃業稅制以明確地界定為前提

綜觀以上發達國家的金融租賃業稅制，可以看出對金融租賃業明確的界定是稅制設計的關鍵。在金融租賃業發展初期，各國都從法律制度上進行了明確的界定，這些定位為金融租賃業稅制設計提供了重要的前提。金融租賃業界定的關鍵在於金融租賃物的所有權問題，是以實際控制者還是以風險和收益的承擔者為所有人，這對於確定交易的經濟性質、折舊主體的確定、稅收主體、適用稅種都是至關重要的。美國稅務部門對租賃交易做出了明確的界定，明確地劃分為真實租

賃和有條件銷售，真實租賃出租人享有加速折舊、投資優惠等稅收優惠。德國金融租賃以對租賃物的實際控制為依據確定其經濟所有權，由實際承擔風險和收益的所有者來計提折舊。我們看到，儘管各國關於金融租賃物的所有權問題不盡相同，但都對金融租賃業做出了明確的界定。

6.2.2.2 金融租賃業稅制依託於公平完善的稅法體系

根據前文的分析，發達國家大多都沒有專門制定有關金融租賃的稅收制度，而是從鼓勵投資的角度，將金融租賃確定為民間投資的手段一視同仁，具體的制度體現於各具體稅種之中。在制定的相關稅收法律過程中，發達國家以促進各投資方式共同發展為出發點，不存在差別的稅收制度。另外，正是由於發達國家公平完善的稅法體系，兼顧了各種投、融資方式的不同特點，促進了金融租賃業的發展。以所得稅為主體的國家，充分考慮相關利益人的成本、費用，配合相關的會計政策實現大的稅收優惠。設置增值稅的國家，經營中的每一個環節都可以扣除上一環節已徵收過的增值稅，避免重複徵稅。例如，德國不僅對出租人的資產購置費用進行稅前抵扣，也對承租人的租金進行了抵扣，以確保稅制的公平。

6.2.2.3 金融租賃業稅制符合本國租賃業的發展要求

首先，發達國家稅收政策符合租賃業的行業發展需要。加速折舊、呆帳準備和稅收優惠相結合是發達國家的普遍做法。發達國家普遍採用出租人享受加速折舊、承租人租金稅前扣除的做法。被認定為真實租賃的有效租賃行為，出租人一般被認定為投資者，從而享受投資抵免、加速折舊等優惠，而承租人可以把租金作為生產費用在稅前扣除。這一做法實際上是一種雙贏的做法，即鼓勵了大的財團參與成為金融租賃的出租人，又鼓勵更多的企業通過金融租賃的方式進行資本設備的投資中來。另外，發達國家普遍對以金融租賃形式進行的設備投資進行大量的稅收優惠和抵免，可以刺激出租企業加大設備投資和承租企業及時更新設備，從而促進融資租賃業的發展。其次，發達國家金融租賃業稅制適應經濟發展的要求。金融租賃業可以促進企業的固定資產投資、提高資金的使用效率，因此各國都對金融租賃購買設備給予一定的稅收優惠以引導資源的有效配置。以美國為例，稅制的設計主要以促進資本設備投資為出發點，不斷拓寬真實租賃的邊界，實現更大的優惠。日本更是以金融租賃為突破口，對IT、電子行業實行特殊的稅收優惠。

6.2.2.4 完善的金融市場是金融租賃業發展的基石

完善的金融市場是發達國家金融租賃業快速發展的根本保證，金融租賃企業

可以通過多種規範性途徑或工具從金融市場上籌集資金。發達國家在金融工具的創新上高度領先，確保了租賃公司的資金來源，國際優勢明顯。堅持市場創新和拓展，關注資產證券化等新途徑，為金融租賃業的發展提供良好的基礎。

6.3 中國金融租賃業稅制評析

6.3.1 金融租賃業稅制的發展歷程

6.3.1.1 金融租賃業稅制發展沿革

中國金融租賃稅制的發展與金融租賃的發展緊密相連。伴隨著金融租賃業的成長不斷完善，中國金融租賃業的發展經歷了三個階段：高速成長期（1980—1992年）、行業整頓期（1993—1999年）、恢復發展期（2000年至今）。在高速成長期，行業發展以國際融資為目的，主要形成了與國際融資租賃相關的基礎關稅制度；行業整頓期整頓主要針對國內銀行系金融租賃企業，這一時期主要確立了營業稅的制度框架，形成了分機構繳納不同流轉稅的金融租賃營業稅稅制；恢復發展期在法律、會計制度、監管制度都進一步完善的基礎上，一些所得稅政策對金融租賃業的促進作用開始能夠發揮作用，這是金融租賃業稅制走向成熟的表現。依據阿曼波的五階段論，中國金融租賃業正處於創新性階段，行業創新需要一個公平、穩定的稅制環境，這將是中國融資租賃業稅制發展的方向。

（1）高速成長期的稅收政策

中國的融資租賃業起源於20世紀80年代，始於利用外資，初衷是開展國際融資。與之相應，中國關於融資租賃的稅收政策集中於外資融資租賃方面，主要是為完善與融資租賃業務相關的基本關稅政策。

1981年海關總署稅務處在《關於中外合營中國東方租賃有限公司經營範圍和有關監管、徵稅、統計事項的通知》中規定：融資租賃機械設備的出口按一般出口貨物處理，復運進口時免稅；融資租賃進口的機械設備繳納關稅，可以按到岸價格一次繳納，也可以選擇按租金分期繳納。租賃期滿復運出口的貨物不退稅，留購的貨物如已按租金繳納關稅的要補交留購價款的關稅，已按到岸價一次繳納關稅的不再計徵。可以看出，這一政策制定是依「實質」原則制定的，即

以風險收益的真正承擔者為納稅義務人。這既保證了國家稅收收入，又與大多數發達國家對融資租賃業的稅務處理遵循了相同的原則，從而有利於國際融資。

這一時期，還出抬了一些針對外資融資租賃的稅收優惠政策。對與中國公司企業合資經營的租賃公司，合營期在 10 年以上的，從獲利年度開始第一、二年免徵所得稅，第三至五年減半徵收所得稅；對在中國沒有設立機構的外國租賃公司向中國提供設備租賃租金免所得稅；向中國企業提供技術改造設備租賃，設備進口減半徵收關稅和產品稅。其中的所得稅優惠政策，以國際融資為目的，國內的企業是沒有的，不利於國內融資租賃的發展，直到 2008 年《中華人民共和國企業所得稅法》實施，這些優惠政策才廢止。

（2）行業整頓期的稅收政策

早期的融資租賃企業缺乏監管，行業本身存在大量經營問題，違規拆借、違規放貸、變相吸收公款、亂投資、高息攬存等問題，中國在法律、稅收、監管和財會準則不健全的情況下，出租人權利得不到充分保護，租金常被拖欠，且在銀行信譽的支持下，行業盲目擴張，促成了 1992—1993 年經濟過熱，投資過剩，產生經濟泡沫。1993 年下半年，中央政府整頓金融秩序，1995 年，新《中華人民共和國商業銀行法》出抬，商業銀行開始退出融資租賃行業。融資租賃業盲目發展的隱患爆發，資金成本高，資本充足率低，資金管理困難，許多融資租賃企業很難正常經營。融資租賃業的營業稅制度框架正是在這樣的背景下建立起來的，企業所得稅優惠政策體系初具雛形。

第一，營業稅。

1993 年 12 月，國家稅務總局頒布的《營業稅稅目註釋（試行稿）》規定，營業稅中所指的融資租賃是指「具有融資性質和所有權轉移特點的設備租賃業務」。將融資租賃界定為金融保險業務，按金融保險業徵收營業稅，稅率為 5%，計稅依據為「向承租者收取的全部價款和價外費用（包括殘值）減去出租方承擔的出租貨物的實際成本后的余額」。對「實際成本」也使用列舉法做出補充說明；1995 年，又通過《關於融資租賃業務徵收營業稅的通知》《國家稅務總局關於營業稅若干問題的通知》，規定只有「經中國人民銀行批准經營融資租賃業務的單位所從事的融資租賃業務」和「對外貿易經濟合作部批准的經營融資租賃業務的外商投資企業和外國企業開展的融資租賃業務」才能按照金融租賃徵收營業稅；2000 年，有關其他融資租賃機構的融資租賃業務的營業稅計徵規定：租

賃的貨物的所有權轉讓給承租方，徵收增值稅，不徵收營業稅，租賃的貨物的所有權未轉讓給承租方，按照營業稅稅目「租賃」徵收營業稅，不徵收增值稅。從此融資租賃的營業稅制度格局成形。另外，中國融資租賃被定性為金融保險企業，與這種定性相匹配，融資租賃合同按金融合同繳納印花稅。

第二，企業所得稅優惠政策。

這一時期的稅收優惠政策也有所突破。促進融資租賃行業發展的稅收政策一般有兩類：一類是加速折舊的政策，另一類是鼓勵投資的政策。融資租賃的標的物折舊年限短或可加速折舊，都會促使企業採取融資租賃方式購買設備從而獲取延期納稅的好處。中國在1996年的一項通知中規定：「企業技術改造採取融資租賃方法租入的機器設備，折舊年限可按租賃期限和國家規定的折舊年限孰短的原則確定，但最短折舊年限不短於三年。」這一政策只適用於國有企業和集體企業。三年的折舊年限比一般的法定設備折舊年限要短，因而採用融資租賃方式購買設備可以獲得加速折舊的效果。鼓勵投資的政策，在美國有投資稅收抵免政策，允許用投資額的一定比例衝減應納稅額，促進投資的同時促進了融資租賃業的發展。中國在1999年實施的一項投資抵免政策規定：「凡在中國境內投資於符合國家產業政策的技術改造項目企業，其項目所需國產設備投資的40%可以從企業技術改造設備購置當年比前一年新增的企業所得稅中抵免。」但是由於規定中沒有對融資租入設備是否適用本規定做出說明，在稅務部門的實際操作中，通過融資租賃方式改造國產設備不能享受投資稅收抵免。

在中國對金融租賃行業的稅收優惠政策中，對外商投資企業的優惠規定更早於國內企業，這是因為國外發達國家的融資租賃行業發展比中國起步早。按照阿曼波的租賃週期理論，租賃發展分為六大階段，即租賃協議階段、單融資租賃階段、創新性的融資租賃階段、經營租賃階段、租賃的新產品階段以及租賃成熟階段。中國的金融租賃業處於創新性的融資租賃階段，主要融資租賃進口來源於融資租賃較成熟的國家，在制定針對這些外商投資企業的財稅政策時，盡量與外國發達國家的融資租賃政策保持相同的原則。如中國在1991年發布的《中華人民共和國外商投資企業和外國企業所得稅法實施細則》第二十五條規定：「外商投資企業從事信貸、租賃等業務的，可以根據實際需要，報經當地稅務機關批准，逐年按年末放款餘額或年末應收帳款、應收票據等應收款項的餘額，計提不超過3%的壞帳準備，從該年度應納稅所得額中扣除」；而金融行業計提壞帳準備的普

遍性的法規在 2003 年才出現。對外商投資企業的所得稅稅率優惠直到 2008 年《中華人民共和國企業所得稅法》實施才取消；而對內資融資租賃企業沒有所得稅上的直接優惠政策。這些針對外商投資企業融資租賃業務的稅收優惠歸根究柢還是以國際融資為目的。

（3）恢復活力期的稅收政策

在這一時期，《中華人民共和國合同法》《會計準則——租賃》《金融租賃公司管理辦法》陸續為融資租賃走上正軌奠定了法律基礎。隨著法律、會計準則、監管的健全、完善以及融資租賃行業的發展，融資租賃的稅收優惠政策也在不斷發展，突出表現在融資租賃業企業所得稅和流轉稅兩個方面。

第一，流轉稅政策。

2009 年，中國全面推行增值稅轉型改革，由生產型增值稅轉為國際上通行的消費型增值稅。增值稅轉型最大的變化就是固定資產可以抵扣進項稅，使得融資租賃企業以融資租賃方式購買設備，無法獲得增值稅發票，不能抵扣進項稅；出租方將設備用於營業稅徵稅範圍，雖然有增值稅發票也不能抵扣進項稅，因此與其他融資方式相比，融資租賃企業融資租入設備的成本較高。而對於從其他機構融資租入設備的，租賃期結束回購的，出租方繳納增值稅，可以抵扣進項稅；租賃期結束不回購的，出租方按服務業稅目繳納營業稅。這樣，企業從金融機構融資租入固定資產就要額外承擔增值稅進項稅的成本，很明顯，增值稅轉型會給融資租賃行業帶來很大的衝擊。

為了應對增值稅轉型帶來的挑戰，融資租賃行業發展了售后回租業務，希望通過售后回租使承租方能夠享有抵扣進項稅的稅收收益，然而承租企業購買設備出售給出租方時按照規定仍需繳納增值稅，增值稅轉嫁給了出租方，出租方最終會通過租金與承租方分擔這一增值稅，問題仍然無法解決。2010 年，國家發布的《關於融資性售后回租業務中承租方出售資產行為有關稅收問題的公告》規定，因「融資性售后回租業務中承租方出售資產時，資產所有權以及與資產所有權有關的全部報酬和風險並未完全轉移。」「融資性售后回租業務中承租方出售資產的行為，不屬於增值稅和營業稅徵收範圍，不徵收增值稅和營業稅。」「融資性售后回租業務中，承租人出售資產的行為，不確認為銷售收入，對融資性租賃的資產，仍按承租人出售前原帳面價值作為計稅基礎計提折舊。租賃期間，承租人支付的屬於融資利息的部分，作為企業財務費用在稅前扣除。」這樣，售后

回租才真正可以用於解決避免融資租賃方式無法抵扣進項稅的問題。然而，這一方法治標不治本，問題真正解決的方向是如何使增值稅抵扣鏈條不會在租賃環節斷裂。因此，抓緊推進財稅政策改革，擴大「營改增」的範圍，將融資租賃業納入增值稅納稅範圍才是根本。

隨著中國融資租賃業務向國際市場發展，在融資租賃的關稅政策上也有了新的發展，開始在天津試點對融資租賃出口貨物的退稅政策，並在國際稅收協定中重視國際融資租賃業務，為中國融資租賃業的國際化發展鋪平了道路。

第二，企業所得稅政策。

企業所得稅作為融資租賃業稅收的重要組成部分，最直接地影響行業營利水平，因此與之相關的稅收政策對整個行業的發展非常重要。企業所得稅的融資租賃政策與融資租賃行業的會計準則密切相關。在新會計準則的推動下，企業所得稅的融資租賃政策也逐漸發展起來。《中華人民共和國企業所得稅》中對融資租賃的界定為「在實質上轉移與一項資產所有權有關的全部風險和報酬的一種租賃。」這與會計準則中的規定基本一致，只是在認定標準上略有不同。關乎出租人的企業所得稅的是其稅前扣除項目：呆帳準備金扣除、投資抵免、折舊。

首先，呆帳準備金扣除政策。中國將融資租賃定性為金融保險業，依據金融業高風險的特性，應允許對一定比例的壞帳準備稅前扣除。2003年，《國家稅務總局關於金融企業呆帳損失稅前扣除管理辦法》規定，應收租賃款可以提取1%的壞帳準備稅前扣除；2008年，《中華人民共和國企業所得稅法》廢止了這一政策，規定只有實際發生的損失才能稅前列支，企業自行計提的壞帳準備則不能予以稅前列支；2012年，《關於金融企業貸款損失準備金企業所得稅稅前扣除政策的通知》又重新確立了這一政策。

其次，投資抵免政策。中國的投資抵免政策較少。1999年，財政部、國家稅務總局頒布的《技術改造國產設備投資抵免企業所得稅暫行辦法》規定：「凡在中國境內投資於符合國家產業政策的技術改造項目的企業，其項目所需國產設備投資的40%可以從企業技術改造項目設備購置當年比前一年新增的企業所得稅中抵免。」但由於沒有對融資租入設備是否適用本規定做出說明。從稅務部門的實際操作來看，通過融資租賃方式改造國產設備時，不能享受投資稅收抵免；2007年年底，國家稅務總局頒布的《企業所得稅法實施條例》規定，「稅額抵免是指企業購置並實際使用《環境保護專用設備企業所得稅優惠目錄》《節能節水

專用設備企業所得稅優惠目錄》和《安全生產專用設備企業所得稅優惠目錄》規定的環境保護、節能節水、安全生產等專用設備的,該專用設備的投資額的10%可以從企業當年的應納稅額中抵免」;2009年,在《關於執行企業所得稅優惠政策若干問題的通知》中特意明確融資租入設備享受抵免優惠。由此可以看出,隨著融資租賃行業的發展和國家對融資租賃的重視,融資租賃正慢慢擺脫差別待遇,享受「同等待遇」。

最后,折舊政策上,中國是承租方提取折舊的,這樣租金必然是按照設備全價計算,如果出租方提取折舊,租金就應按照折余來計算,兩種計算方式計算出來的租金差距巨大。這意味著,如果由出租方提取折舊,出租方會少交相當金額的營業稅。國際上許多國家是出租方提取折舊,因此有學者建議中國應改由出租方提取折舊,減輕融資租賃企業稅負,從而促進融資租賃業的發展。

6.3.1.2 金融租賃業稅制的現狀

根據中國稅收法律的規定,金融租賃業從屬於金融業,應納稅種包括增值稅、營業稅、企業所得稅、個人所得稅、城市維護建設稅、房產稅、印花稅、城鎮土地使用稅、土地增值稅、車輛購置稅、車船稅等。表6-4、表6-5、表6-6分別展示了金融租賃行業的流轉稅、關稅和所得稅政策。在流轉稅政策方面,「經中國人民銀行批准經營融資租賃業務的單位所從事的融資租賃業務」和「對外貿易經濟合作部批准的經營融資租賃業務的外商投資企業和外國企業開展的融資租賃業務」按金融保險業徵收營業稅,稅率為5%,計稅依據為「向承租者收取的全部價款和價外費用(包括殘值)減去出租方承擔的出租貨物的實際成本后的餘額」;兼營融資租賃業務的信託公司、財務公司和資產管理公司等租賃的貨物的所有權轉讓給承租方,徵收增值稅,不徵收營業稅;租賃的貨物的所有權未轉讓給承租方,按照營業稅稅目「租賃」徵收營業稅,不徵收增值稅。在關稅政策方面,1981年海關總署稅務處在《關於中外合營中國東方租賃有限公司經營範圍和有關監管、徵稅、統計事項的通知》中規定:融資租賃機械設備的出口按一般出口貨物處理,復運進口時免稅;融資租賃進口的機械設備繳納關稅,可以按到岸價格一次繳納,也可以選擇按租金分期繳納。租賃期滿復運出口的貨物不退稅,留購的貨物如已按租金繳納關稅的要補交留購價款的關稅,已按到岸價一次繳納關稅的不再計徵。在所得稅政策方面,金融租賃業的企業所得稅稅率固定為25%;對於承租企業,租賃費不得在稅前扣除,可計提折舊,折舊年限不

得短於 3 年；符合企業所得稅稅收優惠政策的設備的融資租賃，承租企業亦享受優惠。對出租企業，應就所取得的租金交納企業所得稅；作為一項金融性質的業務，為控制風險，允許稅前提取 1% 的壞帳準備金。

表 6-4　　　　　　　　　中國融資租賃業流轉稅納稅規定

機構類別	金融部門	其他部門	
稅目	營業稅——金融保險業	租賃物轉讓給承租人	租賃物不轉讓給承租人
		增值稅	營業稅——服務業
稅率	5%	17%	5%
計稅依據	全部價款+價外費用-實際成本	價款	租金收入

資料來源：國家稅務總局網站。

表 6-5　　　　　　　　　中國融資租賃業關稅政策

	出口	進口
關稅	按一般出口貨物處理，復運進口時免稅	按到岸價格一次或按租金分期繳納關稅（按租金繳納的融資租入物在留購時要補交關稅）

資料來源：國家稅務總局網站。

表 6-6　　　　　　　　　中國融資租賃業所得稅政策

投資抵免	呆帳準備金	折舊	加速折舊
對特定項目設備的投資抵免	應收租賃款可以提取 1% 的壞帳準備金	承租方提取折舊	按租賃期限和國家規定的折舊年限孰短的原則確定折舊年限，最短折舊年限不短於三年（只適用於國有企業和集體企業）

資料來源：國家稅務總局網站。

6.3.2　金融租賃業稅收發展趨勢的實證分析

稅收作為政府宏觀調控的重要工具，對中國金融租賃的行業發展也同樣具有不可小覷的作用。本書將在介紹中國金融租賃業稅制基本構成的基礎上，運用「中國融資租賃業發展情況匯報」「中國稅務年鑒」等統計數據，分析中國金融租賃行業的稅收變化趨勢、稅收結構變化趨勢以及稅收負擔水平等方面，以反應

出中國金融租賃業現行稅收政策所存在的問題與現象，從而為金融租賃業稅制調整提供數據基礎。

6.3.2.1 金融租賃業稅收入變化趨勢

圖 6-1 展示了 2009 年、2010 年兩年中國金融租賃行業的各稅種稅收收入變化趨勢。2009 年金融租賃業的稅收總收入為 99,017 億元，2010 年金融租賃業的稅收總收入為 198,900 億元，表明中國的金融租賃業在 2010 年得到了突飛猛進的發展。其中，營業稅、內資金融租賃企業的企業所得稅、外資金融租賃企業的所得稅和個人所得稅的差距明顯；增值稅、房產稅、印花稅、房產稅、印花稅、城鎮土地使用稅、土地增值稅、車輛購置稅、車船稅變化並不顯著。

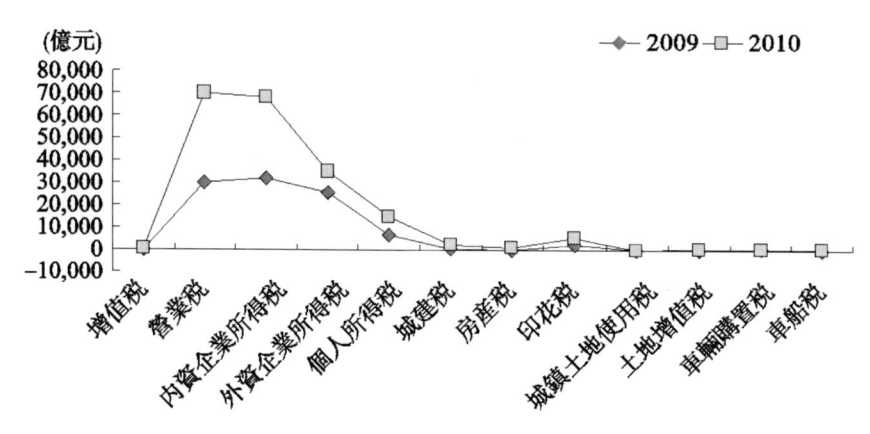

圖 6-1 2009—2010 年金融租賃業稅收收入變化趨勢

資料來源：《2010 中國稅務年鑒》《2011 中國稅務年鑒》。

6.3.2.2 金融租賃業稅收結構變化趨勢

圖 6-2 展示了 2010 年中國金融租賃行業的稅收結構分佈。在中國金融租賃業的各稅種稅收收入分佈結構中，營業稅的比重最大，占稅收總收入的 35%；其次是內資金融租賃企業的企業所得稅，占比為 34%；最后是外資金融租賃企業的企業所得稅、個人所得稅、印花稅，占稅收總收入的比重分別為 17.48%、7.43%、2.86%。結果表明：中國金融租賃行業以營業稅為主體稅種，企業所得稅、個人所得稅為輔助性稅種，增值稅的作用相對較弱。

6 中國金融租賃業稅制發展分析

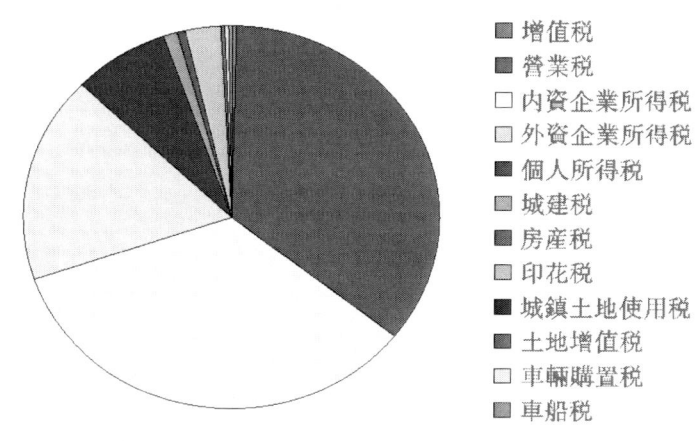

圖 6-2 2010年金融租賃業稅收結構變化趨勢

資料來源:《2011中國稅務年鑒》。

6.3.3 稅收對金融租賃業發展影響的實證分析

6.3.3.1 金融租賃業稅收負擔的變化趨勢

稅收負擔是衡量金融租賃納稅人承擔的稅收負荷,具體指納稅人在一定時期內應交納的稅款。從絕對額來看,稅收負擔是納稅人繳納的稅款額,即稅收負擔額;從相對額來看,稅收負擔是指納稅人繳納的稅額占計稅依據價值的比重。本書將從絕對額和相對額兩個視角分別測度金融租賃業的稅收負擔(見表6-7),其中相對額的稅收負擔衡量指標的計算公式為:

$$總稅負 = \frac{營業稅及附加 + 所得稅}{利潤收入 + 營業稅及附加}$$

從縱向看,2007—2010年中國金融租賃業的營業稅及附加的絕對額呈穩中有升趨勢,所得稅整體呈現上升趨勢,這一結果表明中國的金融租賃業近五年來整體性發展勢頭強勁,是融資市場的新興力量,日益成為企業的主要融資方式;2007—2010年中國金融租賃業的總稅負則呈現出下降趨勢,由2007年的1.32下降到2010年的0.35,表明中國金融租賃業的獲利水平比較穩定,保持了平穩的盈利能力。

表 6-7　　　　　　　中國金融租賃行業稅收負擔分析　　　　　　　單位：億元

年份	融資租賃合同金額	利潤收入	營業稅及附加	內資企業所得稅	外資企業所得稅	個人所得稅	總稅負
2007	81	2.1	3.88	3.19	0.36	0.5	1.32
2008	1,550	12.38	3.88	3.9	0.77	0.86	0.58
2009	2,800	22.36	3.06	3.21	2.54	0.7	0.37
2010	3,300	47	7.25	6.8	3.48	1.48	0.35

註釋：由於受數據限制，稅務年鑒中從 2009 年開始單獨統計金融租賃行業的各稅種數據；2007 年、2008 年金融租賃業的數據列在其他金融業裡面，而 2006 年（含）以前，金融租賃行業的稅收數據無跡可尋；因此本書對 2007 年、2008 年的數據做如下處理：計算 2010 年、2009 年金融租賃業各稅種收入分別占其他金融業的比重，然後針對每一稅種計算兩年比重的平均值作為權重，將其他金融業的各稅種收入分別乘以各自權重，計算得出 2007 年、2008 年的金融租賃業的各稅種稅收收入數據。

資料來源：2006—2008 年的數據來源於《2009—2012 年中國融資租賃業投資分析及前景預測報告》；2009—2010 年的數據來源於《2010 年中國融資租賃業發展情況匯報》。

從橫向來看，2007—2010 年中國金融租賃業的總稅負的平均水平為 66%，處於偏高狀態。這表明中國金融租賃業雖然產業發展勢頭強勁，但是金融租賃企業盈利能力不足，整個行業利潤率偏低。

6.3.3.2　「營改增」政策對金融租賃業的稅負效應測度——以渤海租賃上市公司為例

2012 年 1 月 1 日起，全國在部分城市就交通運輸業和部分服務業實行「營改增」試點，金融租賃業是服務業中試點行業之一，稅率為 17%，適用於增值稅暫行條例及其實施細則的所有規定。這裡比較「營改增」改革前後金融租賃業的稅收負擔，得出該政策對金融租賃業產生的影響效應結果。見表 6-8。

表 6-8　　　渤海租賃企業增值稅模擬測算及「營改增」前後稅負比較結果　　　單位：元

時間	營業收入	購買商品、勞務支出	固定資產淨額	增值稅及附加（測算）	營業稅稅金及附加
2006.3	25,746,000	24,041,300	0	318,778.9	260,393
2006.6	75,849,500	75,412,900	0	81,644.2	1,086,780
2006.9	186,342,000	119,833,000	0	12,437,183	1,891,180
2006.12	312,934,000	198,194,000	387,025,000	0	3,857,120
2007.3	38,185,500	61,558,200	296,351,000	0	113,991

表6-8(續)

時間	營業收入	購買商品、勞務支出	固定資產淨額	增值稅及附加（測算）	營業稅稅金及附加
2007.6	111,555,000	130,665,000	387,163,000	0	1,149,450
2007.9	271,741,000	249,926,000	384,957,000	0	2,582,040
2007.12	345,221,000	294,937,000	285,824,000	0	5,113,620
2008.3	4,244,660	18,838,100	290,055,000	0	86,957
2008.6	68,861,200	59,551,100	308,971,000	0	1,580,700
2008.9	158,928,000	89,756,700	303,427,000	0	1,977,420
2008.12	237,073,000	292,283,000	314,535,000	0	3,153,620
2009.3	11,769,100	55,286,600	317,954,000	0	273,472
2009.6	40,219,700	97,997,400	338,824,000	0	1,068,150
2009.9	162,004,000	150,367,000	311,192,000	0	3,425,110
2009.12	254,426,000	207,810,000	333,314,000	0	6,038,990
2010.3	10,296,800	29,082,700	329,022,000	0	141,480
2010.6	59,908,400	63,452,300	327,921,000	0	1,183,650
2010.9	200,711,000	117,672,000	335,562,000	0	3,116,460
2010.12	319,656,000	182,936,000	333,388,000	0	6,172,330
2011.3	14,791,100	41,000,400	331,052,000	0	157,818
2011.6	419,188,000	0	465,140	78,301,174.8	14,241,600
2011.9	709,534,000	0	894,638	132,515,560.7	22,724,400
2011.12	1,068,650,000	0	3,082,620	199,261,100.1	32,778,000
2012.3	300,414,000	0	3,141,500	55,589,957.5	7,153,790
2012.6	697,496,000	0	2,997,770	129,871,169	19,856,700
2012.9	1,868,050,000	0	7,820,740,000	0	34,688,300
2012.12	2,491,840,000	0	8,448,510,000	0	41,390,400
2013.3	678,515,000	0	9,353,800,000	0	8,683,410
各年度總額	11,144,149,960	2,560,600,700	31,550,168,668	608,376,568.2	225,947,331
平均稅負	—	—	—	0.509	0.429

註：由於無法獲得更精確的支出項目數據，無法判斷有多少比例的商品和勞務支出屬於不可抵扣進項，因此這裡將忽略不可抵扣進項，但根據結果這一做法並不影響結論。

資料來源：新浪財經上市公司數據。

由於「營改增」政策剛剛試行，暫時無法獲得增值稅真實數據，導致無法形成稅收負擔的縱向和橫向比較結果。為解決數據問題，我們採用定點研究方法，以一個金融租賃企業渤海租賃為研究對象，根據渤海租賃上市公司公布的季度數據，測算渤海租賃公司從 2006 年 3 月到 2013 年 3 月的增值稅及附加應納稅額及其平均稅負。計算方法：增值稅額＝銷項稅額－進項稅額。報表顯示，渤海租賃的銷項主要為營業收入這一指標，進項主要包括固定資產淨額和購買商品和勞務支出這兩個指標；增值稅的附加包括城市維護建設稅和教育費附加兩部分，適用稅率分別為 7%、3%。由表 6-8 可知，2006 年 3 月—2013 年 3 月，渤海租賃的增值稅及附加的應納稅額絕對總量的模擬測算結果為 608,376,568.2 元，遠遠高於營業稅及附加的絕對總量 225,947,331 元；從稅收負擔來看，增值稅及附加的各年平均稅負為 50.9%，營業稅及附加為 42.9%，高出 8%。另外，增值稅不是每一年都形成稅收，只是在某些年份才會形成稅收。這表明從每年來看，增值稅與營業稅稅負比較結果並不確定，但從綜合各年稅收數據的平均稅負來看，對金融租賃業徵收增值稅的稅負要高於營業稅稅負。

6.3.3.3 稅收對金融租賃行業經營績效的影響分析——以渤海租賃上市公司為例

稅收對金融租賃行業的經營績效影響分析是指金融租賃企業應繳納的主要稅種及其收入對企業經營績效的影響。本書仍以渤海租賃上市公司作為研究對象，其中，經營績效的指標為淨利潤，該公司的主要應納稅稅種為營業稅和所得稅。為更加全面地反應「營改增」試點改革的政策趨勢，我們在分析中也將引入增值稅來觀察其對經營績效的影響。見表 6-9。

表 6-9　　　　　　渤海租賃的績效指標和稅收費用　　　　　　單位：元

時間	淨利潤	增值稅及附加(測算)	營業稅稅金及附加	所得稅
2006.3	-11,109,500	318,778.9	260,393	227,389
2006.6	-19,340,100	81,644.2	1,086,780	309,986
2006.9	20,630,200	12,437,183	1,891,180	636,027
2006.12	20,490,300	0	3,857,120	1,116,590
2007.3	-7,876,400	0	113,991	100,862
2007.6	-9,743,600	0	1,149,450	332,428
2007.9	26,404,100	0	2,582,040	358,566

表6-9(續)

時間	淨利潤	增值稅及附加(測算)	營業稅稅金及附加	所得稅
2007.12	14,250,600	0	5,113,620	6,773,490
2008.3	-10,790,900	0	86,957	5,216.45
2008.6	-10,830,200	0	1,580,700	18,307.7
2008.9	14,276,400	0	1,977,420	25,731.1
2008.12	-89,086,000	0	3,153,620	6,304,970
2009.3	-11,203,400	0	273,472	2,276.96
2009.6	-21,636,700	0	1,068,150	12,163.6
2009.9	-15,907,300	0	3,425,110	25,648.3
2009.12	-85,439,900	0	6,038,990	957,499
2010.3	-7,273,110	0	141,480	5,907.89
2010.6	-12,859,700	0	1,183,650	3,733.5
2010.9	-11,551,400	0	3,116,460	23,651.2
2010.12	2,095,140	0	6,172,330	9,448,810
2011.3	-7,555,440	0	157,818	1,364.92
2011.6	173,224,000	78,301,174.8	14,241,600	58,727,000
2011.9	258,275,000	132,515,560.7	22,724,400	87,130,600
2011.12	367,211,000	199,261,100.1	32,778,000	125,934,000
2012.3	56,022,900	55,589,957.5	7,153,790	20,788,600
2012.6	233,753,000	129,871,169	19,856,700	77,776,200
2012.9	497,396,000	0	34,688,300	150,907,000
2012.12	630,821,000	0	41,390,400	201,896,000
2013.3	154,138,000	0	8,683,410	38,408,200

資料來源：新浪財經上市公司數據。

表6-10　　　　　　　　各變量的數據特徵

	Obs	Mean	Std. Dev	Min	Max
淨利潤	29	73,682,070	17,116.47	-89,086,000	630,821,000
營業稅	29	7,791,034	1,140.096	86,957	41,390,400
所得稅	29	27,182,320	5,248.954	1,364.92	201,896,000
增值稅	29	20,978,620	5,026.549	0	199,261,100.1

表 6-11　　　　　　　　　　　各變量相關係數

	淨利潤	營業稅	所得稅	增值稅
淨利潤	1.000,0	—		
營業稅	0.966	1.000,0	—	
所得稅	0.986	0.987,5	1.000,0	
增值稅	0.456	0.555,8	0.486,8	1.000,0

在初步確定各變量之間關係的基礎上，為保證擬合效果，本書將各稅種對企業經營績效影響效應的模型設定為二次函數形式：

$$y = \alpha + \beta x1 + \gamma x2 + \chi x3 + \beta_1 x1^2 + \gamma_1 x2^2 + \chi x3^2 + e \qquad (6-1)$$

其中，y 表示淨利潤，$x1$ 表示營業稅及附加，$x2$ 表示所得稅，$x3$ 表示增值稅及附加，$x1^2$、$x2^2$、$x3^2$ 分別代表 $x1$、$x2$、$x3$ 的平方項。如表 6-12 所示，所得稅對企業淨利潤存在正向影響，效應值為 5.014，即所得稅每提高 1 個單位，則企業淨利潤上升 5.014 個單位，t 值檢驗結果為 1.16，通過了 95% 的置信區間下的顯著性檢驗。營業稅及附加和增值稅及附加對企業淨利潤存在負向影響，但二個變量均未通過顯著性檢驗。其中：BP-test 是模型的異方差檢驗，結果表明該模型不存在異方差；BG-test 是模型的無自相關檢驗，結果表明模型變量是無自相關的。從模型的整體性檢驗結果來看，該模型均通過了擬合度檢驗（R^2 指標）和整體顯著性檢驗（F 統計量），表明模型結果具有整體顯著性。這裡，為了更直觀地展現出二次擬合效果，圖 6-3 分別描繪了營業稅及附加、所得稅和增值稅及附加對企業淨利潤影響的散點圖和二次擬合曲線，其中所得稅變量與企業淨利潤二次關係曲線與散點圖分佈最為契合，擬合性最好，所得結果與迴歸方程一致。

表 6-12　　　　　　　　　　二次迴歸方程及檢驗結果

y	Cofe.	Std. Err.	t-value	P-value
x1	−6.44	4.57	−1.41	0.173
x2	5.014**	1.16	4.31	0
x3	−0.065	0.674	−0.1	0.924
$x1^2$	0.001	0.002	0.45	0.655
$x2^2$	0	0	−0.94	0.36
$x3^2$	−9.40e−06	0	−0.23	0.823
_cons	−367.79	1,024.3	−0.36	0.72
BP-test	Chi2 (6) = 2.91　Prob>F = 0.819,7			
BG-test	Chi2 (1) = 1.065　Prob>F = 0.302			
R-squared	$R^2 = 0.976,2$			
F-test	F (6, 22) = 150.55　Prob>F = 0			

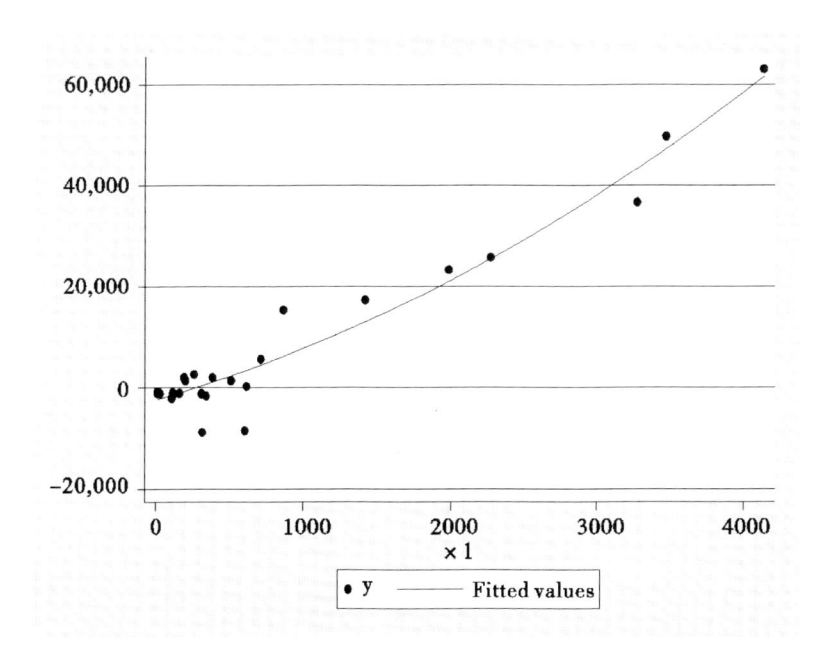

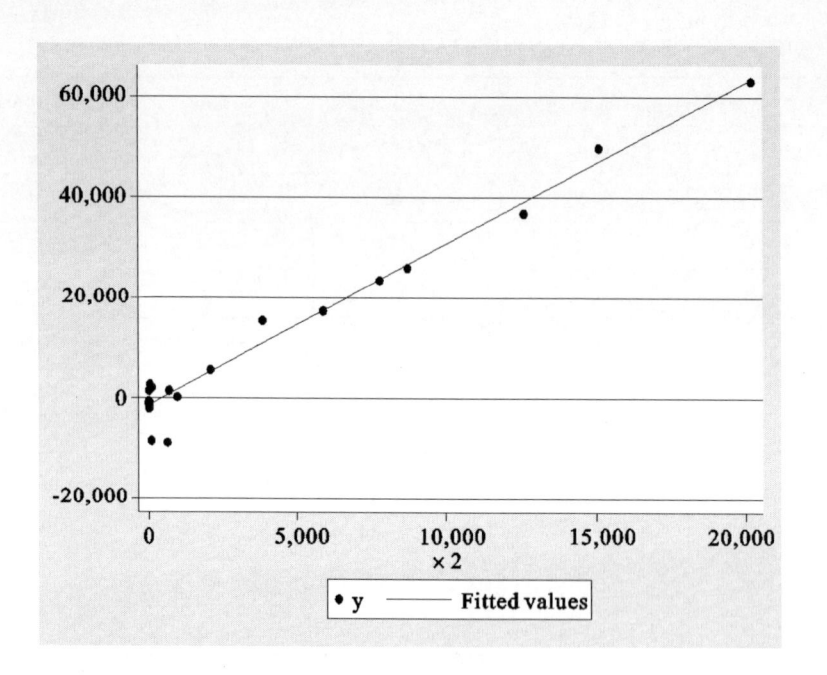

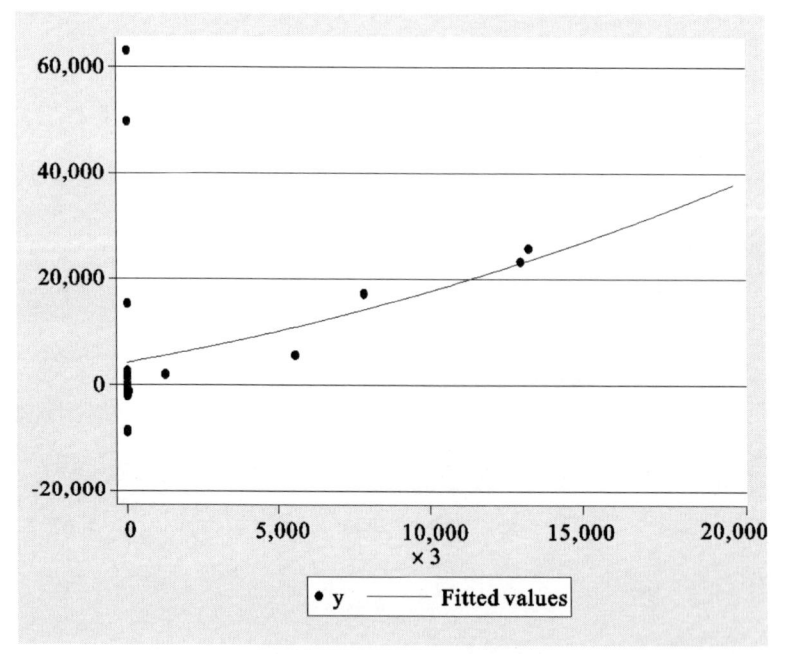

圖 6-3　營業稅、所得稅和增值稅與淨利潤的散點圖與二次擬合迴歸線

6 中國金融租賃業稅制發展分析

表 6-9 展示的是渤海租賃上市公司 2006 年 3 月—2013 年 3 月所產生的淨利潤和營業稅及附加、增值稅及附加（模擬測算）、所得稅的季度數據。表 6-10 展示的是各變量的數據特徵如樣本量、均值、標準差和最大、最小值。表 6-11 列示出各變量之間的相關係數，可以直觀觀察各項變量之間是否具有相關性及相關程度。結果表明：所得稅與淨利潤的相關性最大，相關係數為 0.986；營業稅及附加其次，為 0.966；增值稅相關性最弱，相關係數為 0.456。

6.3.4 金融租賃業稅制評析

根據中國金融租賃行業的稅收變化趨勢、稅收結構變化趨勢以及稅收負擔水平變化等分析結果，近年來，中國金融租賃業總體發展水平不斷增強，業務量日漸提升，已成為企業相對重要的融資方式。中國的金融租賃業稅制也在不斷完善，如內、外資金融租賃企業的稅收優惠不平等問題隨著企業所得稅制的改革也相應地得到解決，但仍有一些問題存在於金融租賃業稅制當中。

6.3.4.1 「營改增」政策改革對金融租賃行業的稅負影響不降反增

根據對渤海租賃上市公司的增值稅及附加的稅額及稅負測算結果，表明無論是在絕對量還是在平均稅負上，都要高於營業稅。其具體原因如下：

（1）稅基未變，稅率提高。金融租賃業實行營業稅，按差額納稅，即有形動產價款和相應的銀行利息扣減后再納稅，稅率為 5%；如果徵收增值稅，徵收額按照銷項稅額減去進項稅額來確定，稅率為 17%。但是金融租賃企業的可抵扣進項比重相對較少，其中固定資產支出的進項抵扣一般只形成於金融租賃業務週期的初期，而大量的稅費負擔都集中在了租賃期末，這將導致：一方面，相對比營業稅來說，增值稅的稅基未變，稅率提高了 12%；另一方面，增值稅不是每年都形成稅收費用，一般都是在租賃期末形成相應費用。

（2）稅收政策不完善造成金融租賃企業的稅負差異較大。由於政策規定的不統一，根據業務特點的不同，不同租賃公司開展融資租賃業務承擔的流轉稅負存在較大差異。同一金融租賃行為可能適用完全不同的納稅方式。如果是租賃貨物所有權未轉讓給承租方，企業對租賃服務增值部分按照 5% 繳納營業稅；當承租方是交通運輸、建築施工等不繳納增值稅的行業，由於不具有資質的金融租賃公司其所開具的增值稅發票承租方無法抵扣，可能致使金融租賃公司承擔該業務的增值稅款，從而增加了稅負水平。

（3）「營改增」政策具有地區差異性。在「營改增」政策試點之后，不同地區呈現出不同的政策解釋，進而反應操作方式的不同，致使不同地區的金融租賃企業難以適應。它主要表現在實際稅負的計算、即徵即退的時間、租賃物發票的開具等方面，加上有些地區對融資租賃業的行業定位尚不明確，在一定程度上影響了租賃企業的業務拓展。

6.3.4.2 金融租賃業的企業所得稅稅收抵免不足

一方面，中國對於金融租賃的設備折舊是由承租人計提的，而租金支出不能享受稅前扣除，出租人不能享受到稅收優惠，從而導致企業投資及資產管理的積極性受到抑制；另一方面，發達國家普遍對以金融租賃形式進行的設備投資進行大量的稅收優惠和抵免，以刺激出租企業加大設備投資和承租企業及時更新設備，從而促進融資租賃業的發展。中國關於固定資產投資的相關稅收抵免政策並沒有明確在金融租賃業中的應用，甚至有些限制在金融租賃業中的使用，這實際上阻礙了中國金融租賃業的發展。

6.3.4.3 尚未建立公平而完善的稅收優惠體系

中國的稅法體系在公平性和完善度上與發達國家還存在一定的差距，稅法規定沒能充分上升到法律的高度，在具體制度上存在前後不一，不同資質的企業享受不公平的待遇。其主要表現在三個方面：①增值稅政策。在當前的增值稅轉型過程中，企業購置資產17%的增值稅可以作為進項稅額抵扣，由於沒有明確的配套政策，金融租賃方式添置固定資產並不能享受進項抵扣，這無疑體現了稅法體系的不完善和不公平。②企業所得稅稅收抵免政策。自2008年新企業所得稅法實施以來，融資租賃業務中居民企業的出租方以其收取租金全額納稅。而根據《關於非居民企業所得稅管理若干問題的公告》的規定，非居民企業以租金扣除設備、物件價款后的余額納稅。顯然，非居民企業融資租賃業務比居民企業融資租賃業務的應納稅額少了設備、物件價款金額。這是不公平的，不利於居民企業融資租賃發展。③關稅的稅收優惠同等待遇問題。對國家鼓勵的設備進口，根據政策企業可以享受一些關稅減免。如果企業以融資租賃方式進口設備，根據融資租賃特性，承租人理應適用關稅減免政策。但根據1982年海關總署發布的《海關總署關稅處關於租賃進口設備申請免稅問題的復函》，融資租賃進口設備的關稅減免需在再次進口時申請，當次不能申請，且只限定為「利用外資」的融資租賃進口，這將不利於融資租賃合同的簽訂。

另外，中國的融資租賃稅收優惠政策形勢單一，優惠力度小。融資租賃行業的針對性稅收優惠政策是大多數國家融資租賃行業發展的必由之路，而中國針對融資租賃行業的稅收優惠政策極少，在加速折舊政策上不靈活，投資抵免力度小且範圍窄。

6.3.4.4 監管機構不一，監管體系不夠健全

中國融資租賃行業根據監管機構可以將中國的融資租賃機構分為三類：第一類是經銀監會監管的融資租賃公司；第二類是由商務部監管的中外合資租賃公司；第三類是可以兼營融資租賃業務的信託公司、財務公司和資產管理公司等；其他企業沒有合法經營融資租賃業務的權利。銀監會與商務部各自監管一部分融資租賃公司，監管辦法不統一；商務部監管的融資租賃公司中，內資融資租賃公司尚處於試點狀態，內、外資融資租賃公司不平等發展。此外，在法律法規、稅收政策、登記制度等方面存在不利於融資租賃業發展的障礙。

6.4 中國金融租賃業稅制的優化

融資租賃作為一種新興、特殊的融資工具，對於提升企業的融資能力，拓展企業的融資渠道，提高資金的流轉率，促進新時期中國經濟的發展有著重要意義。然而，目前中國金融租賃業依然屬於一個朝陽產業，其發展急需政府財稅政策的大力扶持。因此，在新時期背景下，從中國金融租賃現狀問題出發，明確中國金融租賃業稅制優化目標，採取相應優化措施，才能有助於消除中國金融租賃業的發展制約，釋放金融租賃業的巨大潛能，促進中國融資租賃業的蓬勃發展。

6.4.1 金融租賃業稅制優化目標

6.4.1.1 建立健全金融租賃業法規體系

自融資租賃業務引進到中國以後，一直缺乏權威性的、可操作性強、適應期長的融資租賃法規，使中國的融資租賃業發展受到了法制環境的制約，使交易過程中相關當事人的合法權益得不到法律上的保障。目前，融資租賃仍屬民法與合同法調整的範圍，專門針對融資租賃的法律和管理條例的缺乏，使融資租賃業缺乏法律法規的有效保障。在法制環境不健全的情況下，使相關政府部門無法認清

融資租賃的本質，更缺乏對融資租賃的功能及作用的深入瞭解，對融資租賃行業的定位一直不清晰，直接導致了國家相關部門無法制定合理有效的財稅政策來鼓勵和扶持融資租賃行業的發展。另外，中國也沒有專門針對金融租賃的稅收法規，已有的稅收法規只對金融租賃業有著間接的影響。在國家財稅部門的相關規定中，對金融租賃業務的交易方式如何徵稅，並沒有明確、統一的規定。金融租賃公司、中外合資租賃公司、內資租賃公司在開展金融租賃業務時，三類租賃公司的納稅基數不同，稅率也存在著極大的差別，導致稅收混亂的局面。

6.4.1.2 構建一套成熟的金融租賃稅收制度

借鑑國際金融租賃先進經驗，發達國家金融租賃業不僅有著健全的金融租賃法律體系、完善的金融租賃市場機制，而且有著一整套成熟的稅收制度安排，為金融租賃行業的發展提供可靠的政策性保障，即完善、成熟的金融租賃稅收制度體系是融資租賃業發展的基礎。尤其是在融資租賃業發展的前期，優惠的財稅政策是扶持融資租賃業發展的關鍵，能夠為中國金融租賃業的發展提供良好的外部制度環境。

6.4.1.3 構建公平、完善的稅收優惠政策體系

從金融租賃業發展之初，中國就一直缺乏行之有效的稅收優惠政策。之後，隨著金融租賃業的強勢發展，中國雖然制定了一系列稅收優惠政策，但該系列稅收優惠政策帶有傾向性和一定程度的不合理性，不僅沒有起到降低稅收負擔的作用，反而引起了內資與外資融資租賃公司所得稅負擔不同，造成稅賦不公平的稅收環境，導致了不公平的行業競爭。中國金融租賃行業依然處於發展初期，在缺少國家優惠稅收政策、完善的會計制度的環境下，金融租賃公司的資金成本過高，導致客戶通過金融租賃方式的融資成本遠高於銀行貸款的融資成本，使融資租賃業務在市場經濟條件下缺乏競爭力。因此，構建公平、完善的稅收優惠政策將是該時期中國稅收政策選擇的重要目標之一。

6.4.2 金融租賃業稅制優化措施

6.4.2.1 盡快出抬金融租賃行業法規

2003年年底，全國人大常委會研究起草了《融資租賃法》，並於2004年4月正式啟動《融資租賃法》的起草工作。2008年，《融資租賃法》已基本成型。之前，雖然中國已有《合同法》《物權法》等多部涉及融資租賃管理和規範的法

律法規，但由於其並非從金融租賃產業發展及其上下游全程進行分析和規範，仍有許多金融租賃市場體系和交易實踐中的重要問題，尚未得到澄清、規範和統一，給金融租賃交易各方帶來極高的交易或制度成本，制約著融資租賃潛力得到真正釋放。這部《融資租賃法》是在廣泛借鑑國際金融租賃業發展的成功經驗和立法成果的基礎上，根據中國金融租賃近年來發展實踐中出現的新問題，對金融租賃基本界定、金融租賃交易規則、市場體系、財稅制度安排做出了補充和完善。在監管、租賃物的公示登記、租賃物取回權的行使、租賃物的適用範圍、融資租賃的促進政策等關鍵問題，均有所突破，獲得了相關部門和國內外融資專家及租賃業界的基本認可。

6.4.2.2　逐步完善現行稅收制度

中國金融租賃稅收制度的完善，應借鑑美國、日本和德國等發達國家的經驗，參照國際租賃公約，制定出能夠促進中國金融租賃業發展的有效稅制。

（1）完善金融租賃業「營改增」政策。前已述及，「營改增」試行政策並未對金融租賃業產生正向影響，主要原因在於政策制定不完善，各地政策不統一，現行政策沒有根據金融租賃業務本身的特殊性實行稅收優惠政策以促進行業發展。鑑於此，本書將從以下幾點改進措施：①根據行業在經濟發展中的作用，給予金融租賃企業以適當的稅收優惠政策，如下調適用的增值稅稅率，最低要求是保證「營改增」政策實施前后的稅負持平；②根據金融租賃業務的特點，不斷完善「營改增」政策，盡快、盡量消除同一租賃行為因為資質等原因而產生差別納稅情況，盡可能體現增值稅的中性原則；③各地區應統一「營改增」政策，以減少企業的納稅成本。

（2）加大企業所得稅前抵扣。加大稅前抵扣，採取加速折舊政策，是國際上普遍給予金融租賃業的一種企業所得稅稅收優惠政策。中國雖然也出抬過類似加速折舊政策，但由於手續複雜、可操作性不高，該優惠政策一直沒有發揮其應有作用。因此，中國有必要進一步明確關於金融租賃業的稅前抵扣範圍，明晰加速折舊政策的適用範圍，減少繁雜的手續，提高可操作性。

（3）允許計提呆帳準備金。融資租賃業是資金密集型行業，一般資產負債率較高，呆帳準備的提取有利於融資租賃公司的審慎經營和風險防範。1991年的《企業所得稅稅前扣除辦法》規定，內資企業提取的可以在所得稅前扣除的壞帳準備金比例不超過0.5%；1994年的《外資企業與外商投資企業所得稅》規

定,外資企業和外商投資企業提取的所得稅稅前扣除的壞帳準備金比例不超過3%;《關於金融企業所得稅稅前扣除呆帳損失有關問題的通知》規定,金融企業提取的可以在所得稅稅前扣除的呆帳準備金比例1%。不同性質的公司、按不同比例提取呆帳準備,導致融資租賃業呆帳準備金提取的混亂。因此,應進一步明確「出租人應根據承租人的財務及經營狀況、租金逾期期限等因素,分析應收融資租賃款的風險程度和回收的可能性,對應收融資租賃款減去未實現融資收益的差額部分合理計提準備金」這一規定,靈活、合理地計提呆帳準備金,規範金融租賃提取呆帳準備制度,這不僅有利於租賃公司規範經營,也有利於提升整個融資租賃業的抗風險能力。

(4)制定公平、合理的稅收優惠政策,保證同等待遇。同等待遇是指諸如增值稅、營業稅、企業所得稅等稅種的投資抵免、稅收減免政策,不應因採用了融資租賃方式或是企業主體不同而有所不同,應給予所有企業同等待遇,形成一個完善、公平合理的稅收優惠政策體系。國際上的許多國家都將這一點作為基本共識。因此,中國也應達成這樣的共識,消除金融租賃業的歧視對待,創造一個公平、完善的市場競爭環境,以促使金融租賃業的健康發展。

(5)制定金融租賃行業的特殊優惠政策。對融資租賃業,部分國家還出抬了一些特殊優惠政策。如美國的《投資稅扣除法》規定,出租人投資用於租賃的設備按其購置成本的10%減免,出租人可以將這一優惠通過減讓租金的做法轉移給承租人。日本在「中小企業投資促進稅制」和「信息基礎強化稅制」中,都給予融資租賃特殊優惠政策。俄羅斯在《融資租賃法》第四章「國家對融資租賃業的支持」中,明確規定了銀行等金融機構向融資租賃主體提供貸款所得稅利潤免繳3年以上的利潤稅等特殊優惠政策。而中國,不曾出抬過針對融資租賃業的特殊優惠政策。因此,中國應該針對金融租賃業的固定資產投資、應納稅額等方面給予直接減免或是間接抵免政策,必要時可以給予一定的財政扶持,以促使中國金融租賃業的快速、健康發展,發揮金融租賃產業的最大效能。

6.4.2.3 加快建立統一的監管體系

金融租賃是一種非常特殊的行業,兼具金融性和貿易服務屬性兩大特性。因此,金融租賃業是否需要監管、由誰來監管,長期以來存在較大分歧。一種觀點認為,金融租賃業屬於金融業,金融租賃公司則屬於金融機構,應接受銀監會的嚴格監管;另一種觀點認為,金融租賃屬於商業服務業,金融租賃公司歸屬普通

工商企業，應接受商務部的市場監管。事實上，中國金融租賃企業也正處於「多頭監管」狀態，監管力度不足，合法經營與「不合法經營」共存，導致金融租賃市場極不規範，影響產業效能的發揮。因此，對中國金融租賃業加強監管已成為必需品。具體可從兩個方面來完善監管：一方面，建立統一的監管體系。該監管體系可以由銀監會、商務部或另設機構來作為執行主體，適當降低金融租賃市場准入門檻，但要實行嚴格的審批制，否則容易造成市場混亂。其中，降低市場准入門檻包括下放審批權限至省級，降低最低註冊資本金，減少「出資人資格」限制，拓寬業務領域等內容。另一方面，組建全國性金融租賃協會，以加強行業自律監管。在中國，金融租賃行業組織多屬於民間自發性組織，包括中國金融學會金融租賃研究會、中國外商投資企業協會租賃委員會以及一些地方性租賃協會，監管力度相對較弱，行業自律性較低，而美國、英國、德國、法國、俄羅斯、日本、韓國等國都有全國性的租賃協會，租賃協會的行業自律是對融資租賃監管的重要補充手段。因此，中國應盡快組建全國性租賃協會，充分發揮行業協會在政府與企業間的橋樑和紐帶的角色，促進金融租賃業監管體系的進一步完善。

參考文獻

［1］李明星. 中國金融租賃業發展研究［J］. 財政與金融，2011（11）.

［2］李曉琳，文瑞. 中國金融租賃業的前景與展望［J］. 融資 2011（8）.

［3］任蕊蕊，孫永波. 中國融資租賃業發展現狀分析［J］. 工程機械文摘，2009（1）.

［4］蔡鄂生. 中國金融租賃業的現狀與發展模式［J］. 中國金融，2011（4）.

［5］俞飛，郭占軍. 后金融危機時代中國外向型經濟的可持續發展戰略研究［J］. 時代金融，2012（11）.

［6］王涵生. 金融租賃國際比較研究［D］. 石家莊：河北大學，2010.

［7］山東省國稅局課題組. 從西方國家稅收政策看中國融資租賃業稅收政策的取向［J］. 稅務縱橫，2002（12）.

7 中國基金業稅制發展分析

7.1 中國基金業的發展

自 1997 年 11 月《證券投資基金管理暫行辦法》發布以來,中國基金業已經走過了 15 個年頭。截至 2012 年 3 月 31 日,全國共有 72 家基金管理公司,有 67 家發行了基金產品,管理資產規模達到 3.14 萬億元。其中,公募基金 956 支,管理資產規模 2.2 萬億元。從封閉式基金發展到開放式基金,從股票型基金發展到混合型基金、債券型基金、貨幣市場基金、ETF、LOF、分級基金、保本基金、上市開放式基金、交易型開放式基金;既有投資 A 股市場的基金,也有投資境外市場的 QDII 基金,還有專門在香港市場發行的基金。同時,基金管理公司的業務範圍也不斷擴展,從公募基金發展到社保基金、企業年金、特定客戶資產等,歷經 15 年的系統發展,中國基金業已經初步完成了體系完善、產品覆蓋廣泛的基本構建。據統計,截至目前中國基金業已建立完善了以《證券投資基金法》為核心,以 10 項部門規章為主體以及上百個規範性文件相補充的證券監管法律體系。這些法律法規覆蓋了基金公司設立、基金投資與運作、投資人員管理、信息披露、監察稽核等各個環節。

基金根據發行方式可以分為公募基金和私募基金兩種形式。公募基金是受證監會監管的,向不特定投資者公開發行的證券投資基金。這些基金在嚴格的法律監管下,有信息披露、利潤分配、運行限制等嚴格的行業規範。公募基金針對不特定對象的投資者,可申請在交易所上市,公開性和透明性較強。私募是相對於公募而言的,是一種非公開宣傳的,私下向特定投資人募集資金進行的一種集合投資。其方式基本有三種:①基於簽訂委託投資合同的契約型集合投資基金;②基於共同出資入股成立股份公司的公司型集合投資基金;③基於共同出資成立

有限合夥企業的合夥型投資基金。與公募基金相比，私募基金面向少數特定的投資者，法規限制也少，如單一股票的投資限制放寬，某一投資者持有基金份額可以超出一定比例等。因此，私募基金的投資更具有靈活性。在信息披露方面，私募基金不必像公募基金那樣定期披露詳細的投資組合，一般只需在約定期間私下公布投資組合及收益即可，政府對其監管遠比公募基金寬鬆，因而投資更具有隱蔽性，獲得高收益回報的機會也更大。由於其非公開性，私募基金成為中國資本市場中最為隱密的一股資本力量。由於公募基金和私募基金在組織營運上的顯著差別和稅收制度對其分而治之的特點，本書將按這種分類進行論述。

7.1.1 公募基金的發展

公募基金（Public Offering of Fund）是受政府主管部門監管的，向不特定投資者公開發行受益憑證的證券投資基金。公募基金是公開募集資金的投資方式，是一種組合投資，是一種利益共享、風險共擔的投資方式。截至 2012 年 5 月，中國公募基金的資產規模為 24,515.83 億元，淨資產規模為 23,308.65 億元，份額總規模為 27,562.37 億元。

公募基金的特點是信息透明、風險分擔，是通往各類資產的通道。通過公募基金，投資人的資金可以流向國內股票市場、債券市場，也可以流向海外市場如中國香港市場、美國市場，還可以流向商品期貨市場。相比較其他的理財工具如私募基金、銀行理財和信託 PE 等，公募基金具有投資門檻較低、品種較為豐富、透明度較高、流動性較好等優點，是通往各類資產的有效通道。①公募基金 1,000 元的投資起點是各類理財工具中最低的，對絕大部分投資人不會構成障礙；②公募基金產品線廣泛，通過公募基金，投資人可以方便地實現全球範圍內的資金配置，而不需要付出太多的成本；③公募基金的透明度較高，通過定期披露的季報和年報，投資人可以瞭解到最新的投資組合和營運情況，而其他理財工具都不能提供類似的透明度；④公募基金的流動性較好，多數產品每日開放，投資人一般可以在幾日內將其贖回變現。但是公募基金的發行過程則比較複雜，登記核准所需時間較長，發行費用也較高。

另外，公募基金對基金管理公司的資格有嚴格的規定，對基金資產的託管人規模也有嚴格的規定，即註冊資本必須達到 80 億元。封閉式公募基金每週需要公布一次資產淨值，每季度公布一次投資組合。由於公募基金需要時刻履行信息

披露義務並受到監管部門的嚴格監管，所以一般公募基金的資產安全性較為安全，被大眾投資者廣泛接受。

7.1.1.1 公募基金的分類

（1）按投資範圍的分類

公募基金按照投資範圍不同，可以分為債券型基金、股票型基金和混合型基金。圖7-1反應了中國公募基金中的這三類基金的比重。

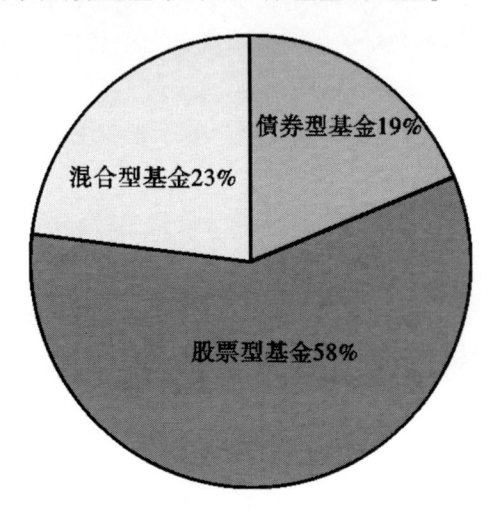

圖7-1 公募基金中各類基金所占比重

第一，債券型基金。根據證監會對基金類別的分類標準，基金資產80%以上投資於債券的為債券基金。債券基金也可以有一小部分資金投資於股票市場。債券投資對象主要是國債、金融債和企業債。在國內債券型基金剛處於起步階段，所占比重最小僅為19%。

第二，股票型基金。股票型基金是指60%以上的基金資產投資於股票的基金。對一般投資者而言，個人資本畢竟是有限的，難以通過分散投資種類而降低投資風險。但若投資於股票基金，投資者不僅可以分享各類股票的收益，而且也可以通過投資於股票基金而將風險分散於各類股票上，大大降低了投資風險。同單一股票投資相比，股票型基金既可以降低風險又可以取得相對穩定的收益。從投資策略角度講，股票基金可以細分為價值型、成長型和平衡型。

第三，混合型基金。混合型基金是在投資組合中既有成長型股票、收益型股票，又有債券等固定收益投資的基金。混合型基金設計的目的是讓投資者通過選

擇一款基金品種就能實現投資的多元化，而無須去分別購買風格不同的股票型基金、債券型基金和貨幣市場基金。混合型基金會同時使用激進和保守的投資策略，其回報和風險要低於股票型基金，高於債券和貨幣市場基金，是一種風險適中的理財產品。一些運作良好的混合型基金回報甚至會超過股票基金的水平。

（2）按封閉與開放性質的分類

公募基金按照封閉與開放方式不同，可以分為封閉式基金和開放式基金兩種。圖7-2反應了中國公募基金中這兩類基金的比重。

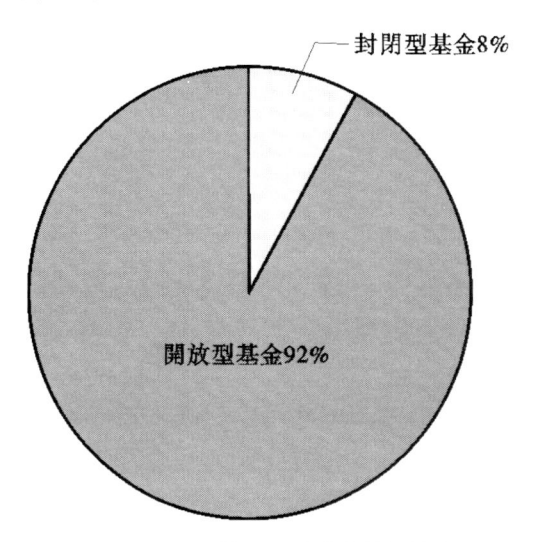

圖7-2 封閉式基金與開放式基金的占比

第一，開放式基金包括一般開放式基金和特殊開放式基金。特殊的開放式基金就是上市型開放式基金（Listed Open-Ended Fund，LOF）。即該類基金發行結束后，投資者既可以在指定網點申購與贖回基金份額，也可以在交易所買賣該基金。除上市型開放式基金外，還有一種特殊型基金交易所交易基金（Exchange Traded Fund，ETF）。它是在證券交易所掛牌交易的，基金份額可變的指數型開放式基金。其交易價格、基金份額淨值走勢與所跟蹤的指數基本一致。因此，投資者買賣一只ETF基金，就等同於買賣了它所跟蹤的指數包含的多只股票，可取得與該指數基本一致的收益。

第二，封閉式基金（close-end funds）。它是指基金的發起人在設立基金時，限定了基金單位的發行總額，籌足總額后，基金即宣告成立，並進行封閉，在一

定時期內不再接受新的投資。基金單位的流通採取在證券交易所上市的辦法，投資者日后買賣基金單位，都必須通過證券經紀商在二級市場上進行競價交易。

開放式基金和封閉式基金的主要區別是后者有一個較長的封閉期，發行數量固定，持有人在封閉期內不能贖回，只能在二級市場上買賣。而開放式基金可以贖回，上市交易型開放式基金還可以買賣。因此，開放式基金得「時刻準備著」持有人可能的贖回，投資風格相對比較穩健；封閉式基金在存續期內不用擔心贖回問題。封閉式基金到期之後，有兩種處理方式：一種是清盤，即按基金淨值扣除一定費用后退還給投資者；另一種是轉為開放式基金，即常說的「封轉開」。

7.1.1.2 公募基金的發展歷程

隨著中國經濟實力的增長及老百姓投資理財意識的增強，中國公募基金逐地步入了公眾的視野。目前，基金帳戶已超過了 3,300 萬戶，有近 800 支各種類型的證券投資基金，基金市場競爭的格局逐步形成。

經過多年的發展，公募基金逐步從萌芽階段向成長階段過渡，基金公司之間也開始了實質性的競爭。在 2002 年第一支開放式基金推出後，可以說中國基金業的發展經歷了三個階段。第一階段是從 2002 年到 2006 年的萌芽期。整個行業的主要任務是啓蒙投資者的理財意識。這一階段，資金從社會流入，資金流出基金公司所占的比重非常小，大約為 20%，這時候基金公司之間的競爭並不激烈。從 2007 年開始，中國基金業進入了成長期。2007—2009 年，基金業經歷了大牛市和全球金融風暴這些重大的事件。2007 年，所有的基金公司都獲得了資金流入，基金公司之間毫無競爭可言。相反，投資者購買基金甚至要通過抽簽的方式來進行，資金源源不斷地從銀行流入基金業。到了 2009 年，隨著股市的 V 型反轉，基金淨值在金融風暴中大幅縮水，飽受煎熬的基金持有人選擇了贖回，退出基金投資，當年 65% 的基金公司資金流出，回流到銀行。2010 年，基金業進入了成長過程中的另一階段。在經過金融危機后逐步復甦的進程後，基金公司之間實質性的競爭真正開始，這一年可以稱為是中國基金業競爭的元年。在這一年，差不多 50% 的基金公司的資金在流出，而這些資金更多的是進入了其他的基金公司，這表明基金公司之間的競爭在加劇。在高度競爭的美國市場上，10 多年來，每年資金流出基金公司所占的比重約為 45%，呈現出從一家基金公司贖回，進入另一家基金公司的特徵。中國基金管理公司為了留住和吸引投資者，從戰略、產

品到行銷和服務，對存量資金展開了激烈的爭奪，拉開了基金競爭的序幕。[①]

國內公募基金行業的產品線現已覆蓋了全球主要的資產類別，如中國股票、中國債券、海外股票（包括中國概念股、美國股票、金磚四國股票等）、海外債券（如富國全球債券基金）、海外商品（如諾安黃金）、海外房地產（鵬華美國房地產）。借助於公募基金，投資人可以實現個人資產在全球範圍內的配置。

中國的公募基金主要分佈在上海、深圳、北京和廣州地區，少量分佈在具有稅收優惠政策的重慶和天津。無論是從總部所在地、資產合計和旗下產品數量角度，上海的公募基金數量都占到了主導地位。雖然存於北京的基金數量不如上海和深圳多，但基金規模很大，如最大的兩支公募基金——華夏和嘉實的總部均設在北京。

總的來看，中國公募基金在結構上呈現出了穩定的不均衡態，同時總體規模還較小，市場的結構不均衡（偏股型的基金比重過大），階段性的超常規發展是基金行業發展初期的特殊增長路徑，公募基金由於流動性風險高，投資品種受局限，基金產品缺乏創新；同時公募基金也要面對其他的投資服務和產品的競爭。儘管目前私募基金所管理的資產規模還無法與公募基金相比，但是，私募基金產品的增長速度已經到了令人吃驚的地步。

7.1.2 私募基金的發展

私募基金（Private Equity，PE）是指通過私募形式對私有企業，即非上市企業進行的權益性投資，在交易實施過程中注重退出機制設計，即主要通過上市、併購或管理層收購等方式，出售持股獲利的集合資金管理方式。20世紀90年代以來，全球私募基金蓬勃發展。伴隨著中國經濟的高速增長，中國已成為亞洲最為活躍且潛力巨大的私募股權投資市場之一，且成為銀行融資、資本市場IPO之後的第三大融資手段。[②]

7.1.2.1 私募基金分類

（1）按性質分類

私募基金按性質劃分，可以分為創投基金、併購重組基金、資產類基金和其

[①] 數據資料來源於《中國公募基金競爭掃描》。
[②] 王霞. 中國私募基金發展現狀和問題［EB/OL］. http://finance.sina.com.cn/money/fund/20070613/14333688306.shtml.

他，詳見表 7-1。

表 7-1　　　　　　　　　　　　　私募基金的類型

基金類別	基金類型	投資方向	投資風格	風險特徵	主要代表
創投基金 （VC）	種子（seed capital）基金 初創期（start-up）基金 成長期（expansion）基金 Pre-IPO 基金	主要投資中小型、未上市的成長企業	分散投資參股為主	高風險高收益	高盛、摩根斯坦利、IDG、紅杉
併購重組基金 （buy-out）	MBO 基金 LBO 基金 重組基金	以收購成熟企業為主，單體投資規模通常很大	控股或參股	風險、收益中等	高盛、美林、凱雷、黑石、
資產類基金	基礎設施基金 房地產投資基金 融資租賃基金	主要投資於基礎設施、收益型房地產等	具有穩定現金流的資產	低風險穩定收益	高盛 EOP、領匯、越秀 REIT
其他基金	PIPE 夾層基金 問題債務基金	PIPE：上市公司非公開發行股權 夾層基金：優先股和次級債等問題債務基金：不良債權	—	—	夾層基金：高盛、黑石

（2）按組織形式分類

私募基金按照採用的組織形式劃分，可以分為公司制、信託制和有限合夥制。

公司制和信託制發展相對時間久遠，制度成熟，而有限合夥企業起源於 2006 年 8 月 27 日第 10 屆全國人大常委會第 23 次會議上通過修訂的《中華人民共和國合夥企業法》，並於 2007 年 6 月 1 日起正式實施。新修訂的《中華人民共和國合夥企業法》首次確立了「有限合夥」這一組織形式在中國的法律地位。2007 年 6 月 26 日，中國首家以有限合夥形式註冊的創業投資機構——深圳市南海成長創業投資有限合夥企業在深圳成立，由此拉開了私募基金以有限合夥製作為組織形式的序幕。有限合夥型私募基金的主要利益方為普通合夥人（General Partners, GP）和有限合夥人（Limited Partners, LP）。GP 是基金的管理者，承擔無限責任；LP 是基金的投資者，並不參與投資決策，僅以出資額承擔有限責任。GP 因全職進行資金管理而獲得管理費和利潤分成（Carried Interest），LP 僅獲得投資收益，並且要付給 GP 管理費和一部分投資收益。GP 和 LP 之間通過契約來確定

雙方的利益關係。GP 向 LP 收取管理費，一般來說，根據私募基金的規模和類型，管理費為承諾資本的 1.5%～2.5%。利潤分成（Carried Interest）機制是對 GP 的一種重要的激勵措施。通常情況下，LP 需承擔投資額的 99%，而 GP 只承擔投資額的 1%。但在投資收益的分成上，GP 的分成比例一般為 20%。[①]

縱觀全球私募基金行業特別是私募基金起步較早的國家，絕大多數私募基金都選擇有限合夥這一組織形式。在有限合夥制中，有限合夥人僅以出資額為限有限責任，能夠在很大程度上保證資金安全。同時，世界上大多數國家在對合夥企業徵稅的問題上，普遍採用流經原則（Flow Through Principle），不將合夥企業看作納稅實體，合夥企業的生產經營所得和其他所得由合夥人分別納稅，這一稅務安排避免公司制所存在的雙重徵稅問題。

7.1.2.2 私募基金的發展歷程

中國私募股權基金的發展經歷了一個曲折的過程，1992 年設立的「淄博基金」是中國首只私募股權基金，但由於種種原因僅僅是曇花一現。之後，私募股權基金之一的新橋基金收購深圳發展銀行的股權，標誌著大型國際私募基金開始進入中國。2006 年以前，國外私募基金一般不選擇直接投資本土實體的形式，而是通過對企業改制，成立離岸公司或收購殼公司，將境內資產或權益注入殼公司，使國內企業成為其子公司，以殼公司的名義在海外證券市場上市籌集資金，又稱「紅籌上市」（如蒙牛）。2006 年，國務院六部委聯合發布《關於外國投資者併購境內企業的規定》（簡稱「10 號文」），加強了審批管理，使得這種「兩頭在外」的營利模式受到了極大的限制。由此，許多外資私募基金開始選擇在中國大陸市場籌資和退出。2009 年 12 月 2 日，國務院公布了《外國企業或者個人在中國境內設立合夥企業管理辦法》（以下簡稱《辦法》）。辦法對外商投資有限合夥制股權基金產生了重要影響，根據辦法，境外基金管理人可在華設立有限合夥制外商投資股權基金管理企業。外商投資合夥企業的設立實行直接向企業登記機關登記的制度，不需要商務主管部門批准（按照中國現行有關外商投資管理的法律、行政法規，設立「三資」企業需經商務主管部門批准）。此外，境外基金管理人及投資者也可在華設立有限合夥制外商投資股權基金。辦法出抬后，上海、天津、北京等地爭相公布鼓勵外資股權基金管理企業在當地設立的相關政策。

[①] 周煒.「黑石法案」與私募基金徵稅之困惑［J］.涉外稅務，2008（6）.

如今，中國已成為亞洲最為活躍的私募股權投資市場之一。全球最大的私募基金：黑石、凱雷、KKR 以及德州太平洋集團等都在中國設立了辦公室。中國私募股權基金募集資金總量和投資類型如圖 7-3 與圖 7-4 所示。

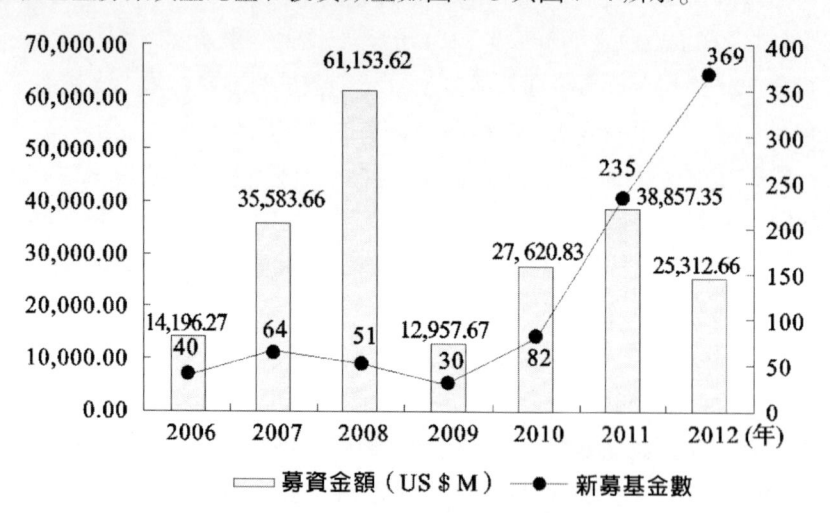

圖 7-3　私募股權投資基金的發展趨勢

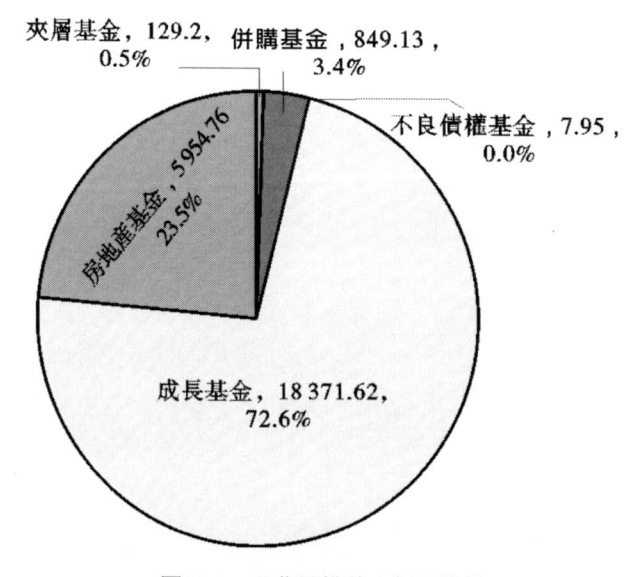

圖 7-4　私募股權基金類型統計

資料來源：清科研究中心。

清科研究中心2012年度基金報告顯示（見圖7-4），在投資方面，2012年中國私募股權投資市場的投資交易數量與2011年基本持平，共完成投資交易680起，其中披露金額的606起投資涉及金額197.85億美元，金額與2011年全年相比下降28.3%，其中眾機構對阿里巴巴的投資成為當年最大金額投資。除此投資外，另有34起投資的投資金額超過1億美元。

7.2 基金業稅制的國際比較與借鑑

各國基金管理公司的法律形式主要為公司制和合夥制。在美國，有限合夥制基金管理公司較為常見。而在英國、德國及臺灣，基金管理公司的組織形式以公司制為主。以下重點介紹美國的基金稅制。

7.2.1 美國的基金稅制

7.2.1.1 美國的共同基金稅制

為了便於計稅，國內稅務局根據投資者獲得的投資收益的來源，把投資者獲得的收益分為一般收益和資本利得收益。前者來自基金投資的利息收入、股息收入、紅利收入，后者來自基金投資收益的資本利得部分和投資者買賣基金份額的差價收入（基金贖回與轉換視同銷售）。

（1）個人投資者的稅收處理

1997年美國稅制改革，將資本利得按持有期限分為長期資本利得和短期資本利得，即：持有期限在一年以內的證券或基金的轉讓所得，將被視為短期資本所得，而持有期限在一年以上的轉讓所得則被視為長期資本利得。短期資本利得並入投資者的一般收入所得，按個人所得稅超額累進稅率徵稅，而長期資本利得按20%的比例稅率計徵（個人納稅級次在15%的長期資本利得按10%的比例稅率計徵）。按照新稅法的規定，投資者從共同基金收到的資本利得收入，長期與短期的劃分取決於共同基金所銷售證券持有時間的長短，與投資者購買基金份額的時間無關，而投資者銷售或轉換基金獲得的差價收入，長期與短期的劃分直接取決於投資者持有基金的時間。

為鼓勵證券的長期持有，2001年聯邦政府推出「有條件的5年資本利得」

規劃。在這項規劃裡,資本利得適用的聯邦稅率又得以降低,對於15%的納稅級次的投資者來說,如果資本利得來自持有5年以上的證券轉讓差價收入,適用的聯邦稅率由原來的10%降為現在的8%,而對於更高納稅級次(超過邊際稅率28%)的投資者來說,超過五年的證券轉讓價差收入由原來的20%變為18%。

(2) 機構投資者的稅收處理

在美國,機構投資者獲得的投資收益沒有一般收益和資本利得收益的劃分,更沒有長期資本利得和短期資本利得的劃分。所有的投資收益都要歸並到機構的總收入中,然后按機構的最終所得(總利潤)計徵公司所得稅。

(3) 資本利得或損失的核算方法

投資者獲得的資本利得來自兩個方面:一個是共同基金銷售持有證券的差價收入;另一個是投資者銷售或轉換基金份額的差價收入。1997年稅改之后,為了區分長期資本所得和短期資本所得,為了準確核算資本利得或損失,投資者必須知道基金份額的銷售價格和成本基礎(cost basis,基金份額原先的買價)。基金銷售價格的確定相對比較容易,但是成本基礎的確定實是一件非常困難的事情,特別是當投資者在不同時間以不同的價格購買基金憑證時。為了準確核算基金份額的成本基礎,投資者必須注意以下兩點:一是把每次的紅利和資本利得再投資部分計入成本基礎;二是必須把購買基金份額時支付的銷售費用和交易費用計入成本基礎,而基金贖回或轉換費用會直接減少銷售收入(基金轉換視同銷售),所以不再計入成本基礎。在此基礎上,再按聯邦稅務局推出的四種核算資本利得或損失的方法,即按先進先出法、平均成本法(單類法)、平均成本法(雙類法)、個別鑒定法來確定,規定要求共同基金和投資者必須選擇一種,同時要求核算方法的改變必須得到國內稅務局的同意。

(4) 稅收的遞延及資本損失處理

一般來講,來自共同基金的任何利益分配都要繳納聯邦所得稅,同時也要繳納州稅和地方稅,無論投資者以現金的形式獲取收益分配或是把投資收益進行再投資,都要按實際分配的收益納稅。稅收的遞延主要是針對一些顧主倡導的退休金計劃、個人退休帳戶(傳統的IRAS和RothIRAS)與變動年金而言的。一般情況下,這些稅收遞延帳戶的收入部分不會被徵稅。除非投資者抽出資金。無論投資者採取次總付的形式或是分期抽回資金,應稅收入部分都會被視為一般收入對待,適用個人所得稅超額累進稅率。對於IRAS的投資者來說,59.5歲之前撤出

資金，還要繳納10%的懲罰稅。而對於RothIRAS的投資者來說，如果59.5歲后才抽回資金而持有這種帳戶5年以上，投資收益將會被免稅。

一些稅收遞延投資也提供附加的稅收優惠。比如，你可以在稅前把薪金或工資的部分投向稅收遞延帳戶，從而減少應稅薪金收入。IRAS即提供了這種稅收優惠。對於這些可以稅前投資的退休計劃，投資者從這些帳戶撤出資金，將會被全額徵收個人所得稅。對於一些稅後投資的退休計劃，像變動年金或不能抵扣的傳統的IRAS投資者撤出資金，僅對帳戶的增值部分徵收所得稅，因為原來的投資部分已被徵過一次稅了。

另外，共同基金的資本損失處理共同基金通過證券交易實現的資本損失，不分配給投資者，而是從以后的資本利得中抵扣。而個人投資者銷售基金份額的資本損失可以從其他資本利得收入中抵扣，也可以在3,000美元的限額內從投資者的一般收入（薪金、工資、小費或其他投資收入等）中抵扣。如果資本損失超過3,000美元，那麼超出的部分就要往以后年份結轉，直到完全扣除為止。

7.2.1.2 美國私募基金稅制

大部分在美國設立的私募股權投資基金出於稅收方面的考慮都採取有限合夥型或有限責任公司（LLC）型。其中，有限合夥形式是美國絕大多數的私募股權基金所採取的組織形式。同樣的，有限合夥人（LP）被限定不能執行合夥事務，不參與基金投資的具體運作，僅僅充當資金供給者的角色。在美國，有限合夥人主要包括養老基金、人壽基金、儲備基金、銀行或保險公司、高資本淨值的個人或家族公司等。[①] 稅收制度上認為其從合夥企業取得的收入屬於「消極收入」，歸屬於資本利得。普通合夥人（GP）在有限合夥中，特別是在風險投資領域，往往是具有高水平和豐富經驗的人，他們對合夥債務承擔無限責任，而入伙的資金往往較少。在美國，普通合夥人出資額通常為全部合夥人出資的1%；分得的利潤卻通常達到20%左右。[②]「工作收入」和「資本利得」是美國私募權益基金普通合夥人的兩種主要收入類型（周煒，2008）。

有限合夥人支付給基金公司的管理費是基金公司的服務收入，普通合夥人根據合夥協議從基金公司取得的利潤分成來自於基金公司的投資收益。普通合夥人（GP）取得的管理費收入（通常為基金規模的2%）為工作收入，按最高35%的

[①] 周昌凌. 私募股權基金組織形式研究 [D]. 北京：中國政法大學，2010.
[②] 魏振瀛. 民法 [M]. 4版. 北京：高等教育出版社，2010.

累進稅率徵收。① 在美國，合夥企業不作為納稅主體，對於合夥制的基金管理公司取得的投資收益，根據稅收「流經原則」，僅對該機構的合夥人取得的收入徵收個人所得稅。即有限合夥人以及普通合夥人投資於私募股權基金，基金的投資收益流經到有限合夥人及普通合夥人的帳戶，按資本利得收入來徵稅②。如果私募基金投資於某些資產的時間超過一年，則只需按照較低的稅率繳納資本利得稅。

7.2.2 美國基金稅制評價

美國共同基金稅制在1997年後最大的特點是區分了短期資本利得和長期資本利得，由於對長期資本利得按照20%或10%的比例稅率徵稅（5年以上為18%或者8%），短期資本利得按照一般收入對待，這就使得長期資本利得對投資者來說更具吸引力，投資者在購買基金的時候往往就會考慮基金管理公司的投資風格和投資決策。當然，這種稅制變化也悄悄改變著基金經理的投資行為。哈佛大學Dickson教授在《共同基金的稅收外部性》中認為，稅收制度對短期資本和產期資本的差別化對待，確實對基金贖回產生了影響，投資者更傾向於長期持有，這對於基金公司的長期價值投資操作和減少贖回風險都是有益的。美國的私募基金稅制明確確認了合夥企業的流經原則，對管理費收入和資本利得收入區分對待，對超過1年的投資收益具有稅收優惠，這一稅收制度充分體現了稅收的調節職能。而其他一些美國學者雖肯定了基金稅制調節功能與稅負公平，但也認為基金稅制缺乏效率，壓制了投資和儲蓄並產生了福利損失，強調應增加稅收遞延等優惠措施。

7.3 中國基金業稅制評析

7.3.1 公募基金稅制分析

證券投資基金已經成為中國金融產業當中的重要組成部分，對中國經濟發展

---

① 邢會強. 細說有限合夥制私募股權基金所得稅 [J]. 國際融資，2012（8）.
② 劉旸. 美國私募權益資本研究 [D]. 長春：吉林大學，2010.

發揮著重要的作用。制定引導證券投資基金的政策，尤其是利用稅收政策工具促進投資基金發展促進作用尤為凸顯。基金是一種投資方式，它連接了這個環節的多種主體，主要包括基金管理人（基金公司）、基金託管人（銀行和非銀行金融機構）投資人和基金本身，從而在此過程中涉及多方面稅收，這些稅收要由投資環節中的不同主體依據法律自行或者代為繳納。

在基金投資方式中，投資者是基金的出資人，運作者是基金管理人與託管人。託管人的涉稅問題相對簡單明晰，故本書不對其進行論述。而投資者涉稅問題分析會在私募基金章節中詳細展開，對公募基金稅制的分析主要圍繞基金管理人，即基金公司涉及的稅務問題展開。分析基金管理公司的稅務問題，首先需要區分兩個主體：基金公司和基金。絕大部分基金公司名下都會管理若干支基金，該基金公司須有針對其運行建立套帳，同時並對其管理的若干支基金每支基金再單獨建立一套帳。基金本質上僅為一筆信託財產，基金自身不是經營主體，從而也不是納稅主體。基金公司則需要確認管理費等各項收入，並按照法律和行政法規的規定作為納稅主體就其收入繳納相應稅費。

基金管理人從事基金管理，產生的基金投資所得收益需要依法納稅，但對這種所得的徵稅最終是由投資者承擔繳納的。而基金管理人的收益則來源於基金管理費與投資收益分成，這種管理費與收益提成是管理人的經營所得，應由基金管理機構自行繳納，與基金本身無關，主要涉及營業稅和企業所得稅。

7.3.1.1 營業稅

在目前基金公司收入體系中，基金管理費是先入基金公司帳戶，然後再分給銀行等代銷機構。《中華人民共和國營業稅暫行條例實施細則》規定，基金公司需就其收取的全部管理費收入交納5%的營業稅。財政部和國家稅務總局《關於開放式證券投資基金有關稅收問題的通知》規定：以發行基金方式募集資金不屬於營業稅的徵稅範圍，不徵收營業稅；個人和非金融機構申購和贖回基金單位的差價收入不徵收營業稅。財政部和國家稅務總局《關於證券投資基金稅收政策的通知》規定：對證券投資基金（封閉式證券投資基金，開放式證券投資基金）管理人運用基金買賣股票、債券的差價收入，繼續免徵營業稅。

7.3.1.2 企業所得稅

財政部、國家稅務總局《關於開放式證券投資基金有關稅收問題的通知》

规定，對基金管理人運用基金買賣股票、債券的差價收入，在 2003 年年底前暫免徵收企業所得稅。《財政部、國家稅務總局關於證券投資基金稅收政策的通知》接著規定，自 2004 年 1 月 1 日起，對證券投資基金（封閉式證券投資基金，開放式證券投資基金）管理人運用基金買賣股票、債券的差價收入，繼續免徵營業稅和企業所得稅。現根據財政部、國家稅務總局《關於企業所得稅若干優惠政策的通知》的規定：對證券投資基金從證券市場中取得的收入，包括買賣股票、債券的差價收入，股權的股息、紅利收入，債券的利息收入及其他收入，暫不徵收企業所得稅；對投資者從證券投資基金分配中取得的收入，暫不徵收企業所得稅。

此外，根據《中華人民共和國企業所得稅法》及其實施條例的規定，創業投資企業採取股權投資方式投資於未上市的中小高新技術企業 2 年以上的，可以按照其投資額的 70%在股權持有滿 2 年的當年抵扣該創業投資企業的應納稅所得額；當年不足以抵扣的，可以在以後納稅年度結轉抵扣。這一政策惠及面包括私募公司制基金。

7.3.1.3 個人所得稅

財政部、國家稅務總局《關於開放式證券投資基金有關稅收問題的通知》規定：對個人投資者申購和贖回基金單位取得的差價收入，在對個人買賣股票的差價收入未恢復徵收個人所得稅以前，暫不徵收個人所得稅；對個人投資者從基金分配中取得的收入，暫不徵收個人所得稅。

7.3.1.4 印花稅

根據《中華人民共和國印花稅暫行條例》的規定，印花稅的納稅人為在中國境內書立、領受應稅憑證的單位和個人，具體包括各類企業、事業、機關、團體、外商投資企業、外國企業和其他經濟組織及其在華機構等單位和個人。因此，只要能夠作為合同訂立的一方當事人，即應成為印花稅的納稅人。證券投資基金由基金管理人運用基金資產買賣股票、債權等基金資產所訂立的合同，也是買賣股票、債權這一所有權轉移合同的法律效果的最終承擔者，是有價證券買賣合同的一方當事人，也可以成為證券交易印花稅的納稅人。

根據財政部和國家稅務總局《關於對買賣封閉式證券投資基金繼續予以免徵印花稅的通知》的規定：對投資者（包括個人和機構）買賣封閉式證券投資基

金免徵印花稅。

2012年公募基金年報顯示，公募基金公司的稅負非常輕。為避免所得稅雙重徵稅的免稅制度大大減輕了公募基金公司的稅收負擔，使其僅繳納管理費收入的營業稅稅金以及附加，從而促進了公募基金業的長足發展。

7.3.2 私募基金稅制分析

從2002年開始，財政部和國家稅務總局相繼出抬了一系列特別針對公募基金的稅收優惠政策。如前文所述，涉及企業所得稅、個人所得稅、營業稅、印花稅四個稅種，涵蓋包括資金募集、投資與管理、分配與贖回等公募基金的幾乎所有環節。然而，私募基金不僅不能享有如上稅收優惠政策，而且納稅方式按照組織形式而定，具有較大的不確定性。

7.3.2.1 有限合夥人的收入性質和徵稅辦法不明確

針對有限合夥人的收入性質，大多數學者認為：由於有限合夥人不執行合夥事務，不參與基金投資的具體運作，僅僅充當資金供給者的角色，其從合夥企業取得的所得屬於「消極所得」，且該所得類似於公司的股東從公司的利潤中取得的股息、利息等權益性投資收益。因此，應將該所得認定為投資收益或者資本利得對其徵收所得稅。

但是根據目前的法規，合夥企業的合夥人根據「先分后稅」的原則，對個人合夥人比照「個體工商戶的生產經營所得」適用5%~35%的超額累進稅率徵收個人所得稅，對法人合夥人按照企業所得稅適用稅率徵收企業所得稅。顯然，目前的規定並沒有區分有限合夥人和普通合夥人，也就更談不上對兩類合夥人收入性質的認定。同時，由於中國在個人所得稅上採用分項計徵的模式，11項所得類型的稅率和計稅方法並不相同，其中「利息、股息、紅利所得」應稅項目，依20%的稅率計算繳納個人所得稅。而在企業所得稅上採用綜合計徵的模式，各項所得適用的稅率和計稅方法並無差異。

故此，由於適用稅率和計稅方法的差異，對個人有限合夥人收入性質的「錯誤認定」將會顯著增加個人有限合夥人的稅負。針對這一問題，一些地方出抬「開創性」的規定。上海市《股權投資企業工商登記等事項的通知》規定，執行有限合夥企業合夥事務的自然人普通合夥人，按照《中華人民共和國個人所得稅

法》及其實施條例的規定，按「個體工商戶的生產經營所得」應稅項目，適用 5%～35%的五級超額累進稅率，計算徵收個人所得稅。不執行有限合夥企業合夥事務的自然人有限合夥人，其從有限合夥企業取得的股權投資收益，按照《中華人民共和國個人所得稅法》及其實施條例的規定，按「利息、股息、紅利所得」應稅項目，依20%的稅率計算繳納個人所得稅。[①] 北京市《關於促進股權投資基金業發展的意見》規定，合夥制股權基金中個人合夥人取得的收益，按照「利息、股息、紅利所得」或者「財產轉讓所得」項目徵收個人所得稅，稅率為20%。上述地方規定在一定程度上降低了個人有限合夥人的稅負，但這些規定僅適用於上海市和北京市。如要在全國範圍內普遍實行，仍需國家稅務總局出抬針對性文件（具體政策描述詳見表7-2至表7-5）。

表7-2　　全國性公司制私募基金的稅收處理規定

主體	公司制私募基金					
^	所得稅			營業稅		
^	股息紅利	管理/諮詢費	股權轉讓所得	股息紅利	管理費	股權轉讓所得
私募管理公司	免稅	25%的稅率	25%的稅率	不繳納	5%的稅率	不繳納

表7-3　　全國性有限合夥制私募基金投資者稅收處理

投資人			有限合夥制私募基金	
^			股息紅利所得	股權轉讓所得
普通合夥人（境內）		自然人	未明確	未明確
^		法人	未明確	25%的稅率
有限合夥人	自然人	居民	股息紅利所得20%的稅率	未明確
^	^	非居民	免稅	未明確
^	法人	居民	未明確	25%的稅率
^	^	非居民	10%或協定稅率	10%或協定稅率

[①] 令人感到疑惑的是，上海市在其《股權投資企業工商登記等事項的通知》修訂版中，刪除了上述內容，這為上海市是否繼續對有限合夥人和普通合夥人分別徵稅打上了問號。

表 7-4　　　　　　　上海市有限合夥私募基金投資者稅務處理

			股息紅利所得	股權轉讓所得
上海	普通合夥人（境內）	自然人	個體工商戶的生產經營所得5%～35%的稅率	個體工商戶的生產經營所得5%～35%的稅率
		法人	未明確	25%的稅率
	有限合夥人	自然人 居民	股息紅利所得20%的稅率	個體工商戶的生產經營所得5%～35%的稅率
		自然人 非居民	免稅	個體工商戶的生產經營所得5%～35%的稅率
		法人 居民	未明確	25%的稅率
		法人 非居民	10%或協定稅率	10%或協定稅率

表 7-5　　　　　　　北京市有限合夥制私募基金投資者稅務處理

投資人			股息紅利所得	股權轉讓所得
北京	普通合夥人（境內）	自然人	20%的稅率	20%的稅率
		法人	免稅	25%的稅率
	有限合夥人	自然人 居民	20%的稅率	20%的稅率
		自然人 非居民	免稅	20%的稅率
		法人 居民	免稅	25%的稅率
		法人 非居民	10%或協定稅率	10%或協定稅率

7.3.2.2　法人合夥人分得的股利是否徵稅不確定

私募基金的所得主要包括兩個部分：一是被投資企業分配的股息、紅利等權益性投資收益；二是轉讓被投資企業股權所獲得的資本利得。而根據《中華人民共和國企業所得稅法》及其實施條例的規定，符合條件的居民企業之間的股息、紅利等權益性投資收益屬於免稅收入。所謂符合條件是指居民企業直接投資於其他居民企業取得的投資收益。那麼，法人合夥人借助合夥企業投資於其他居民企業所獲得的投資收益是否屬於直接投資所得，進一步是否屬於免稅收入呢？

中國目前採用的是準實體課稅模式，該模式的理論依據核心是「流經原則」，即合夥企業不是法人和納稅義務人，而僅是一個「導管」，其所有的收入和支出按照約定直接分配給各合夥人，各合夥人是最終納稅義務人，且分配的收

入和支出在流經合夥企業後其性質保持不變。根據該原則，可以得出以下結論：一是由於合夥企業的並非法人，投入合夥企業的資金進而由該資金換取的企業股權，其所有權在法律上應歸屬於各合夥人而非合夥企業，因此從所有權的角度看通過合夥企業進行投資仍應視為直接投資；二是企業分配的股息、紅利等權益性投資收益在流經合夥企業分配到合夥人後，其收入性質仍應屬投資收益。

基於以上分析，法人合夥人借助合夥企業投資於其他居民企業所獲得的投資收益享受免稅待遇存在理論上的合理性。

7.3.2.3 普通合夥人的利潤分成收入性質的爭議

私募基金的普通合夥人的收益主要由兩部分組成：一是有限合夥人支付的管理費；二是從投資收益中分得的利潤分成（Carried Interest）。將管理費認定為服務收入（或者說生產經營收入）沒有爭議，而在對利潤分成的認定上存在較大的爭議。一種觀點認為應將其認定為服務收入（生產經營收入），普通合夥人之所以在只投入1%的資金的前提下取得20%的投資收益分成是因為其為有限合夥人提供了投資諮詢服務，20%的利潤分成在很大程度上是有限合夥人對普通合夥人的獎勵，而非普通合夥人投入的1%的資金所產生的利潤；另一種觀點則認為，管理費已經是對普通合夥人所提供的投資諮詢服務的補償，況且利潤分成的來源確實是合夥企業的投資收益所得，而非像管理費那樣由有限合夥人支付。由於收入性質上的爭議，此部分收入在稅收政策上仍是空白，不確定性很強，各地稅務實踐也不盡一致。

7.3.2.4 針對非居民合夥人的稅收立法空白

在2010年以前，中國並不存在非居民合夥人，也就不存在其稅收問題。2006年新修訂的《中華人民共和國合夥企業法》中授權國務院制定外國企業或者個人在中國境內設立合夥企業的管理辦法。直到2009年8月19日國務院第77次常務會議才通過《外國企業或者個人在中國境內設立合夥企業管理辦法》，該辦法於2010年3月1日起施行。在2010年3月1日當天，在江蘇省昆山市海峽兩岸農業合作區誕生了中國第一家外商投資合夥企業——昆山太陽城園藝中心（普通合夥）。2011年12月26日，上海金融辦26日正式批准了上海久有全興股權投資合夥企業（以下簡稱「久有全興」）成為外商投資股權投資試點企業，作為久有全興合夥人之一的日本野村控股株式會社因此也成為國內首家獲得合格境外有限合夥人（簡稱QFLP）資格的日本金融機構。

随著中國對非居民合夥人政策的進一步放寬，非居民合夥人的數量將大幅度增加。但稅收立法遠遠落后於經濟發展的需要，目前中國針對非居民合夥人的稅收規定幾乎是空白。在理論上，非居民合夥人可能需要解決以下問題：

（1）非居民合夥人是否因在境內設立合夥企業而構成常設機構？

依據國家稅務總局對《中新稅收協定》條文的解釋，這一認定的關鍵可能在以下幾個方面：①是否設立營業場所（該營業場所實質存在且相對固定、持久），並通過營業場所開展營業活動；②是否派雇員或其他人來華提供勞務，且該人員在華停留時間達到一定時限；③是否經常授權非獨立代理人代表其在華活動。

如果非居民合夥人的境內合夥企業被認定為構成常設機構，則將對非居民合夥人帶來至少兩方面的影響：①納稅義務。如被認定為常設機構，則不僅其所取得的來源於中國境內的所得在中國負有納稅義務，而且發生在中國境外但與其所設機構、場所（常設機構）有實際聯繫的所得也將負有中國的納稅義務。目前，實行外匯管制的中國並未對私募基金開放境外投資通道，有限合夥型的私募基金並不存在取得「境外所得」的可能性。但在公募基金方面，中國已推出 QDII[①]制度一，有控制與有節奏地允許境內機構投資境外資本市場的股票、債券等有價證券等投資業務。那麼，在不久的將來對私募基金打開這一道「閘門」也未必不可能。②所得性質和稅率。如被認定為常設機構，則其取得的所得應屬於營業收入，適用 25%的所得稅稅率。反之，按照「流經原則」，其取得的所得性質與合夥企業分配前的所得性質一致，就私募基金而言主要是股息、紅利等權益性投資收益和股權轉讓的資本利得，適用 10%（或者協定稅率）的所得稅稅率。對此問題的進一步討論，又派生出兩個問題：一是所得性質的不同將導致適用的稅收協定條款的不同——分別適用常設機構、營業利潤條款和股息、財產收益條款；二是按照《中華人民共和國企業所得稅法》的規定，在中國境內設立機構、場所的非居民企業從居民企業取得與該機構、場所有實際聯繫的股息、紅利等權益性投資收益屬於免稅收入，那麼在認定為常設機構的前提下，非居民合夥人借助合夥企業取得的股息、紅利等權益性投資收益是否予以免稅？

（2）有限合夥人與普通合夥人是否區別對待？

在有限合夥人與普通合夥人區別對待問題上，一般認為，有限合夥人並不執

---

① Qualified Domestic Institutional Investors（QDII）為合格境內機構投資者。

行合夥事務（不參與私募基金的具體投資運作），僅僅充當「資金供給者」的角色，其進行的是投資活動，而非營業活動。認定其構成常設機構很是牽強。而普通合夥人則不可避免地參與對投資項目的管理，且私募基金一個投資項目週期往往長達數年，其在華活動時間通常較長，認定其構成常設機構顯得較為合理。

按照中國稅法目前的規定，合夥企業採用「先分后稅」的原則，將納稅義務落實到合夥企業背后的法人和自然人身上。從合法性方面考慮，應該將境外合夥企業作為非居民合夥人「看穿」。但「看穿」存在以下困難：①對於目前的中國稅務機關而言，要準確掌握境外合夥企業的合夥人的信息存在巨大的難度，這要求中國稅務機關具備與外國稅務機關有效的情報交換能力，並且要求信息傳遞的準確快速，溝通成本極高，這一可能性必須建立在該國與中國簽訂有稅收協定或者稅收情報交換機制的前提下，而如果該國與中國沒有相關的信息溝通渠道，特別是那些所謂的「避稅天堂」（這些國家和地區是許多私募基金的聚集地），則不具有掌握信息的可能性。②現在有一些國家和地區允許合夥企業的合夥人以匿名的方式出資，這也為掌握境外合夥企業的合夥人信息增加了障礙。③如果該境外合夥人所在國家將合夥企業作為納稅實體，那麼中國稅務機關對該境外合夥企業的合夥人的徵稅能否視同對該合夥企業的徵稅而在合夥企業層面得到稅收抵免則存在爭議。如果不能得到該國稅務機關的認可，那麼勢必造成對跨國納稅人的「雙重徵稅」。但如果不「看穿」，哪又對合夥企業適用什麼稅種呢？從字面理解來看，合夥企業作為企業，徵收企業所得稅較為恰當。但《中華人民共和國企業所得稅法》第一條明確規定合夥企業不適用該法。而如果徵收個人所得稅，又與財政部和國家稅務總局《關於合夥企業合夥人所得稅問題的通知》中所規定的「先分后稅」原則衝突。無論徵收企業所得稅還是個人所得稅，都存在難以逾越的法律鴻溝。另外，在中國對外簽訂的大多數稅收協定中，並未明確給予「合夥企業」是「締約國居民」的身分。如果不「看穿」，那麼是否意味著該境外合夥企業失去了享受稅收協定待遇的機會？

7.3.3 稅收對基金業發展的影響

7.3.3.1 稅收優惠政策對基金業發展的影響

稅收對基金的影響是顯著的，就前述創頭企業稅收優惠政策而言，這項稅收政策能夠顯著激發資本投資高新技術企業的熱情和降低公司制創業投資企業的稅

收負擔。據國家發展和改革委員會財政金融司副司長馮中聖在《中國創業投資行業發展報告2011》解讀一文中介紹，此項政策出抬后的2007年和2008年，在國家發展和改革委員會備案的創業投資企業分別達119家和126家，而2006年僅為48家。但遺憾的是，根據財政部和國家稅務總局關於《促進創業投資企業發展有關稅收政策》的通知的有關規定，享受該項稅收優惠政策的企業其工商登記需為創業投資有限責任公司和創業投資股份有限公司，這也就意味著該政策目前僅適用於繳納企業所得稅的公司制企業，並沒有惠及採用有限合夥制的創業投資企業。這一政策傾向性也顯著影響了投資者對創業投資企業對有限合夥型這一組織形式的選擇。僅以2010年的數據為例：從創業投資企業數量看，有限責任公司型創業投資企業占89.87%，股份有限公司型創業投資企業占4.43%；而有限合夥型僅為3.80%。從創業投資企業資產看，有限責任公司型占84.83%，股份有限公司型占9.93%，有限合夥型僅占比為2.34%。

7.3.3.2　稅制缺陷對基金業發展的影響

基金業稅制缺陷也制約了基金業的發展。中國基金業稅制還存在如下缺陷：①沒有完全體現「稅收中性」和「公平」的立法原則，存在著公募與私募、公司制與有限合夥制稅負差異明顯的問題；②相對於有限合夥制的私募股權基金和創業投資基金的蓬勃發展，稅收立法滯后於經濟實踐發展，存在明顯的立法空白。這些問題都在一定程度上阻礙了私募基金的健康發展。

7.4　中國基金業稅制的優化

從稅收公平原則與效率原則來看，中國基金稅制的區別對待政策缺乏公平，而私募基金稅制空白與各地自行其政也產生了一定的經濟扭曲。通過借鑑美國基金稅制實踐，我們認為，①公募基金和私募基金應該獲得同樣的稅收待遇，不能搞稅收歧視。②基金稅制應該具備一定的調節功能，比如對基金投資人投資和贖回行為和基金行為的調節。這兩點應該是評價基金稅制是否公平與是否有效率的重要標準。為此，我們提出如下稅制優化建議：

7.4.1　加強與相關部門的溝通、協調

目前，中國對私募基金的管理在中央政府層面主要涉及國家發展和改革委員

會、國家工商行政管理總局，在地方層面主要涉及各地的金融辦、工商行政管理局。日前，國家發展和改革委員會下發了關於《促進股權投資企業規範發展》的通知，在該文件中明確規定對私募基金實行備案制度，並要求其建立信息披露制度（包括提交年度報告、重大事項及時報告）。這使得國家發展和改革委員會和各地的金融辦能夠及時、全面地掌握私募基金的信息。那麼，稅務部門也可以效仿之前與工商部門建立股權轉讓信息共享機制那樣，與國家發展和改革委員會和各地的金融辦建立私募基金的信息共享機制。在掌握信息的基礎上，加強與相關部門的溝通與協調，出抬符合私募基金行業特點的徵稅規定，做到「有的放矢」。

7.4.2 縮小公募與私募，公司制與有限合夥制的稅賦差距

「稅收中性原則」一直是政府徵稅的基本原則之一，最早由亞當·斯密在其名著《國民財富的性質和原因的研究》中提出，其認為一個好的稅收制度，對人民的生產和消費不會產生大的影響，稅收不能超越市場而成為左右經濟市場主體經濟決策的力量，反對稅收對市場運行的過度干預。而根據前文所述，中國稅收政策中對公募與私募，公司制與有限合夥制的差別對待，明顯「扭曲」了市場主體的選擇，基金公司面臨避免雙重徵稅和稅收優惠不能兩全的困境。公司制是現代企業制度的核心，結合中國基金業的現狀和發展趨勢，借鑒國際經驗，針對公司制基金管理公司的重複徵稅問題，需綜合考慮稅收管理成本和稅收遵從成本、其他投資方式的稅收規則、國家的產業促進目標等因素合理設計徵稅方式。對於合夥制的基金管理公司，參考金融發達國家做法，中國在稅收政策的設計上，為了促進基金業的發展，應給予一定的稅收優惠政策。比如，允許有限合夥制創業投資基金比照公司制企業享受投資抵扣的稅收優惠。對於基金管理機構的管理費收入可參照大部分國家的做法，免徵營業稅或增值稅。

7.4.3 明確有限合夥人（LP）以及普通合夥人（GP）利潤分成的收入性質

從前文的分析來看，LP 的收入屬於投資收益這一觀點基本沒有爭議。而對 GP 利潤分成的收入性質判定則存在不確定性的窘境。從鼓勵私募基金健康、快速發展的角度出發，認定 LP 以及 GP 利潤分成的收入性質屬於投資收益較為恰當。雖然這可能導致稅收收入在短期內、局部範圍內的減少，但我們應該也認識

到私募基金對中國金融體制創新、產業結構調整、自主創新等所具有的「乘數效應」，正所謂「有捨才有得」「失之東隅，收之桑榆」。

7.4.4 健全對非居民合夥人涉稅處理的立法

稅收立法的「空白」，將導致徵稅部門的執行困難，增加徵稅部門與納稅人摩擦的可能性。同時，稅收立法的「空白」也不可能給納稅人以穩定的「預期」，增加了納稅人的「奉行成本」。具體到非居民合夥人上，還可能導致「稅收主權」的流失，以及增加跨國納稅人稅收負擔的問題。因此，應對這一問題予以足夠的重視。在具體操作上，應加強對這一問題的調研，同時借鑑歐美市場經濟國家和OECD對這一問題的處理方法。在對外談判和修訂稅收協定時，也應在協定中明確相關處理機制。

參考文獻

［1］周昌凌. 私募股權基金組織形式研究［D］. 北京：中國政法大學，2010.

［2］程才. 美國共同基金稅制考察及對中國的啟示［R］. 中山大學嶺南學院，2006.

［3］孫凱. 美國聯邦稅收制度［M］. 北京：中國稅務出版社，1997.

國家圖書館出版品預行編目(CIP)資料

中國金融業稅制發展報告 / 尹音頻 等著. -- 第一版.
-- 臺北市：崧博出版：崧燁文化發行, 2018.09

　面；　公分

ISBN 978-957-735-470-9(平裝)

1.稅制 2.稅收 3.中國

567.92　　　107015208

書　名：中國經融業稅制發展報告
作　者：尹音頻 等著
發行人：黃振庭
出版者：崧博出版事業有限公司
發行者：崧燁文化事業有限公司
E-mail：sonbookservice@gmail.com
粉絲頁　　　　　　網　址：
地　址：台北市中正區重慶南路一段六十一號八樓 815 室
8F.-815, No.61, Sec. 1, Chongqing S. Rd., Zhongzheng
Dist., Taipei City 100, Taiwan (R.O.C.)
電　話：(02)2370-3310　傳　真：(02) 2370-3210
總經銷：紅螞蟻圖書有限公司
地　址：台北市內湖區舊宗路二段 121 巷 19 號
電　話：02-2795-3656　傳真：02-2795-4100　網址：
印　刷：京峯彩色印刷有限公司（京峰數位）
　本書版權為西南財經大學出版社所有授權崧博出版事業有限公司獨家發行
　電子書繁體字版。若有其他相關權利及授權需求請與本公司聯繫。

定價：400 元
發行日期：2018 年 9 月第一版
◎ 本書以POD印製發行